FLASH CS5 PROFESSIONAL

D0833069

LE GUIDE COMPLET

Micro Application

ISBN : 978-2-300-026355

ISSN : 1950-0289

MICRO APPLICATION
20-22, rue des Petits-Hôtels
75010 PARIS
Tél. : 01 53 34 20 20
Fax : 01 53 34 20 00
http://www.microapp.com

Support technique :
Également disponible sur
www.microapp.com

Retrouvez des informations sur cet ouvrage !

Rendez-vous sur le site Internet de Micro Application **www.microapp.com**. Dans le module de recherche, sur la page d'accueil du site, entrez la référence à 4 chiffres indiquée sur le présent livre.
Vous accédez directement à sa fiche produit.

Avant-propos

Destinée aussi bien aux débutants qu'aux utilisateurs initiés, la collection *Guide Complet* repose sur une méthode essentiellement pratique. Les explications, données dans un langage clair et précis, s'appuient sur de courts exemples. En fin de chaque chapitre, découvrez, en fonction du sujet, des exercices, une check-list ou une série de FAQ pour répondre à vos questions.

Vous trouverez dans cette collection les principaux thèmes de l'univers informatique : matériel, bureautique, programmation, nouvelles technologies...

Conventions typographiques

Afin de faciliter la compréhension des techniques décrites, nous avons adopté les conventions typographiques suivantes :

- **gras** : menu, commande, boîte de dialogue, bouton, onglet.
- *italique* : zone de texte, liste déroulante, case à cocher, bouton radio.
- `Police bâton` : Instruction, listing, adresse internet, texte à saisir.
- ✃ : indique un retour à la ligne volontaire dû aux contraintes de la mise en page.

REMARQUE
Il s'agit d'informations supplémentaires relatives au sujet traité.

ATTENTION
Met l'accent sur un point important, souvent d'ordre technique qu'il ne faut négliger à aucun prix.

ASTUCE
Propose conseils et trucs pratiques.

DEFINITION
Donne en quelques lignes la définition d'un terme technique ou d'une abréviation.

LES BASES DE FLASH

L'animation est un phénomène en vogue. Il n'y a qu'à observer le box-office. Les films d'animation rivalisent avec les têtes d'affiche. L'engouement est réel. Durant certaines périodes propices comme les fêtes de fin d'année, le nombre de films animés est en augmentation, tout comme leur fréquentation. Internet n'est pas oublié. Les films d'animation amateurs se multiplient. Parmi les technologies utilisées, Flash est devenu très populaire au niveau des professionnels comme des amateurs éclairés.

1.1. Présentation

Adobe Flash est considéré depuis longtemps comme le logiciel phare en matière d'animation grand public. Il permet de réaliser des animations sophistiquées grâce au langage de programmation Actionscript 3. Vous pouvez aussi créer des applications multimédias interactives permettant d'interagir dessus, comme l'affichage d'informations lors du survol des objets. Au fur et à mesure de son évolution, Flash est devenu un acteur incontournable dans le monde de l'animation 2D. Cela fait maintenant dix ans qu'Adobe Flash évolue pour offrir au fil de ses versions, aux amateurs éclairés ou aux professionnels, une application de plus en plus élaborée au niveau de l'animation. Il est difficile aujourd'hui de passer à côté, ne serait-ce que sur le net, où les sites Flash augmentent de jour en jour.

Un tour d'horizon sur le Web vous montrera l'étendue de sa popularité parmi les internautes ainsi que ses innombrables possibilités artistiques et techniques. Du portfolio interactif à la Web série animée en passant par les *widgets*, Flash est absolument partout. Les différents éléments qui composent ces interfaces sont réalisés avec cette technologie. Les animations utilisant celle-ci ont été souvent accusées de consommer beaucoup de ressources. Le flash player est désormais plus léger. Les animations et les vidéos sont plus fluides et leur taille, plus petite. Cette technologie est partout. Récemment, la playstation 3 de Sony a intégré le mode plein écran au format Flash d'Adobe. Vous pouvez maintenant regarder des vidéos en streaming plein écran sur YouTube, Vimeo ou bien encore Dailymotion.

Pour lire les animations Flash, vous devez disposer d'un plug-in que vous pouvez télécharger gratuitement pour les anciens navigateurs sur le site d'Adobe (http://www.adobe.com/fr). Il se présente sous la forme d'un lecteur indispensable pour lire ce type d'animation. Pour télécharger ce lecteur, procédez comme suit :

1 Sur la page d'accueil d'Adobe, cliquez sur le bouton **Get Adobe Flash Player**. Vous accédez alors à la page de téléchargement du lecteur.

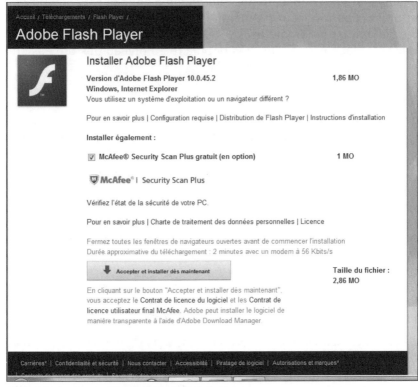

Figure 1.1 : La page de téléchargement du flash player

2 Téléchargez le lecteur correspondant à votre navigateur. Comme vous le noterez, Flash est disponible pour les versions antérieures de Windows et MAC mais aussi pour Linux ou Solaris. Cliquez sur le bouton **Accepter et installer** dès maintenant. Si vous avez Internet Explorer, le lecteur Flash sera intégré sous la forme d'un Active X. Comme vous pourrez le constater, l'installation est totalement transparente. Une fois qu'elle est terminée, vous voyez alors le logo du lecteur s'afficher, vous indiquant ainsi la fin de l'installation.

Voyons tout d'abord les nouveautés de cette nouvelle version de Flash.

1.2. Les nouveautés

L'arrivée d'une nouvelle mouture de Flash est toujours un événement en soi pour les designers et les animateurs. Cette version intitulée CS5 ne dérogera pas à la règle avec son lot de nouveautés et de changements apportés dans le fonctionnement de Flash.

- Personnaliser les guides
- Possibilité de visionner les vidéos au format flv directement dans le composant
- Nouveaux effets de dessin au niveau de l'outil Décoration
- Nouvelles options avancées pour l'outil Décoration
- Apparition du format d'archivage .xfl
- Possibilité d'attribuer des numéros de version aux symboles, paramètres de publication
- Arrivée du panneau Fragments de code qui permet d'ajouter du code Actionscript 3 dans une animation
- Intégration de Flash Builder 4/Flash Catalyst avec Flash CS5
- Tester une application Flash CS5 depuis Flash Builder
- Éditer des points de repères dans une vidéo CS5 sans passer par Adobe Media Encoder.
- Création d'une application Flash pour l'Iphone.
- Possibilité de travailler avec du texte comme dans un logiciel de mise en page (alignements, retraits automatiques etc.)
- Nouveautés au niveau de la cinématique inversée avec les options de ressort et de vitesse lors des déplacements d'objets.
- Amélioration au niveau de l'intégration avec Photoshop.
- Modèles accessibles dès l'ouverture de Flash.

Après cette brève présentation des nouveautés de la CS5, passons au contenu de cet ouvrage.

1.3. Le contenu du livre

Ce livre aborde Adobe Flash par le biais de cas pratiques. Les animations à réaliser sont relativement simples. Elles vous permettront d'aborder les points essentiels de Flash à travers des domaines comme l'animation, le dessin ou la vidéo. N'hésitez pas à les refaire plusieurs fois afin d'en comprendre le déroulement. Les étapes sont détaillées afin de vous aider dans votre apprentissage.

- Cet ouvrage débute par une brève présentation des possibilités offertes par Flash.

- Ensuite, vous aborderez les différentes étapes nécessaires avant de procéder à l'animation de vos personnages.

- Dans le chapitre suivant, vous étudierez les différents outils de dessin pour créer le décor de cette animation, dans laquelle vous importerez les animaux que vous animerez par la suite.

- Il s'agit dans le chapitre qui suit de créer le personnage principal de l'animation.

- Vous enchaînerez avec les techniques d'animation possibles, que vous pourrez appliquer à vos propres compositions.

- Vous verrez également la gestion des objets dans l'espace en trois dimensions, suivie de la cinématique inverse, que vous aborderez dans un nouveau cas pratique.

- Pour rendre vos animations plus attractives, vous allez leur ajouter des effets spéciaux comme de la pluie, de la neige.

- Vous poursuivrez votre apprentissage en étudiant les possibilités offertes par le texte dans Flash par le biais de la réalisation d'une introduction de site web.

- Ensuite, les masques seront abordés. Vous aurez à cet effet l'occasion de créer une publicité.

- Vous apprendrez également à exporter vos projets dans différents formats.

- Dans cet ouvrage, l'intégration avec d'autres logiciels n'est pas oubliée puisque vous composerez une animation à l'aide de Flash et d'After Effects CS5.

- Jusqu'ici, les animations que vous avez réalisées ne requièrent pas de connaissances en programmation. Cependant, il est bon de connaître quelques rudiments en la matière pour pouvoir élaborer des animations sophistiquées. C'est ce que vous apprendrez dans un chapitre consacré au langage de programmation de Flash, Actionscript 3.

- Flash permet aussi de créer des applications pour les périphériques mobiles que vous pourrez tester dans Adobe Device Central.

- Dans le chapitre suivant, vous réaliserez une animation à la fois dans Flash et dans Toon Boom Studio.

- Vous aborderez ensuite l'utilisation des vidéos dans Flash.

- Vous clôturerez cet ouvrage avec la réalisation d'un jeu réalisé à l'aide d'Actionscript et des outils de Flash.

Abordons à présent l'interface de Flash.

1.4. L'interface

Lorsque vous lancez Flash pour la première fois, l'écran de bienvenue s'affiche. Celui-ci propose un accès rapide à différentes fonctionnalités de l'application, à savoir :

- la création de nouveau document ;
- l'accès aux modèles de document prédéfinis ;
- l'ouverture des derniers fichiers utilisés.

Vous pouvez également accéder aux ressources en ligne de Flash.

Figure 1.2 : L'écran de bienvenue

Si cet écran vous gêne, vous avez la possibilité de le masquer en cliquant sur l'option *Ne plus afficher*, située dans le coin inférieur gauche du panneau. Pour l'afficher de nouveau, il suffit de suivre ces étapes :

1 Rendez-vous dans le menu **Modifier/Préférences**.

2 Dans la partie de droite de la rubrique *Général*, sélectionnez dans le menu déroulant **Au démarrage** l'option *Ecran de bienvenue*.

Figure 1.3 : La rubrique Général du menu Préférences

L'interface est composée de plusieurs éléments. Flash s'ouvre sur l'espace de travail par défaut *Les indispensables.* En haut, vous avez les menus principaux.

Les menus principaux

Les menus principaux contiennent les fonctionnalités nécessaires pour créer vos animations.

À droite de ces menus, vous avez une barre de travail.

La barre de travail

Dans cette barre de travail, vous avez accès à différents espaces de travail établis en fonction du travail de production que vous pourrez effectuer.

 Figure 1.4 : La barre de travail

À droite, une zone de recherche vous permet de rechercher les renseignements nécessaires sur une fonctionnalité ou un outil de Flash.

1 Dans le champ *recherche*, tapez votre texte.

2 Appuyez sur la touche ⏎. Le résultat de la recherche s'affiche dans la page des ressources en ligne d'Adobe.

En dessous de ces menus se trouve la scène.

La scène

La scène correspond à votre zone de travail. C'est dans cet espace que vous placerez les différents éléments de votre animation. Les parties grises de chaque côté ne sont pas prises en compte lors de la publication finale du fichier.

Figure 1.5 : La scène

Ensuite, le scénario est situé en dessous de la scène.

Le scénario

Le scénario est l'endroit où vous animerez vos dessins. Il se compose de calques et dispose de son propre menu, dont les commandes vous permettront de modifier son affichage et sa disposition.

Figure 1.6 : Le panneau Scénario

Abordons à présent le panneau *Editeur de mouvement*.

Le panneau Editeur de mouvement

C'est le lieu où vous pourrez configurer les différentes options d'une animation. Pour le moment, aucune information n'y figure. Il deviendra actif lors de la réalisation de l'animation.

Figure 1.7 : Le panneau Editeur de mouvement

Dans la partie latérale de l'interface, vous trouvez les panneaux principaux, qui diffèrent selon les espaces de travail choisis. Par ailleurs, leur position change en fonction de ce que vous sélectionnez comme espace de travail.

Les panneaux

Les panneaux sont composés des panneaux *Bibliothèque* et *Propriétés*, que vous pouvez agencer à votre guise par un simple glisser-déposer. Utilisez également cette méthode pour les redimensionner.

Le panneau *Propriétés* a changé d'apparence. Les informations du document sont réparties dans différentes rubriques.

Figure 1.8 : Le panneau Propriétés

À droite de ces panneaux figure la boîte à outils.

La boîte à outils

La boîte à outils est composée des différents outils pour créer et modifier vos animations. Elle s'affiche sur une seule colonne mais vous pouvez lui donner l'apparence des précédentes versions en cliquant sur la double flèche située en haut.

Elle se divise en quatre parties. Vous avez :

- les outils de sélection ;
- les outils graphiques ;
- les outils pour animer ;
- les outils pour mettre en couleur.

Figure 1.9 : Les outils de sélection

Certains de ces outils sont munis d'une flèche noire située à leur droite indiquant la présence d'outils supplémentaires. Pour les activer, il suffit de cliquer dessus ou d'utiliser leur raccourci clavier.

Figure 1.10 : Les outils graphiques

Selon l'espace de travail que vous choisirez, vous ne disposerez que des outils correspondant à votre travail de production.

Cette boîte à outils peut être placée à un autre emplacement si vous le désirez. Comme vous pourrez le constater, l'interface de Flash est flexible et modulable à volonté. Vous pouvez la réorganiser selon les tâches que vous devez effectuer.

Figure 1.11 : Les outils pour animer

Figure 1.12 : Les outils pour mettre en couleur

1.5. L'organisation de son espace de travail

L'espace de travail utilisateur de Flash est commun à l'ensemble des logiciels de la CS5. La navigation entre les applications ne pose ainsi plus de problème. Si vous allez de l'une à l'autre, vous remarquerez que l'organisation des panneaux et des outils est identique au niveau de l'interface.

Pour ouvrir un de ces documents, il suffit de cliquer sur son libellé. Son contenu s'affiche alors à l'écran. L'ordre de ces onglets peut être réorganisé par un simple cliqué glissé.

Figure 1.13 : L'affichage des documents sous la forme d'onglets

Vous pouvez détacher ces documents à tout instant. Pour cela, procédez comme suit :

1 Sélectionnez son onglet.

2 Tout en maintenant enfoncé le bouton gauche de la souris, faites-le glisser en dehors de la barre de navigation des onglets. Le document apparaît alors dans une fenêtre qui lui est propre. Il est possible d'y intégrer d'autres onglets de documents par un glisser-déposer.

Pour fermer un document, cliquez sur la petite croix située dans le coin supérieur droit de sa fenêtre.

Avant de commencer vraiment à travailler, il est recommandé d'organiser votre interface selon vos besoins. La disposition des panneaux diffère selon l'espace de travail choisi. Ils sont disponibles dans une barre des tâches située à droite des menus principaux. Il suffit de dérouler le menu à cet effet et de sélectionner celui que vous souhaitez afficher.

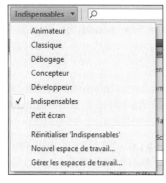

Figure 1.14 : Les espaces de travail

Les espaces de travail sont adaptés à différentes tâches. Par défaut, c'est l'espace de travail *Les indispensables* qui s'affiche à l'ouverture de Flash. Dans celui-ci, les panneaux sont organisés en groupe ou sont réduits à l'état d'icônes. Vous les trouvez à droite de l'interface tout comme la boîte à outils, par ailleurs. Leur disposition est modulable :

- Vous pouvez les déplacer à un autre endroit de l'interface par un glisser-déposer.

- Il est possible d'afficher uniquement les panneaux qui vous intéressent et de masquer ceux dont vous n'avez pas besoin.

- À l'intérieur d'un groupe de panneaux, vous pouvez ancrer de nouveaux panneaux, toujours par un glisser-déposer.

- Pour gagner de la place au niveau de la zone de travail, les panneaux peuvent être réduits en icônes en cliquant sur l'icône *Réduire en icônes*, en forme de double flèche, située en haut de la barre verticale des panneaux. Pour afficher à nouveau ces panneaux, il suffit de cliquer une seconde fois sur cette icône.

- Si vous souhaitez fermer le ou les groupes de panneaux, déroulez leur menu interne puis choisissez soit la commande **Fermer**, soit la commande **Fermer le groupe**.

- Les deux dernières opérations peuvent être réalisées depuis le menu **Fenêtre**. Pour afficher à l'écran un nouveau panneau, cliquez sur son intitulé dans la liste. Pour le masquer, effectuez la même opération.

- Pour agencer les panneaux à l'écran, il suffit de cliquer sur leur libellé et de les déplacer à l'endroit voulu par un simple glisser-déposer.

Pour ancrer un panneau en dessous d'un autre, procédez comme suit :

1 Cliquez sur le libellé du panneau à déplacer.

2 Tout en maintenant enfoncé le bouton gauche de la souris, faites-le glisser en dessous du nouveau panneau. Une barre bleue indique l'ancrage des deux panneaux.

Une fois cet espace de travail réorganisé, vous pouvez le sauvegarder afin de retrouver cette configuration pour un autre travail. Suivez ces étapes :

1 Cliquez sur le menu des espaces de travail. Dans la liste qui s'affiche, choisissez **Nouvel espace de travail**.

Figure 1.15 : La boîte de dialogue Nouvel espace de travail

2 Une nouvelle fenêtre s'ouvre dans laquelle vous saisirez le nom de cet espace à sauvegarder. Une fois fait, cliquez sur OK. Celui-ci viendra s'afficher en haut de la liste des espaces de travail.

La gestion des espaces de travail passe également par ce menu.

1 Pour ce faire, sélectionnez **Gérer les espaces de travail**.

2 La fenêtre s'ouvre. Dans la partie gauche s'affiche la liste des espaces de travail définis. À droite, différents boutons vous permettent de gérer ces espaces.

- Pour supprimer un espace de travail, sélectionnez-le dans la liste puis cliquez sur le bouton **Supprimer**.

- Pour le renommer, sélectionnez-le puis, cette fois-ci, appuyez sur le bouton **Renommer**. Une nouvelle fenêtre s'ouvre dans laquelle vous saisirez le nouveau nom de votre espace.

1.6. Le partage de son écran

Adobe a développé une technologie destinée à améliorer le travail de groupe. De plus en plus, celui-ci s'effectue à distance et il est difficile dans certains cas de réunir l'ensemble des collaborateurs d'un projet. Le même problème se pose aussi avec les clients, qui le plus souvent se trouvent à distance. L'élaboration du projet peut très vite devenir un cauchemar aussi bien pour le concepteur que pour le client final. Vous perdez du temps et le projet est le plus souvent retardé, pour diverses raisons.

Cette technologie ConnectNow est intégrée à l'ensemble des logiciels de la CS5. Il est devenu facile de partager le travail entre les différents participants d'un projet. La communication avec le client s'améliore également. Vous pouvez :

- valider les différentes étapes d'un projet ;
- converser en ligne avec les autres participants ;
- partager des notes et des commentaires, etc.

Adobe ConnectNow accepte jusqu'à trois personnes connectées.

Pour utiliser cette technologie, procédez comme suit :

1 Allez dans le menu **Fichier**. Choisissez la commande **Partager mon écran**. Quelques instants après, l'application s'ouvre sur la page d'accueil.

Figure 1.16 : Page d'accueil d'Adobe Connect Now

La première information qui apparaît à l'écran est l'adresse qui vous a été attribuée d'après votre identifiant. Il ne vous reste plus qu'à la communiquer à vos interlocuteurs en cliquant sur le lien hypertexte *Envoyer le courrier électronique d'invitation maintenant.*

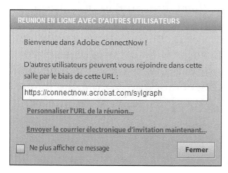

Figure 1.17 : L'adresse de réunion

Ces derniers, pour communiquer avec vous, devront simplement disposer d'un lecteur flash et d'un navigateur web. Aucune application tierce n'est requise ni, par ailleurs, de plug-in.

2 L'interface de ConnectNow apparaît à l'écran. Elle se compose de panneaux flottants et de menus principaux.

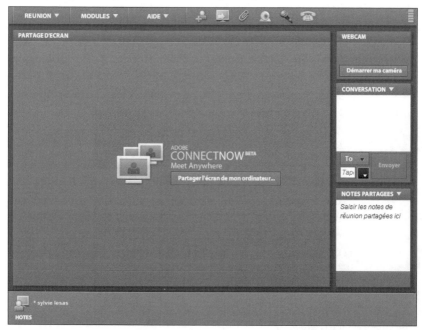

Figure 1.18 : L'interface ConnectNow

- Tout comme les panneaux des autres logiciels de la CS5, ils peuvent être déplacés ou réorganisés selon vos besoins par un simple glisser-déposer. Pour en afficher d'autres ou masquer ceux dont vous n'avez pas l'utilité, utilisez le menu **Modules**.

- Comme vous pourrez le constater, Adobe ConnectNow vous permet de mettre à disposition de vos collaborateurs vos fichiers mais aussi vos notes et vos commentaires.

- Le panneau *Conversation* vous permet de converser avec vos interlocuteurs de manière individuelle ou collective.

Figure 1.19 : Le panneau Conversation

Une fois que les personnes sont connectées, le travail collaboratif peut débuter. La liste des personnes connectées s'affiche dans le coin inférieur de l'interface Adobe ConnectNow.

3 Cliquez sur le bouton **Partager l'écran de mon ordinateur**.

 Figure 1.20 : Partager l'écran de mon ordinateur

4 Acceptez la boîte de dialogue qui s'affiche. ConnectNow disparaît. Seuls des panneaux flottants demeurent à l'écran.

5 Afin que vos interlocuteurs puissent laisser leur impression sur le travail effectué, cliquez sur le bouton **Démarrer** du panneau *Annoter*. Vous perdez alors le contrôle de votre écran. Pour reprendre la main, il suffit de cliquer sur le bouton **Arrêt** de ce panneau.

6 Une fois que votre réunion est terminée, vous pouvez quitter Adobe ConnectNow. Pour cela, ouvrez le menu **Réunion**. Choisissez la commande **Quitter Adobe ConnectNow**.

Figure 1.21 : Le menu Réunion

1.7. L'affichage des fichiers

Pour travailler de manière confortable, vous avez déjà personnalisé votre interface, mais vous pouvez aussi agir au niveau de l'affichage de la zone de travail. Pour cela, le panneau *Scène* dispose d'un menu permettant de modifier la vue de la scène sur laquelle vous êtes en train de travailler.

Figure 1.22 : Le menu des vues d'affichage

Avant de commencer, il est intéressant de créer ses propres raccourcis clavier.

1.8. Les raccourcis clavier

Les raccourcis clavier évitent les tâches répétitives et vous font gagner un temps précieux au niveau du travail. Les commandes de Flash ne disposent pas toutes d'un raccourci. Vous pouvez leur en assigner un.

Créer un raccourci clavier

1 Allez dans le menu **Modifier**. Choisissez la commande **Raccourcis clavier**. Une fenêtre s'ouvre.

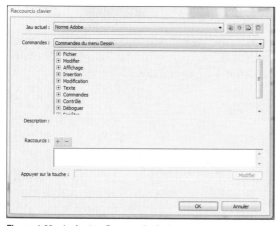

Figure 1.23 : La fenêtre Raccourcis clavier

2 ⊞ Commencez par dupliquer le jeu actuel de raccourcis, qui est celui d'Adobe. Pour ce faire, cliquez sur le bouton **Dupliquer le jeu**.

3 Une nouvelle fenêtre **Dupliquer** s'affiche à l'écran. Dans le champ *Nom du duplicata*, indiquez le nom de votre nouveau jeu puis cliquez sur OK.

4 ⊞ Dans le menu **Commandes**, sélectionnez en premier lieu le jeu de commandes. Déroulez l'un des menus de Flash pour faire apparaître la commande à laquelle vous souhaitez assigner un raccourci. Sélectionnez-la. Cliquez sur le bouton **Ajouter**, situé à droite de l'option *Raccourcis*.

5 Dans la zone de texte de l'option *Appuyer sur la touche*, saisissez la combinaison clavier voulue. Cliquez sur OK.

Ces raccourcis clavier peuvent être supprimés.

Supprimer un raccourci clavier

Dans la fenêtre **Raccourcis clavier**, effectuez la procédure suivante pour supprimer un raccourci clavier :

1 Sélectionnez la commande dont vous souhaitez supprimer le raccourci clavier.

2 ⊟ Cliquez sur le bouton **Supprimer**, représenté par une icône en forme de signe *moins*.

3 Appuyez sur OK pour valider votre choix.

PRÉPARER UNE ANIMATION

Une animation débute par un projet sur papier. Inutile de vous lancer directement dans Flash si vous n'avez au départ aucune idée de ce que vous souhaitez faire. Dans ce chapitre, vous commencerez par réaliser le *storyboard* de votre animation.

DEFINITION

Storyboard
Un storyboard consiste à découper une histoire en différents plans.

2.1. Les différents plans

Pour rendre une histoire attractive, vous devez lui donner une impression de profondeur.

- Pour la première case, vous utiliserez un plan large pour placer le décor de l'action. Le début de l'histoire est important. Le lecteur devra savoir dès le départ où l'histoire va se passer. Le décor simple sera privilégié et suffisamment évocateur pour être reconnu tout de suite. Ici, l'action se déroulera dans un parc.
- Pour la deuxième case, le personnage est déséquilibré sous le poids du chien. Le plan moyen sera utilisé.
- Vous terminerez par un gros plan.

2.2. Le storyboard

Le storyboard est une étape importante. C'est la représentation visuelle de vos idées. Les dessins sont plus ou moins détaillés. Le storyboard ressemble à une bande dessinée. Il est composé de vignettes de dessins représentant chacun un plan. Vous devez juste dessiner sur papier ou sur ordinateur :

- le décor ;
- les personnages ;
- leur expression ;
- les différents mouvements ;
- les transitions entre les scènes ;
- l'enchaînement de l'action, etc.

C'est le moyen de vous rendre compte si l'animation est réalisable et de quelle manière son déroulement doit s'effectuer. Le storyboard évite une perte de temps. Vous gagnez en efficacité. Ce qui est primordial dans un projet.

Il y a différentes manières de créer un storyboard. Le plus souvent, vous le dessinerez sur papier. Vous pouvez cependant le réaliser dans un logiciel comme Photoshop ou dans Flash lui-même. Dans cette section, vous étudierez les deux cas de figure.

Le storyboard dans Photoshop

1 Lancez Photoshop.

2 Créez un nouveau document (**Fichier/Nouveau** ou utilisez le raccourci Ctrl+N). Dans la boîte de dialogue qui s'affiche, effectuez les réglages suivants :

- Dans le champ *Nom*, nommez votre fichier storyboard_1.

- Dans les champs *Largeur* et *Hauteur*, saisissez respectivement les valeurs 720 et 576.

- Sélectionnez l'unité de mesure *pixels*.

- Laissez les autres paramètres par défaut.

- Cliquez sur OK.

3 Affichez les règles (Ctrl+R).

4 Définissez deux repères. Pour ce faire, allez dans le menu **Affichage/Nouveau repère**. Dans la boîte de dialogue qui s'affiche, indiquez les valeurs suivantes :

- Dans la section *Orientation*, cochez l'option *Verticale*.

- Dans la zone de texte *Position*, saisissez 8,46 puis cliquez sur OK.

5 Répétez ces opérations pour positionner le second repère. Cette fois-ci, placez-le à 16,9 cm.

6 Pour positionner les repères horizontaux, affichez la boîte de dialogue de la commande **Nouveau repère**. Dans la section *Orientation*, cochez *Horizontale*. Ensuite, dans la zone de texte *Position*, indiquez 6,7. Placez le second repère à 13,4 cm.

7 Activez l'outil **Pinceau**. Dans la boîte à outils, réglez la couleur de premier plan sur le noir.

8 Dans le panneau *Contrôle*, choisissez une taille moyenne pour votre pinceau. Réglez-le à votre convenance.

Figure 2.1 : Le modèle de référence pour la première scène

9 Importez la première scène, qui vous servira de référence (**Fichier/ Importer**).

10 Réduisez l'opacité du calque de la première scène.

11 Créez un nouveau calque. Pour cela, dans le panneau *Calques*, cliquez sur l'icône *Créer un calque*. Il ne vous reste plus qu'à positionner les différents éléments qui composeront votre décor.

Figure 2.2 : Le storyboard de la première scène

12 Enregistrez votre fichier ([Ctrl]+[S]) au format *Photoshop* (*psd*).

13 Créez la deuxième scène de la même manière que la première scène du storyboard.

14 Recommencez la procédure pour la troisième scène.

Voyons à présent la réalisation du storyboard dans Flash.

Le storyboard dans Flash

Pour créer un storyboard dans Flash, procédez comme suit :

1 Créez un document Flash.

2 Dans le panneau *Propriétés*, cliquez sur le bouton **Modifier** pour accéder aux propriétés du document.

3 Déroulez le menu **Unités de la règle**, dans lequel vous sélectionnerez l'option *Centimètres*. Dans les champs *Largeur* et *Hauteur*, indiquez les dimensions respectives 25,4 et 20,32.

4 Affichez les règles (**Affichage/Règles**).

5 Définissez des repères horizontaux et verticaux aux mêmes positions que dans le storyboard créé dans Photoshop c'est-à-dire à 8, 4 cm. Pour cela, procédez comme suit :

■ Cliquez dans la règle verticale.

■ Tout en maintenant enfoncé le bouton gauche de la souris, faites glisser le pointeur vers la droite. La position est approximative.

■ Double-cliquez sur le guide. La fenêtre **Déplacer le guide** s'affiche. Entrez la valeur 8,4 dans le champ *Position*. Ensuite, dans le menu situé en regard, sélectionnez la mesure *Centimètres*. Cliquez sur OK pour valider votre choix.

Figure 2.3 : Fenêtre Déplacer le guide

■ Positionnez les autres repères de la même manière.

6 Importez le fichier *storyboard1.psd* (**Fichier/Importer/Importer dans la scène**).

⚠ **ATTENTION**

Le storyboard de la première scène
Le storyboard a été réalisé sur plusieurs calques. Coupez le personnage et le chien (Edition/Couper). Placez-les sur le décor (Edition/Coller en place). Supprimez les calques inutiles.

---

7 Renommez le calque *scène I - modèle* Case 1.

8 Insérez une image vide (F7) à la position 2 du calque *Case 1*.

9 Activez l'option *Pelure d'oignon* afin de visualiser l'image précédente.

10 Créez un nouveau calque que vous nommerez Case 2.

11 Importez le fichier *storyboard2.jpg* (**Fichier/Importer/Importer dans la scène**). Placez le chien et le personnage sur un même calque à la position 3 du calque *Case 2*.

12 Insérez une image vide (F7) à la position 4 de ce calque. Dessinez la deuxième case.

13 Pour la troisième case, créez un autre calque sur lequel vous importerez la troisième séquence.

14 Placez-la à la position 5 du nouveau calque *Case 3*.

15 Insérez une image vide à la position 6.

16 Enregistrez votre storyboard (Ctrl+S).

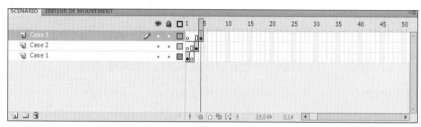

Figure 2.4 : Les calques du storyboard

Si vous souhaitez effectuer des changements sur une image bitmap, la procédure a été simplifiée.

Modifier une image bitmap dans Photoshop

1 Ouvrez le panneau *Bibliothèque* (**Fenêtre/Bibliothèque**).

2 Cliquez avec le bouton droit sur le fichier *storyboard2.jpg*.

3 Dans le menu contextuel, choisissez la commande *Modifier avec Adobe Photoshop CS5*. L'image s'ouvre alors dans Photoshop. Il ne vous reste plus qu'à effectuer les changements nécessaires. Enregistrez-la (voir Figure 2.5).

4 Lorsque vous revenez dans Flash, les modifications ont été appliquées.

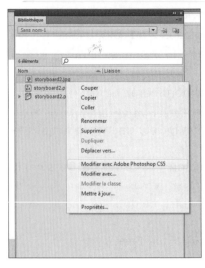

Figure 2.5 : Modifier avec Adobe Photoshop CS5

Dans la prochaine section de ce chapitre, vous allez créer un projet dans lequel vous importerez les fichiers storyboard réalisés dans Photoshop.

2.3. Créer un nouveau document

Pour créer un nouveau document, différentes possibilités sont à votre disposition.

Vous pouvez effectuer cette opération depuis l'écran de bienvenue de Flash :

1 Allez dans la colonne *Créer*.

2 Cliquez sur le lien hypertexte *ActionScript 3.0*.

Figure 2.6 : La colonne Créer de l'écran de bienvenue

La seconde technique consiste à utiliser le raccourci clavier Ctrl+N. La fenêtre **Nouveau document** apparaît, dans laquelle vous allez spécifier le type de document que vous souhaitez créer. Dans la rubrique *Général*, cliquez sur le modèle *ActionScript 3.0*.

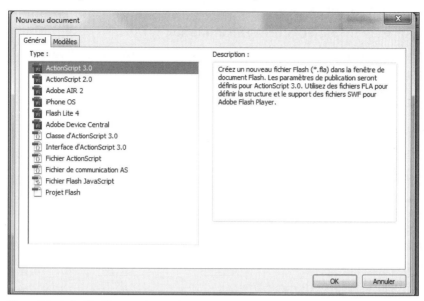

Figure 2.7 : La fenêtre Nouveau document

REMARQUE

Fichier Flash AS3.0

Les utilisateurs devront posséder le lecteur Flash player 9 pour pouvoir lire les fichiers réalisés.

Le fichier s'affiche à l'écran. Les zones grises ne sont pas imprimables. L'animation se déroule dans la partie centrale blanche de l'interface.

L'étape suivante consiste à créer un projet. Celui-ci comprendra plusieurs fichiers. Il est bon de s'organiser avant de commencer à travailler.

2.4. Créer un projet

Pour créer un projet dans Flash, vous disposez du panneau *Projet*. Vous avez deux menus :

- un menu local pour configurer votre projet ;
- un menu déroulant d'accès rapide aux principales options.

Ce panneau permet de gérer les fichiers d'un projet. Vous les avez ainsi à portée de main. Cela vous évite donc les allers-retours entre votre ordinateur et Flash.

Pour créer un projet, procédez comme suit :

1 Allez dans le menu **Fichier**. Sélectionnez la commande **Nouveau**.

2 Dans la fenêtre **Nouveau** qui s'affiche, choisissez **Projet Flash**.

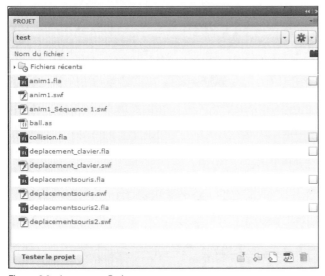

Figure 2.8 : Le panneau Projet

ASTUCE

Ouvrir le panneau Projet

Pour afficher le panneau *Projet*, utilisez son raccourci clavier [Maj]+[F8].

3 Déroulez le menu **Projets**. Une liste apparaît. Sélectionnez l'option *Nouveau projet*. Dans la boîte de dialogue qui s'affiche, effectuez les réglages suivants :

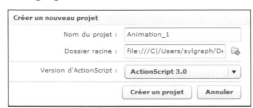

Figure 2.9 : Les réglages d'un projet

■ Dans le champ *Nom du projet*, saisissez `Animation_1`.

- Dans le champ *Dossier racine*, indiquez l'emplacement de votre projet.
- Laissez l'option *Version d'Actionscript* définie sur *Actionscript 3*.
- Cliquez sur le bouton **Créer un projet** afin de valider vos options.

> REMARQUE
>
> **Un projet**
>
> Un projet est un fichier *xml* au format *flp*.

Le nom de votre projet s'affiche en haut du panneau. C'est dans la partie centrale que viendront se placer les fichiers du projet. Ils apparaîtront dans une liste non ordonnée. Pour organiser plus efficacement les fichiers, suivez ces étapes :

1 [🗀] Cliquez sur l'icône *Ajouter un dossier*, située en bas du panneau *Projet*.

2 Les fichiers seront classés d'après leur format. Dans la boîte de dialogue qui s'affiche, saisissez le texte `FLA` dans le champ *Nom du dossier*.

3 Cliquez sur le bouton **Créer un dossier**.

Figure 2.10 : La boîte de dialogue Créer un dossier

4 Créez un autre répertoire. Dénommez-le `SWF`.

5 Recommencez les étapes 1 à 3. Cette fois-ci, appelez votre troisième dossier `IMAGES`.

6 Enregistrez la scène actuelle, qui contient actuellement les storyboards dans le dossier *FLA*. Allez dans le menu **Fichier**. Choisissez la commande **Enregistrer sous**. Une nouvelle fenêtre s'ouvre.

7 Double-cliquez sur le dossier *FLA* pour l'ouvrir. Dans le champ *Nom du fichier*, saisissez le texte `Animation_1`. Cliquez sur le bouton **Enregistrer**.

8 Déroulez le dossier *FLA*. Le fichier créé apparaît. Assurez-vous que le dossier *FLA* soit toujours sélectionné.

9 Cliquez sur l'icône *Nouveau fichier*, située en bas du panneau *Projet*. Dans la boîte de dialogue qui s'affiche, nommez votre fichier `Animation_2`. Dans le menu déroulant **Type de fichier**, choisissez le

format *Fichier flash*. Décochez l'option *Ouvrir le fichier après sa création*. Cliquez sur le bouton **Créer un fichier**.

10 Ajoutez les fichiers *storyboard_v2.psd et storyboard_v3.psd* au dossier *IMAGES*.

11 Pour ce faire, cliquez avec le bouton droit dessus afin de faire apparaître le menu contextuel. Sélectionnez la commande **Ouvrir dans l'Explorateur**. Le dossier s'ouvre dans une fenêtre séparée.

12 Faites glisser les fichiers à l'intérieur de ce dossier.

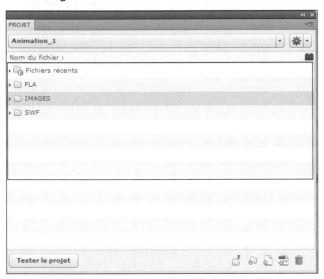

Figure 2.11 : Le panneau Projet de l'animation

13 Fermez la scène à l'écran (**Fichier/Fermer tout**).

14 Depuis le panneau *Projet*, double-cliquez sur le fichier *Animation_1.fla*, qui s'ouvre instantanément.

Comme vous pourrez le constater, le panneau *Projet* contient d'autres options que vous découvrirez au cours de cet ouvrage. Parmi elles, vous avez la possibilité de tester l'animation depuis ce panneau. Pour cela, suivez ces étapes :

1 Cliquez sur le bouton **Tester le projet**.

2 S'affiche à l'écran une fenêtre d'avertissement vous indiquant que vous devez sélectionner au préalable un fichier *FLA*. Cliquez sur OK.

3 Cliquez du bouton droit sur le fichier en question. Dans le menu contextuel qui apparaît, sélectionnez la commande **Transformer en document par défaut**. Une icône en forme d'étoile s'affiche en regard de l'intitulé du fichier. Son option *Ajouter le fichier à la liste de publication* est activée.

Réalisez une animation test. Pour ce faire, suivez ces étapes :

1 Créez un cercle avec l'outil **Ellipse**.

2 Appuyez sur la touche F8. Acceptez les paramètres par défaut en cliquant sur OK.

3 Dans le panneau *Scénario*, cliquez du bouton droit sur la première image. Dans le menu contextuel qui s'affiche, sélectionnez la commande **Créer une interpolation de mouvement**.

4 Déplacez le cercle à droite de la scène.

5 Dans le panneau *Projet*, appuyez sur le bouton **Tester le projet**. La scène s'affiche dans la fenêtre du flash player.

6 Supprimez l'animation sur la scène.

Si vous avez fermé par inadvertance le panneau *Projet*, pour l'ouvrir de nouveau procédez comme suit :

1 Déroulez le menu supérieur du panneau *Projet*. Dans la liste qui apparaît, sélectionnez la commande **Ouvrir le projet**.

2 Sélectionnez le dossier de projet. Cliquez sur le bouton **Ouvrir**. Celui-ci s'affiche de nouveau dans le panneau.

Une fois qu'il est défini, vous pouvez réduire son panneau en icône afin de gagner de la place pour la suite des opérations. La prochaine étape consiste à définir la première scène de l'animation. Il s'agit du décor si vous vous référez à votre storyboard.

2.5. Définir la scène

Pour configurer la scène dans Flash, vous devez utiliser la boîte de dialogue **Propriétés du document**. Celle-ci est accessible depuis le panneau *Propriétés*. Si celui-ci n'est pas visible, activez-le depuis le menu **Fenêtre**. Ce panneau possède deux autres panneaux intégrés intitulés *Publier* et *Propriétés* (voir Figure 2.12).

■ Tout en haut, vous avez le nom de votre fichier.

■ Ensuite, vous avez le panneau *Publier*, dans lequel vous retrouvez toutes les informations relatives au fichier, à commencer par le lecteur utilisé et le format du langage de programmation employé. Si votre document fait appel aux classes, un champ correspondant est disponible à cet effet. Le profil utilisé s'affiche à l'écran ainsi que les paramètres *AIR*.

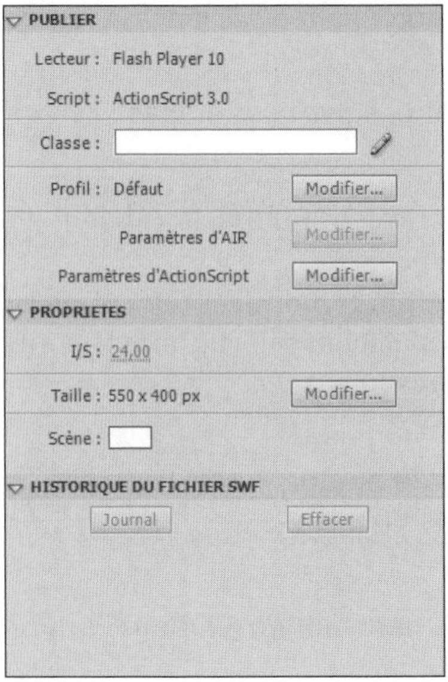

Figure 2.12 : Le panneau Propriétés avec les deux panneaux intégrés Publier et Propriétés

- Le second panneau est celui qui vous intéresse. Il s'agit du panneau *Propriétés*, dans lequel sont indiquées la cadence des images, par défaut configurée à *24* images par seconde, la taille de la scène par défaut et la couleur blanche de la scène en standard.

La prochaine tâche consiste à modifier les paramètres de la scène à l'écran, à savoir sa taille, le nombre d'images par seconde, la couleur de son arrière-plan, etc.

Pour accéder à la boîte de dialogue **Propriétés du document**, voici deux moyens :

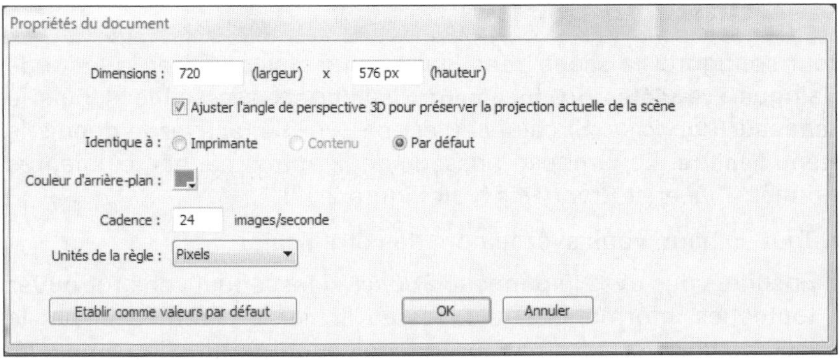

Figure 2.13 : La boîte de dialogue Propriétés du document

- Dans le panneau *Propriétés*, cliquez sur le bouton **Modifier**.

- Allez dans le menu **Modification/Document**.

La boîte de dialogue s'ouvre sur une liste d'options que vous allez configurer :

1 Dans une animation, vous devez tout d'abord décider de son format. Celle-ci sera destinée au Web. Les dimensions seront les suivantes : 320 x 240. Par sécurité, il est recommandé de travailler sur un format d'animation beaucoup plus grand au cas où l'animation serait diffusée sur un autre support, par exemple le DVD.

- Dans le champ *Largeur*, indiquez la valeur 720.

- Dans le champ *Hauteur*, saisissez 576.

2 Déroulez le menu *Couleur d'arrière-plan*. Un nuancier s'affiche. Dans la zone de texte située en regard de la couleur actuelle, indiquez cette valeur hexadécimale : #0099FF.

3 La cadence des images par seconde est réglée sur 24 images par défaut. Laissez-la sur cette valeur.

DEFINITION

La cadence des images

La cadence des images correspond à la lecture des images par seconde dans une animation. Plus elle est élevée, plus l'animation sera fluide, mais le processeur risque d'être mis davantage à contribution. À l'inverse, plus la cadence des images est lente, plus vous aurez de chances que votre animation soit saccadée. En fait, la cadence des images dépend du type d'animation que vous souhaitez créer. Pour une animation destinée au Web, elle peut être comprise entre 8 et 12 images par seconde. Pour un film d'animation, utilisez la valeur actuelle.

---

4 Dans le menu **Unités de la règle**, choisissez *Pixels*.

5 Cliquez sur le bouton **Etablir comme valeurs par défaut**. Désormais, vos animations auront les valeurs que vous venez de définir. Cliquez sur OK pour valider vos paramètres.

Les propriétés de la scène ont été définies. Voyons à présent où se déroulera l'animation.

2.6. Le scénario

Le panneau *Scénario* est le lieu où vous définirez le contenu de l'animation sous la forme d'images et de calques. Il est composé de deux parties :

- À gauche, vous avez la liste des calques.
- Dans la partie de droite, vous définirez les images clés de l'animation.

Avant d'animer un objet, vous devez :

- déterminer la longueur et la vitesse de l'animation ;
- spécifier le nombre d'images que devra comprendre l'animation ;
- définir l'animation des personnages ;
- déterminer le nombre de calques ;
- décider des étapes intermédiaires de l'animation afin de la rendre plus fluide, etc.

En bas du panneau, une barre d'état indique les informations principales sur la scène que vous venez de définir à savoir :

Figure 2.14 : La barre d'état du panneau Scénario

- l'image sur laquelle vous vous trouvez. Par défaut, il s'agit de l'image 1 ;
- la cadence des images par seconde ;
- le temps écoulé depuis le début de l'animation.

Pour travailler plus confortablement, vous pouvez changer l'affichage des images. Déroulez le menu local. Une liste de modèles d'affichage apparaît :

- *Minuscule*, *Petite*, *Normale*, *Moyenne*, *Grande*. Modifient la largeur des images.
- *Aperçu*. Permet de visualiser le contenu de la scène.
- *Aperçu dans le contexte*. Affiche le contenu de la vignette d'une image dans sa totalité.

Cette manipulation est particulièrement utile lorsque votre animation comprendra un grand nombre d'images.

Après ces quelques notions de Flash, il s'agit de définir les calques de l'animation.

2.7. Les calques

Tout comme pour une illustration, le travail sera organisé à l'aide de calques. Chaque élément sera dessiné et animé sur son propre calque. Le fait qu'ils figurent sur un calque différent facilite les éventuelles modifications que vous pourrez leur apporter.

Les calques peuvent accueillir tout type d'élément, à savoir des images, des vidéos, des sons, des photographies ou des graphiques.

DÉFINITION **Les calques**
Les calques sont des feuilles transparentes empilées les unes sur les autres et sur lesquelles le contenu sera vu en transparence.

Dans une animation, une fois que la scène est définie vous devez vous occuper de l'organisation des calques. Pour commencer, vous allez en créer. Il n'y a aucune limite à ce niveau.

Créer un calque

Au départ, le calque se compose de deux calques. Par défaut, vous avez le *calque1*. Pour créer un autre calque, utilisez l'une des trois méthodes suivantes :

- Dans le panneau *Scénario*, cliquez sur l'icône *Insérer un calque*, située en bas de la liste des calques.
- Allez dans le menu **Insertion/Scénario**. Sélectionnez la commande **Calque**.
- Cliquez du bouton droit sur le *calque1*. Dans le menu contextuel qui s'affiche, choisissez la commande **Insérer un calque**. Le nouveau calque s'affiche au-dessus du *calque1*.

Figure 2.15 : La liste des calques

Vous allez renommer les deux calques présents.

Renommer un calque

Au fur et à mesure de l'avancement de votre travail, il est préférable que vous nommiez les calques que vous créez. Si vous recherchez un contenu en particulier, il sera plus facile de le retrouver en restant organisé.

Pour renommer le *calque1*, procédez comme suit :

1 Double-cliquez sur le libellé *calque1*.

2 Dans le champ de texte, saisissez sol.

3 Insérez un nouveau calque.

4 Renommez le *calque2* `Insecte`.

L'étape suivante consiste à verrouiller le *calque2*.

Verrouiller un calque

Verrouiller un calque consiste à empêcher que son contenu soit modifié par mégarde ou qu'un élément soit placé sur le mauvais calque. Deux méthodes sont à votre disposition :

- 🔒 À droite de la liste des calques, vous avez trois colonnes contenant trois icônes différentes. Cliquez sur la case du calque concerné, située en dessous de l'icône *Verrouiller ou déverrouiller un calque* en forme de cadenas.

- Cliquez du bouton droit sur le calque *Insecte*. Dans le menu contextuel qui s'affiche, choisissez la commande **Propriétés**. La boîte de dialogue **Propriétés du calque** s'affiche à l'écran.

Figure 2.16 : La boîte de dialogue Propriétés du calque

Cochez l'option *Verrouiller*. Cliquez sur OK.

> **REMARQUE**
>
> **Le verrouillage et le déverrouillage d'un calque**
> Le verrouillage d'un calque est indiqué par la présence d'une icône de crayon barré. Pour déverrouiller le calque, il suffira de cliquer sur son cadenas.

Comme vous n'avez pas besoin du calque *Insecte* pour le moment, vous allez le masquer.

Masquer un calque

Masquer un calque consiste à rendre invisible son contenu à l'écran.

1 Cliquez sur le calque *Insecte* afin de le sélectionner.

2 ☒ Cliquez sur la case située en dessous de l'icône *Afficher ou masquer tous les calques*, représentée par un œil. Une croix rouge signale que ce calque est masqué. Pour le rendre visible, il vous suffira de cliquer sur son cadenas.

Pour rester efficace tout au long de votre travail de production, il est préférable de classer vos calques dans des dossiers selon le type de contenu que vous allez créer.

Créer un dossier

Pour créer un dossier, utilisez l'une de ces méthodes :

- ▤ En bas de la liste des calques, cliquez sur l'icône *Nouveau dossier*.

- Allez dans le menu **Insertion/Scénario**. Sélectionnez la commande **Dossier de calques**.

- Cliquez du bouton droit sur l'un des deux calques. Dans le menu contextuel qui s'affiche, choisissez la commande **Insérer un dossier**.

Le *dossier1* apparaît. Il s'agit ensuite de le renommer et de ranger le fichier correspondant dans ce dossier. Pour ce faire, procédez comme suit :

1 Double-cliquez sur son libellé pour le renommer `Le décor`.

2 Faites glisser le calque *Décor* sur ce dossier. Pour ce faire, cliquez dessus puis, tout en maintenant enfoncé le bouton gauche de la souris, déposez-le à l'intérieur.

3 Recommencez cette procédure pour créer le dossier `Les animaux`. Faites glisser le calque *Insecte* à l'intérieur.

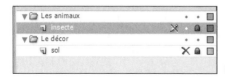

Figure 2.17 : Les calques de l'animation

Au fur et à mesure de l'avancement de votre travail, vous aurez besoin de corriger le chevauchement des éléments de l'animation. Pour cela, il vous faudra réorganiser les calques.

Réorganiser les calques

Pour déplacer un calque, procédez comme suit :

1 Cliquez sur le calque concerné.

2 Tout en maintenant enfoncé le bouton gauche de la souris, faites-le glisser à un autre emplacement de la liste.

Les calques possèdent des propriétés auxquelles vous pouvez accéder de différentes manières.

Les propriétés de calque

Pour accéder aux propriétés d'un calque, utilisez l'une des méthodes suivantes :

- Double-cliquez sur l'icône de couleur du calque sélectionné.
- Cliquez du bouton droit sur le calque. Dans le menu contextuel qui apparaît, sélectionnez la commande **Propriétés**.
- Allez dans le menu **Modification/Scénario**. Choisissez la commande **Propriétés du calque**.

La fenêtre **Propriétés du calque** s'affiche à l'écran. Vous pouvez :

- renommer le calque ;
- le masquer ou le rendre visible. Pour cela, il suffit de cocher ou de décocher l'option *Afficher* ;
- redéfinir sa couleur ;
- le verrouiller ;
- définir son contenu. Il peut être un *Masque*, un calque *Guide* ou *Normal*. Ce qui est le cas actuellement ;
- afficher uniquement le contour des éléments du calque lorsque vous les animerez mais aussi pour faciliter votre travail de conception ;
- spécifier la Hauteur du calque dans le panneau *Scénario*.

Les calques sont désormais en place. Il s'agit à présent d'importer un fichier depuis Adobe Bridge. Avant d'effectuer cette opération, vous effectuerez un tour d'horizon de cette application.

2.8. Travailler avec Adobe Bridge

Adobe Bridge permet de visualiser et de classer les fichiers de votre ordinateur selon des critères que vous aurez définis. Il facilite ainsi le travail de production. Il est intégré aux logiciels de la Creative Suite, et vous pouvez y accéder de cette manière :

1 Dans Flash, ouvrez le menu **Fichier** puis choisissez la commande **Parcourir dans Bridge**.

2 L'interface de Bridge apparaît à l'écran. Celle-ci est composée de différents panneaux que vous pouvez redimensionner comme vous le souhaitez par un simple cliquer-glisser sur leur barre latérale. Par ailleurs, pour gagner de la place, il est possible de fermer leur contenu en double-cliquant sur leur libellé.

Les panneaux

Le panneau *Dossiers* affiche l'arborescence des fichiers de votre ordinateur. Pour accéder au dossier du projet que vous venez de créer, cliquez dessus puis déroulez-le. L'arborescence de ces fichiers est également disponible au-dessus des panneaux. Pour afficher le contenu du dossier *Projet*, il suffit de cliquer dessus du bouton droit de la souris et de le sélectionner.

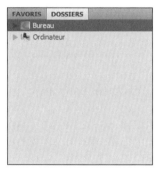

Figure 2.18 : Le panneau Dossiers

Le contenu du dossier s'affiche alors dans le panneau *Contenu* sous la forme de vignettes. Sélectionnez le fichier *Test.swf*. L'animation apparaît également dans le panneau *Aperçu*, dans lequel vous pouvez désormais visualiser les fichiers au format *SWF*.

Comme le dossier *Projet* est un dossier que vous utiliserez souvent, vous allez le convertir en favori. Pour l'ajouter au panneau *Favoris*, utilisez l'une des deux méthodes suivantes :

■ Cliquez du bouton droit sur le dossier *Projet*. Dans le menu contextuel qui s'affiche, choisissez la commande **Ajouter aux favoris**.

■ Sélectionnez le dossier *Projet* puis allez dans le menu **Fichier**. Activez la commande **Ajouter aux favoris**. Votre dossier apparaît désormais dans le panneau *Favoris*.

Pour rechercher votre dossier, vous auriez pu utiliser le panneau *Filtre*, dans lequel il est possible de rechercher des fichiers d'après des critères définis.

Le résultat de cette recherche peut être sauvegardé sous la forme d'une collection qui apparaît dans le panneau du même nom. Pour retrouver plus facilement un fichier, vous pouvez lui attribuer des mots-clés ou des métadonnées par le biais des panneaux *Mots-clés* et *Métadonnées*.

Les métadonnées

DÉFINITION

Les métadonnées sont les informations relatives à un fichier, à savoir leur auteur, la date de réalisation, le profil de couleurs utilisé, sa résolution, etc. Elles facilitent la recherche des fichiers.

Les fichiers d'un dossier peuvent être affichés de différentes façons. Dans le panneau *Favoris*, cliquez sur le dossier de votre projet puis sur le dossier *IMAGES*.

L'affichage des fichiers

Pour afficher à l'écran la totalité des fichiers présents dans ce dossier *IMAGES*, procédez comme suit :

1 Utilisez le curseur de la réglette de zoom située dans le coin inférieur droit d'Adobe Bridge.

2 Faites-le glisser à gauche pour réduire ou à droite si vous ne souhaitez rendre visibles que quelques fichiers.

 Figure 2.19 : La réglette de zoom

■ Pour réduire la taille des vignettes, cliquez sur l'icône *Taille de vignette plus petite*.

■ À l'inverse, pour agrandir ces vignettes, cliquez sur l'icône *Taille de vignette plus grande*.

Jusqu'à présent, lorsque vous redimensionniez les panneaux, le nombre de vignettes à l'écran dans le panneau *Contenu* ne restait pas fixe. Vous pouvez aussi bloquer cet affichage par le biais d'une grille. Procédez comme suit :

1 Redimensionnez le panneau *Contenu*. Pour ce faire, cliquez sur un bord latéral puis faites-le glisser à gauche ou à droite selon que vous souhaitez diminuer ou réduire sa taille.

2 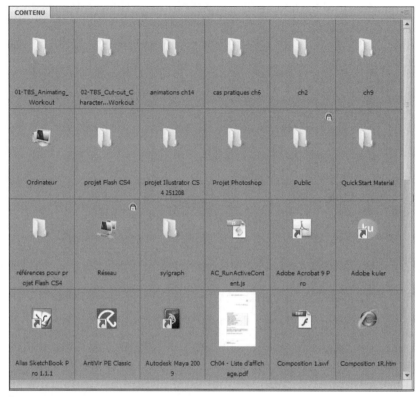 Dans le coin inférieur droit de l'interface de Bridge, cliquez sur le bouton **Cliquer pour verrouiller la grille des vignettes**.

Une grille apparaît dans le panneau *Contenu*.

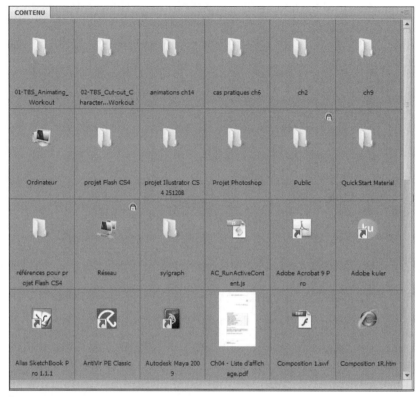

Figure 2.20 : La grille des images

Pour visualiser les fichiers d'un projet, vous pouvez utiliser le nouveau mode d'affichage, le mode *Vérification*.

Le mode Vérification

Pour activer ce mode, procédez comme suit :

1 Ouvrez le dossier *IMAGES* du projet.

2 Dans la barre de travail, cliquez sur le bouton **Affiner**.

3 Dans le menu contextuel qui apparaît, sélectionnez *Mode Vérification*. L'interface de Bridge disparaît. Les fichiers s'affichent sous la forme de vignettes dans un carrousel.

- Pour afficher l'une ou l'autre de ces images, utilisez les flèches de direction du clavier ou celles du carrousel. Vous pouvez aussi tout simplement cliquer dessus.
- Pour supprimer les images inutiles à vos yeux, cliquez sur la flèche noire située à droite des flèches de direction.
- Pour sortir de ce mode, utilisez l'icône en forme de croix.

Figure 2.21 : Le mode Vérification

La prochaine étape consiste à importer le fichier *storyboard.fla*, créé précédemment dans Flash.

L'importation d'un fichier

Pour importer le fichier dans Flash depuis Bridge, suivez l'une de ces méthodes :

- Cliquez du bouton droit sur le fichier *storyboard.fla*. Dans le menu contextuel qui s'affiche, sélectionnez le programme avec lequel vous souhaitez ouvrir le fichier, à savoir ici **Adobe Flash CS5**.
- Dans le panneau *Contenu*, double-cliquez sur le fichier à importer.
- Allez dans le menu **Fichier** puis sélectionnez la commande **Importer /In Flash**.

CRÉER UN DÉCOR

Dans une animation, le décor est important. Il indique dès le départ où l'action va se dérouler. Pour le réaliser, vous utiliserez les outils de dessin proposés par Flash.

Avant de dessiner, vous devez décider si vous souhaitez activer ou non l'option *dessin d'objet*.

3.1. Le dessin d'objet

Le *dessin d'objet* facilite le travail de conception. Le contenu et les contours d'une forme peuvent être directement édités sans qu'elle ne soit dégroupée au préalable. Par ailleurs, ce mode de dessin permet de dessiner et de modifier plusieurs objets séparément. Vous évitez ainsi d'effectuer des changements non voulus sur un objet. Comme vous pourrez le constater, les objets ne sont pas fusionnés.

Il s'agit maintenant de dessiner les arbres du décor à l'aide de l'outil **Pinceau**.

1 Tout d'abord, verrouillez le calque *Case 1*.

2 Créez un nouveau calque que vous renommerez `arbre`. Placez-vous sur la position 2 de ce calque.

3 Activez l'option *Pelure d'oignon* afin que vous puissiez visualiser le modèle par transparence.

4 Masquez les autres calques. Pour cela, cliquez sur leur icône en forme d'œil.

3.2. L'outil Pinceau

L'outil **Pinceau** se comporte comme un pinceau traditionnel. Son tracé est beaucoup plus artistique que celui de l'outil **Crayon**, comme vous pourrez le constater. Il s'agit ici non pas de reproduire à l'identique le modèle que vous avez mais d'en donner une interprétation. Si ce que vous dessinez ne ressemble pas aux images, ne vous inquiétez pas. Le modèle est là pour vous donner simplement une idée de ce que vous pouvez obtenir.

1   Activez l'outil **Pinceau**.

Celui-ci possède différentes options à configurer selon vos besoins, situées en bas de la boîte à outils.

Figure 3.1 : Les options de l'outil Pinceau

2 Tout d'abord, choisissez dans le menu déroulant **Taille du Pinceau** la grosseur de votre pinceau.

3 Dans le menu déroulant **Forme du Pinceau**, sélectionnez une autre apparence pour votre pinceau. Pour le contour de l'arbre, prenez l'une des formes calligraphiques proposées situées en bas du menu. Elles ont la forme d'un trait oblique. En revanche, pour remplir l'intérieur de l'arbre, vous choisirez une forme arrondie.

4 Vous pouvez également régler le comportement de l'outil **Pinceau**. Celui-ci possède trois modes de peinture. Par défaut, il est défini sur le mode *Peint normalement*. Parmi les autres modes, vous avez :

- *Peint les zones remplies*. La peinture que vous appliquerez à l'arbre passera en dessous de son contour.

- *Peint derrière*. À l'inverse du mode précédent, la peinture apparaît en dessous des traits que vous avez dessinés.

- *Peint la sélection*. L'intérieur de l'arbre doit être sélectionné. La peinture sera appliquée uniquement à la zone sélectionnée.

- *Peint à l'intérieur*. La peinture s'affiche à l'intérieur de la forme fermée.

En ce qui concerne le remplissage de la forme de l'arbre, sélectionnez le mode *Peint derrière*.

⚠️ **ATTENTION** **Le mode de l'outil Pinceau**
Si vous redessinez avec l'outil **Pinceau** après l'arbre, n'oubliez pas de le régler sur le mode *Peint normalement*, sinon vos traits ne s'afficheront pas.

Vous pouvez également spécifier le pourcentage de lissage de la peinture à appliquer à l'aide de l'option *Lissage* dans le panneau du même nom. Selon la valeur que vous choisirez, l'aspect de la peinture sera plus ou moins irrégulier. Plus elle sera élevée, plus la peinture sera lisse.

5 Il existe une dernière option, *Verrouiller le remplissage*, désactivée par défaut. Une fois que l'arbre sera peint dans sa totalité, vous pouvez activer cette option. Vous éviterez ainsi qu'il soit modifié par mégarde.

6 Convertissez l'arbre en symbole (F8). Dans la boîte de dialogue qui s'affiche, nommez-le `arbre_gfx`.

7 Cochez l'option *Graphique* puis cliquez sur OK.

Figure 3.2 : L'arbre

L'étape suivante consiste à dessiner les buissons avec l'outil **Crayon**.

3.3. L'outil Crayon

L'outil **Crayon** est identique à un crayon de papier. Il permet de réaliser des tracés à main levée. Le trait suit le mouvement du pointeur. Comme tous les outils de Flash, vous avez la possibilité de le configurer à l'aide d'options situées en bas de la boîte à outils.

1 Créez un nouveau calque que vous renommerez buissons.

2 Masquez le calque de l'arbre s'il vous gêne.

3 Activez l'outil **Crayon**.

4 Dans le panneau *Remplissage et Trait*, vérifiez que la couleur soit réglée sur le noir et que l'épaisseur du trait soit de 2 pt. Vous commencerez par l'extérieur des buissons.

5 Aidez-vous du modèle pour dessiner. Selon le mode que vous aurez défini au préalable, le tracé sera plus ou moins lisse. Pour le modifier, rendez-vous en bas de la boîte à outils.

Les modes du crayon

1 Cliquez sur le bouton **Mode du crayon**. Dans la liste qui s'affiche, vous avez le choix entre trois modes :

Figure 3.3 : Les options de l'outil Crayon

- *Redresser*, qui est le mode par défaut. Le tracé a un aspect rectiligne. Ce mode est à utiliser lorsque vous souhaitez dessiner des formes géométriques.

- *Lisser*, qui, comme son nom l'indique, lisse les traits.

■ *Encre*. Le tracé a un aspect plus ou moins crénelé.

Régler le pourcentage de lissage de l'outil Crayon
Pour réaliser cette opération, vous disposez, dans le panneau *Lissage*, de l'option *Lissage*. Pour modifier sa valeur, deux méthodes s'offrent à vous :

■ Cliquez sur la valeur par défaut puis saisissez-en une autre.
■ Cliquez sur la valeur par défaut mais, tout en maintenant enfoncé le bouton gauche de la souris, faites glisser le pointeur vers la droite pour augmenter le pourcentage de lissage. À l'inverse, pour le réduire, faites glisser le pointeur vers la gauche. Plus vous augmenterez la valeur, plus vos tracés seront lisses. Les points de contrôle seront de ce fait moins nombreux.

2 Une fois les réglages effectués, vous pouvez dessiner les buissons.

3 Pour donner à vos buissons un aspect moins plat, variez l'épaisseur du trait. Par exemple, pour dessiner l'intérieur, dans le panneau *Remplissage et Trait* choisissez une épaisseur de trait de 0,5 pt et 1 pt.

4 Une fois les buissons dessinés dans leur totalité, convertissez-les en symbole de type *graphique* (F8). Nommez-les `buissons_gfx`. Cliquez sur OK.

Figure 3.4 : Les buissons

Continuez le décor. Vous allez dessiner le sapin situé à droite.

3.4. L'outil Ligne

L'outil **Ligne** trace des segments rectilignes que vous pouvez modifier ensuite à votre convenance. Commencez par le tronc de l'arbre.

1 Créez un calque.

2 Nommez-le `sapin`.

3 ▨ Munissez-vous de l'outil **Ligne**.

4 Dans le panneau *Remplissage et Trait*, personnalisez les options de votre outil. Vous avez la possibilité, comme pour les outils précédents, de régler la couleur du trait. Le noir convient parfaitement. Cependant, si vous désirez la modifier, cliquez sur le noir.

5 La palette des couleurs apparaît. Il suffit de cliquer sur l'une des couleurs présentes pour la sélectionner.

6 Choisissez une épaisseur de *Trait* de 0.50.

7 [🎐] Activez l'option *Accrocher aux objets*.

REMARQUE **Option Accrocher aux objets**

L'option *Accrocher aux objets* permet de positionner avec précision les objets sur la scène. L'option est semblable à la fonction *Magnétisme du point* d'Illustrator CS5.

8 Cliquez sur la scène pour positionner le point de départ de votre tracé. Tout en maintenant enfoncé le bouton gauche de la souris, faites glisser le pointeur vers le bas. Relâchez le bouton de la souris. Le trait apparaît.

9 Cliquez sur le tracé avec l'outil **de sélection**. Tout en maintenant la touche [Alt] enfoncée, déplacez le pointeur vers la droite. Une copie du premier tracé apparaît.

10 Positionnez la copie à l'aide des flèches de direction du clavier.

11 Continuez de tracer des lignes jusqu'à ce que le tronc du sapin soit fermé. Vous verrez un petit cercle qui s'affiche. Il vous indique la continuité de votre tracé.

12 Dessinez la forme du sapin. Avant de commencer, réglez l'aspect de vos tracés. Dans le panneau *Remplissage et Trait*, déroulez le menu *Style* puis sélectionnez le style *Irrégulier*. Vous pouvez aussi, si vous le désirez, alterner avec le style *Pointillé fin*. Contrairement à la version précédente, le nom des styles figure à gauche des traits prédéfinis.

REMARQUE **Créer un style de trait**

Pour réaliser cette opération, procédez comme suit :

1 Dans le panneau *Remplissage et Trait*, cliquez sur l'icône *Modifier le style de trait*, située à droite du menu **Style**.

2 Une fenêtre **Style de trait** apparaît à l'écran dans laquelle vous pouvez configurer les différentes options du trait.

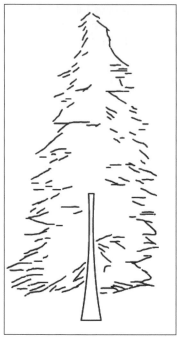

Figure 3.5 : Le sapin

13 Convertissez le sapin en symbole *clip*. Nommez-le `sapin_gfx`. Cliquez sur OK.

Les arbres sont dessinés. Votre prochaine tâche consiste à dessiner l'arrière-plan du décor puis les autres éléments qui le composent. Pour dessiner le ciel et le sol, vous utiliserez l'outil **Primitive Rectangle**. Vous enchaînerez ensuite avec la réalisation des bancs.

3.5. Les formes géométriques

Adobe Flash propose plusieurs outils pour créer des formes géométriques (outil **Rectangle**, outil **Ovale**, outil **Primitive Rectangle**, outil **Primitive Ovale**, outil **Polygone**).

Pour modifier leurs options, vous disposez comme précédemment du panneau *Remplissage et Trait*.

L'outil Primitive Rectangle

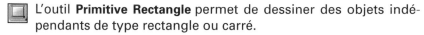 L'outil **Primitive Rectangle** permet de dessiner des objets indépendants de type rectangle ou carré.

1 Créez un calque que vous nommerez `sol`.

2 Cliquez sur ce calque, ce qui a pour effet de le sélectionner.

3 Activez l'outil **Primitive Rectangle**. Dans le panneau *Remplissage et Trait*, prenez un bleu moyen (#0066CC) comme couleur de remplissage. N'utilisez aucun contour.

4 Tracez un rectangle jusqu'au centre de la scène. Vous constaterez que les points de contrôle apparaissent. Tout comme pour l'outil **Rectangle**, que vous verrez dans la prochaine section, vous pouvez lui définir un rayon d'*angle*. Pour notre cas, laissez sa valeur par défaut.

5 Sur le calque *sol*, tracez un rectangle de couleur verte (#30FF30) sans contour.

6 Pour rendre la forme éditable, allez dans le menu **Modification**. Choisissez la commande **Séparer**. Vous pourrez ainsi utiliser les outils standards pour modifier la forme.

7 Convertissez le sol en symbole *graphique*. Nommez-le sol_gfx. Cliquez sur OK.

Figure 3.6 : Le ciel et le sol

L'étape suivante consiste à dessiner les bancs. Commencez par celui du premier plan.

L'outil Rectangle

1 Créez un nouveau calque que vous nommerez bancs.

2 Dans la boîte à outils, sélectionnez l'outil **Rectangle**.

3 Dans le panneau *Remplissage et Trait*, changez sa couleur de remplissage. Cliquez sur la case *Couleur de remplissage* afin d'accéder à la palette de couleurs. Ensuite, cliquez sur l'icône *sans remplissage*, représentée par un carré blanc barré, afin de n'attribuer aucune couleur de remplissage au banc.

4 Modifiez l'option *Trait*. Choisissez une épaisseur de trait de 0.50.

5 Dans la boîte à outils, activez le mode *Dessin d'objet*.

6 Dans le panneau *Options du Rectangle*, définissez un *Rayon d'angle arrondi du rectangle* de 14. Vous allez dessiner le dos du banc. Il est possible de régler les valeurs des angles séparément. Pour cela, il suffit de cliquer sur l'icône *Verrouiller les contrôles du rayon d'arrondi sur un contrôle* en forme de cadenas.

ASTUCE

Rayon d'angle arrondi
Utilisez les flèches de direction du clavier pour modifier le rayon d'angle de la forme.

- Servez-vous de la flèche du haut du clavier pour définir un *rayon d'angle arrondi* négatif.
- À l'inverse, prenez la flèche du bas pour spécifier un *rayon d'angle arrondi* positif.

7 Cliquez sur la scène puis faites glisser le pointeur en diagonale. Relâchez le bouton de la souris pour valider le dessin du dos du banc.

REMARQUE

Dessin du dos du banc
Vous auriez pu dessiner cette forme à partir de son centre. Pour ce faire, cliquez sur la zone de travail puis, tout en maintenant la touche [Alt] enfoncée, tracez le dos du banc.

8 Pour dessiner le siège du banc, réglez l'option *Rayon d'angle arrondi du rectangle* sur 0. Pour cela, cliquez sur le bouton **Rétablir**.

9 Complétez le dessin du banc.

10 Vous pouvez si vous le désirez ajuster les valeurs d'arrondis du siège et du dos du banc. Pour cela, il suffit de cliquer sur l'un des points de contrôle de la forme puis de le faire glisser vers l'extérieur ou vers l'intérieur.

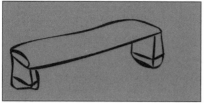

Figure 3.7 : Le banc du premier plan

11 Recommencez cette procédure pour dessiner les pieds du second banc ainsi que celui du lampadaire.

Pour compléter le dessin du second banc et dessiner le pont de l'arrière-plan, utilisez l'outil **Ovale**.

L'outil Ovale

L'outil **Ovale** est utilisé pour créer des formes de type arrondi ou allongé. Vous allez tracer le siège du second banc.

1 Activez l'outil **Ovale**.

Celui-ci possède les mêmes options que l'outil **Rectangle**, à savoir que vous pouvez modifier la couleur de contour et de remplissage du trait. Pour notre cas, n'utilisez aucune couleur de contour. En revanche, réglez la couleur de fond sur du noir.

2 Dans le panneau *Options de l'ovale*, réglez l'option *Angle de départ* sur la valeur de 180°.

3 Tracez votre forme. Tout comme pour l'outil **Rectangle**, vous pouvez dessiner l'ellipse à partir de son centre ([Alt]).

4 Dessinez une autre forme derrière la première mais plus petite.

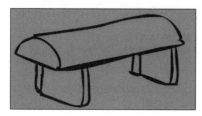

Figure 3.8 : Le banc de l'arrière-plan

REMARQUE

Compléter le dessin du banc
Procédez comme suit :

1 Avec l'outil **Ligne**, tracez les contours du banc.

2 Prenez l'outil **Pinceau**. Réglez-le sur le mode *Peint normalement*.

3 Remplissez la forme.

5 Il s'agit maintenant de dessiner l'abri en arrière-plan. Pour cela, dans le panneau *Options de l'Ovale*, réglez son *Angle de départ* sur 180° puis son *Rayon interne* sur la valeur de 80.

REMARQUE

Rétablir les valeurs par défaut de l'option Rayon interne
Pour rétablir les valeurs par défaut de cette option, cliquez sur le bouton **Réinitialiser**.

6 Dans le panneau *Remplissage et Trait*, prenez une couleur de fond sans contour.

7 Dessinez l'abri.

Figure 3.9 : L'abri

 Dans la prochaine étape, vous allez compléter le dessin du lampadaire. Pour cela, vous utiliserez l'outil **Primitive Ovale**.

L'outil Primitive Ovale

Pour le haut du lampadaire, tracez ces formes :

1 Dessinez trois ellipses noires sans contour en vous aidant du modèle.

2 Dans le panneau *Options de l'Ovale*, réglez l'*Angle de fin* sur 180° puis dessinez le bas de la lampe principale.

3 Pour les deux lampes secondaires, réglez l'*Angle de départ* sur 180°.

4 Pour finir, prenez l'outil **Ligne** pour relier ces deux lampes au poteau du lampadaire.

Figure 3.10 : Le lampadaire

Poursuivez le décor. Vous allez dessiner les rochers à côté du lampadaire.

L'outil Polygone

 L'outil **Polygone** permet de créer des polygones et des étoiles.

Tout comme les autres outils, les options de l'outil **Polygone** sont disponibles dans les panneaux *Remplissage et Trait* et *Paramètres de l'outil*.

1 Activez l'outil **Polygone** dans la boîte à outils.

2 Dans la boîte à outils, activez le mode *Dessin d'objet*.

3 Dans le panneau *Paramètres de l'outil*, cliquez sur le bouton **Options**. Une fenêtre s'ouvre dans laquelle vous pouvez définir le type de polygone que vous souhaitez tracer.

4 Dans le menu **Style**, choisissez *Polygone*. Dans le champ *Nombre de côtés*, indiquez 12. Ne touchez pas à l'option *Taille des branches de l'étoile* par défaut. Cliquez sur OK.

5 Tracez trois polygones.

6 Sélectionnez-les puis convertissez-les en symbole *graphique*. Nommez-les `rochers_gfx`. Cliquez sur OK.

Dans le panneau *Scénario*, faites glisser les calques des éléments du décor dans le dossier *Le décor*.

3.6. La sélection d'objets

Avant de modifier une forme, vous devez la sélectionner. Pour réaliser cette opération, Illustrator met à votre disposition trois outils de sélection :

- l'outil **de sélection** ;
- l'outil **Sous-sélection** ;
- l'outil **Lasso**.

L'outil de sélection

L'outil **de sélection** sélectionne un trait ou un objet dans sa totalité. Voici quelques sélections que vous pourriez effectuer sur le décor.

Pour sélectionner le décor, procédez comme suit :

1 [icône] Activez l'outil **de sélection**.

2 Cliquez sur le décor.

3 Une fois la sélection effectuée, les options du panneau *Remplissage et Trait* redeviennent accessibles.

Pour éditer le décor, double-cliquez dessus.

Pour sélectionner le contour d'un élément du décor, suivez ces étapes :

1 Double-cliquez sur le décor afin d'accéder aux éléments qui le composent.

2 Double-cliquez sur l'élément à modifier.

3 Une fois en mode *Édition*, cliquez deux fois sur le contour de cet élément.

Pour sélectionner dans sa totalité un objet qui n'a pas été dessiné en mode *Objet*, double-cliquez dessus afin de prendre en compte son contour et sa couleur de remplissage.

L'outil Sous-sélection

L'outil **Sous-sélection** permet de sélectionner les points d'ancrage d'un objet.

1 Éditez un élément du décor.

2 Activez l'outil **Sous-sélection**.

3 Cliquez sur les rochers. Un cadre de sélection muni de points de contrôle apparaît.

L'outil Lasso

L'outil **Lasso** permet d'effectuer une sélection manuelle d'une forme située à côté d'une autre sans que la seconde ne soit prise en compte.

1 Activez l'outil **Lasso**.

2 Dessinez une zone de sélection autour de l'élément ou de la partie de l'élément à sélectionner.

Selon la complexité de l'objet que vous sélectionnerez, vous pouvez configurer le comportement de l'outil **Lasso** par le biais de ses options. Elles sont situées en bas de la boîte à outils :

Figure 3.11 : Les options de l'outil Lasso

- *Mode Polygone*. Permet de dessiner une zone de sélection autour de l'objet à sélectionner.

- *Baguette magique*. Limite la sélection aux zones de couleurs adjacentes à celles que vous avez sélectionnées.

- *Paramètres de la baguette magique*. Cliquez dessus. Une fenêtre s'ouvre dans laquelle vous spécifierez la valeur de l'étendue de la plage de couleurs à sélectionner. Dans le menu déroulant **Lissage**, choisissez le type de lissage des contours de la sélection.

REMARQUE

Baguette magique
Cette option s'utilise dans le cadre de la sélection d'image bitmap.

Objet

DEFINITION

Un objet est un élément placé sur la scène.

Une fois la sélection effectuée, vous pouvez modifier la forme de votre objet.

3.7. Modifier les formes

Lors de vos tracés, des points d'ancrage sont apparus au fur et à mesure du déplacement du pointeur. Pour modifier l'aspect de vos segments et courbes, vous disposez de plusieurs outils, fonctionnalités et panneaux.

Pour commencer, il est possible de changer le comportement des outils de dessin dans le menu **Préférences**.

Modifier le comportement des outils

1 Allez dans le menu **Modifier**. Choisissez la commande **Préférences**. Une fenêtre s'ouvre dans laquelle vous allez changer le comportement des outils de dessin.

■ Dans la colonne de gauche, cliquez sur la rubrique *Dessin*.

■ Dans la partie de droite, vous pouvez changer les options par défaut. Tout d'abord, commencez par choisir un mode de lissage des courbes. Dans le menu déroulant **Lisser les courbes**, sélectionnez l'un des modes prédéfinis (*Irrégulier*, *Normal*, *Lisse*).

2 Parmi les autres options, vous avez la possibilité d'indiquer à Flash de quelle manière les traits doivent être reconnus. Pour cela, dans le menu déroulant **Reconnaître les lignes**, choisissez l'un des trois modes proposés (*Précis*, *Normal*, *Approximatif*).

3 Vous pouvez dès le départ décider de quelle façon Flash doit détecter les formes que vous dessinez en configurant le paramètre *Reconnaître les formes*. Tout comme l'option précédente, les trois modes *Précis*, *Normal* et *Approximatif* sont à votre disposition.

Pour effacer certains traits inutiles, vous utiliserez l'outil **Gomme**.

3.8. L'outil Gomme

 L'outil **Gomme** supprime les traits ou les zones de remplissage d'un objet.

1 Activez-le.

2 Cliquez sur la scène. Tout en maintenant enfoncé le bouton gauche de la souris, faites glisser le pointeur sur la zone ou le trait à supprimer. Relâchez le bouton de la souris pour valider votre sélection.

> **ASTUCE**
>
> **Effacer tous les éléments d'une scène**
> Pour supprimer tous les éléments d'une scène en une seule fois, double-cliquez sur l'outil **Gomme**.

Avant d'utiliser l'outil **Gomme**, vous pouvez configurer ses options, lesquelles sont accessibles en bas de la boîte à outils : la *Forme de la gomme*, le *Mode de la gomme*, le *Robinet*.

Les formes de gomme

Dans le menu déroulant **Forme de la gomme**, vous pouvez choisir un style de gomme parmi ceux de la liste prédéfinie.

Ensuite, configurez le comportement de la gomme par le biais de l'option *Mode de la gomme*.

Les modes de la gomme

Il existe cinq modes :

- *Efface normalement*. Supprime les traits et la peinture sur lesquels le pointeur est passé.

- *Efface les zones remplies*. Efface uniquement la couleur de remplissage au passage du pointeur sur la forme. Seul le contour demeure.

- *Efface les lignes*. Supprime uniquement les contours d'une forme.

- *Efface les zones remplies sélectionnées*. Sélectionnez ce que vous souhaitez supprimer. Ensuite, gommez-la à l'aide de l'outil.

- *Efface à l'intérieur*. Ne fonctionne que s'il y a un second objet sur la scène. Lorsque vous faites glisser le pointeur, seule la seconde forme sera affectée.

L'outil **Gomme** fonctionne avec les images bitmap mais, au préalable, vous devez appliquer la commande **Séparer** du menu **Modification**.

Comme option, vous avez également le *Robinet*.

Le Robinet

 Le *Robinet* permet d'effacer en un clic la couleur de remplissage de vos objets.

Voici comment procéder :

1 Activez l'outil **Gomme**.

2 Cliquez sur l'icône *Robinet* en bas de la boîte à outils.

3 Cliquez à l'intérieur de chaque objet. La couleur de remplissage disparaît instantanément.

Les objets ne sont pas parfaits au départ. Pour les modeler et les repositionner, vous disposez du panneau *Transformer*.

Le panneau Transformer

Le panneau *Transformer* permet de modifier et de déplacer avec précision les objets. Vous allez changer la taille du lampadaire qui est situé au premier plan. Il doit être beaucoup plus grand que les deux bancs.

Figure 3.12 : Le panneau Transformer

1 Cliquez sur l'icône *Contraindre* en forme de chaîne. Dans le champ *Hauteur de l'échelle*, indiquez une mise à l'échelle de 120 %. Pour ce faire, soit vous cliquez puis vous saisissez votre valeur, soit vous cliquez puis vous faites glisser le pointeur vers la droite pour augmenter les valeurs des options *Hauteur* et *Largeur de l'échelle*.

2 Si la taille du lampadaire ne vous satisfait pas, vous pouvez répéter la transformation que vous avez réalisée. Pour cela, cliquez sur le bouton **Dupliquer la sélection et la transformer**. Pour supprimer ce que vous venez de faire, appuyez sur le bouton **Supprimer la transformation**.

4 Si vous souhaitez effectuer une rotation, vous devez tout d'abord cocher l'option *Faire pivoter*, puis entrez une valeur dans le champ correspondant.

Le panneau *Transformer* possède d'autres options de transformation qui concernent les objets en trois dimensions.

Le chapitre *Animer en 3D* vous donnera plus de détails à ce sujet.

Outre le panneau *Transformer*, vous disposez également de l'outil **Transformation libre**, mais les opérations que vous effectuez seront manuelles. La transformation sera donc approximative.

L'outil Transformation libre

 L'outil **Transformation libre** permet également de modifier les éléments du décor.

1 Activez-le dans la boîte à outils.

2 Double-cliquez sur le symbole *decor_gfx* afin d'accéder à ses éléments.

3 Double-cliquez sur le symbole *banc_2_gfx* afin de l'éditer.

4 Sélectionnez-le. Un cadre de sélection avec huit poignées de contrôle apparaît.

5 Tirez sur la poignée supérieure centrale vers le bas pour aplatir le banc.

6 Faites glisser l'une des poignées latérales de façon à réduire la taille du banc.

7 Pour modifier la taille du banc proportionnellement, tout en maintenant enfoncée la touche (Maj) faites glisser l'une des poignées supérieures situées au coin du cadre de sélection vers le haut ou vers le bas selon que vous souhaitez réduire ou augmenter ses dimensions.

8 Amenez le pointeur à proximité de l'un des coins du cadre. Le pointeur se transforme en outil **de rotation**. Faites pivoter légèrement le banc dans le sens inverse des aiguilles d'une montre. Si vous avez activé l'option *Accrocher aux objets*, les déplacements s'effectueront de manière magnétique selon une valeur de 45°.

9 Positionnez le pointeur sur l'une des poignées latérales du banc. Le curseur se transforme en outil de distorsion qui déforme l'aspect de l'objet.

10 Tout comme les objets dans Photoshop ou Illustrator, le banc possède un point de référence au centre de sa forme. C'est à partir de celui-ci que s'effectueront les différentes opérations que vous réaliserez dessus (mise à l'échelle, rotation, inclinaison, etc.). Pour le déplacer, il suffit de cliquer dessus et de le faire glisser dans un des coins du cadre de sélection.

REMARQUE

Réinitialiser la position du point de référence d'un objet
Pour rétablir sa position de départ, double-cliquez dessus.

Jusqu'à présent, vous avez étudié les différentes techniques pour modifier un objet dans sa totalité. Il s'agit maintenant de voir de quelle manière vous pouvez intervenir sur les points d'ancrage. Pour ce faire, vous allez modifier la forme du tronc du sapin.

Modifier les points d'ancrage

Tout d'abord, éditez le sapin puis procédez comme suit :

1 Ouvrez le panneau *Bibliothèque* (**Fenêtre/Bibliothèque**).

2 Double-cliquez sur le symbole *sapin_gfx* afin de l'éditer et d'accéder à ses propriétés.

3 Cliquez sur le tronc du sapin avec l'outil **Sous-sélection**. Les points de contrôle apparaissent.

4 Cliquez sur l'un d'entre eux. Faites-le glisser à un autre emplacement. Répétez cette manipulation avec un autre point d'ancrage. Le tronc du sapin au final doit être moins rigide.

5 Si vous estimez que le tronc n'a pas assez de points d'ancrage, vous pouvez lui en rajouter. Pour cela, sélectionnez l'outil **Ajouter un point d'ancrage** puis cliquez sur le tracé. Un nouveau point s'affiche.

Vous avez positionné des points de type angulaire. Vous pouvez les convertir en point arrondi. Pour cela, il suffit de procéder comme suit :

1 Sélectionnez l'outil **Convertir un point d'ancrage**.

2 Cliquez sur le point concerné puis maintenez le bouton gauche de la souris enfoncé. Des poignées de bézier apparaissent.

3 Faites-les glisser afin de changer l'orientation de la courbe créée. Vous obtenez alors une autre forme d'objet.

Une fois que le décor vous convient, sélectionnez tous les symboles. Convertissez-les en un symbole unique de type *graphique*. Nommez-le `décor_gfx`. Cliquez sur OK.

La question que vous pourrez vous poser est pourquoi avoir transformé chaque élément en symbole. La réponse est toute simple. Cette opération vous permettra de les animer.

ANIMER LES ANIMAUX

Dans ce chapitre, vous allez étudier les différentes techniques d'animation dans Flash. Plusieurs cas pratiques vous permettront d'en découvrir le fonctionnement et d'approfondir les techniques existantes. De nouveaux outils d'animation ont fait leur apparition :

- Animation à base d'objets,
- Editeur de mouvement,
- Présélections de mouvement.

Avant d'animer un personnage humain ou animal, vous devez réfléchir à la structure de ses mouvements. Pour cela, vous devez effectuer quelques recherches.

4.1. Les références

Pour animer un animal, vous disposez de diverses ressources auxquelles vous pouvez vous référencer :

- Tout d'abord Internet, avec des sites comme YouTube ou Dailymotion.
- Ensuite, les films d'animation ou les dessins animés. Enregistrez-les puis repassez les séquences afin d'étudier les mouvements et les expressions des personnages.
- Pour finir, il existe des livres, en particulier celui d'Eadweard Muybridge, dans lequel vous pouvez retrouver les mouvements des animaux découpés en séquence.

Une fois le mouvement de votre animal en tête, dessinez-le dans Photoshop puis importez-le dans Flash. Les animaux figureront dans la première scène de l'animation.

4.2. Travail avec les séquences

L'utilisation des séquences dans une animation permet de mieux la gérer lorsque la structure des calques est différente. Chaque séquence est contenue dans un seul fichier *FLA*. Par conséquent, le fichier a tendance à doubler de volume. Utilisez donc les séquences dans des cas précis comme dans le cadre de la réalisation de l'introduction d'un site web ou dans une animation courte comme ici. Flash crée par défaut une *Séquence 1*.

1 Ouvrez le panneau *Séquence* (**Fenêtre/Autres panneaux/Séquence**). La *séquence1* y figure.

2 Double-cliquez dessus pour la renommer Décor – plan général.

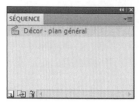

Figure 4.1 : Le panneau Séquence

3 Dans le bas du panneau, cliquez sur le bouton **Ajouter une séquence**.

4 Nommez la nouvelle séquence Le chien et le personnage – plan moyen. Appuyez sur la touche ⏎ pour valider.

5 Revenez à la séquence 1 en cliquant sur son libellé dans le panneau *Séquence*.

6 Sélectionnez toutes les images qui composent le décor.

7 Cliquez dessus du bouton droit. Dans le menu contextuel qui s'affiche, choisissez la commande **Copier les images**.

8 Retournez à la séquence 2.

9 Cliquez du bouton droit de la souris sur l'image 1 du calque 1. Dans le menu contextuel qui apparaît, sélectionnez la commande **Coller les images**.

- Pour basculer d'une séquence à une autre, utilisez le panneau *Séquence* ou cliquez sur le bouton **Modifier la séquence**.
- La lecture s'effectuera du haut vers le bas.
- Comme pour les calques, vous pouvez les réorganiser par un glisser-déposer.

10 Revenez à la séquence *Décor – plan général*. La prochaine étape consiste à importer un animal dessiné dans Photoshop.

REMARQUE

Tester les séquences

Pour tester l'ensemble des séquences, utilisez le raccourci clavier Ctrl+⏎.

Pour tester la séquence active, appuyez sur les touches Ctrl+Alt+⏎.

4.3. L'importation d'un modèle Photoshop

Les calques et les effets de style Photoshop sont totalement reconnus par Flash. Le premier animal que vous allez animer est un chien dont les parties ont été dessinées sur un calque différent afin de faciliter l'animation de ses membres.

1 Une fois votre fichier enregistré au format Photoshop, ouvrez la séquence 1 dans Flash.

2 Importez l'animal créé dans la scène Flash (**Fichier/Importer /Importer dans la scène**).

Figure 4.2 : Le dessin de l'animal

3 La boîte de dialogue **Importer** s'ouvre à l'écran. Si votre dessin a été réalisé en mode *CMJN*, Flash le convertira en mode *RVB*. Sélectionnez le fichier de l'animal. Cliquez sur le bouton **Ouvrir**.

4 Une nouvelle fenêtre s'ouvre dans laquelle vous spécifierez la manière dont Flash doit importer les calques Photoshop. Dans la partie de gauche, vous avez la liste des calques créés dans Photoshop. Une petite case en regard des calques vous permet de masquer ou de sélectionner les calques à afficher dans Flash (voir Figure 4.3).

5 Cliquez sur le calque *patte_avant*. Les options d'importation s'affichent.

6 Cochez les options *Image bitmap aplatie* et *Créer un clip* pour ce calque. Dans le champ *Nom de l'occurrence*, donnez-lui le nom de `pattes_avant_mc`. Laissez le point de référence par défaut. Vous pouvez le modifier si besoin par la suite dans la scène.

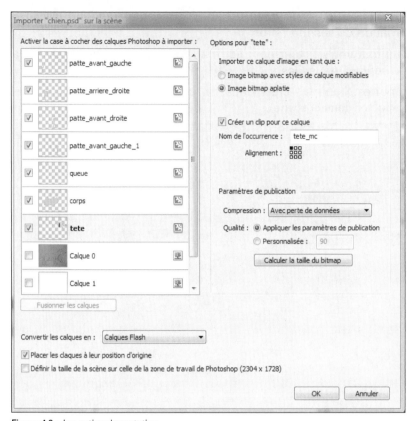

Figure 4.3 : Les options Importation

7 Pour les autres calques, cochez les mêmes options. Nommez-les respectivement :

- patte_avant_gauche_mc ;
- patte_avant_droite_mc ;
- patte_arriere_gauche_mc ;
- patte_arriere_droite_mc ;
- tete_mc ;
- corps_mc ;
- queue_mc.

8 Dans la section *Paramètres de publication*, acceptez les paramètres par défaut. Les options permettent de modifier la taille du fichier.

9 Dans la section située en dessous de la liste des calques, sélectionnez dans le menu déroulant *Convertir les calques en*, *Calques Flash*.

Cochez l'option *Définir la taille de la scène sur celle de la zone de travail de Photoshop.*

10 Cliquez sur OK une fois vos choix effectués.

Tous les calques Photoshop s'affichent dans le panneau *Scénario*. Sur la scène, tout est sélectionné. Conservez cette sélection.

4.4. L'animation d'un quadrupède

L'animation du chien sera pour vous l'occasion d'aborder le fonctionnement des nouveaux outils d'animation, à commencer par l'animation à base d'objets.

L'animation à base d'objets

L'animation à base d'objets se réalise directement sur les objets et non sur les images clés, contrairement à l'interpolation classique. Flash se dote par ailleurs d'un éditeur de mouvement destiné à personnaliser les options de cette animation. Grâce à l'interpolation de mouvement, vous n'êtes plus obligé de définir l'image finale de l'interpolation. Procédez comme suit :

1 Dans la scène, cliquez du bouton droit sur le chien. Dans le menu contextuel qui s'affiche, choisissez la commande **Créer une interpolation de mouvement**. Dans le panneau *Scénario*, une barre bleue s'affiche. Il indique la présence d'une interpolation de mouvement.

2 Positionnez la tête de lecture à la fin de l'animation.

3 Déplacez le chien vers la droite en direction du personnage que vous allez dessiner dans le prochain chapitre. Une image-clé est automatiquement créée à la position finale du calque du chien. Le chemin que vous avez fait parcourir au chien s'affiche sur la scène.

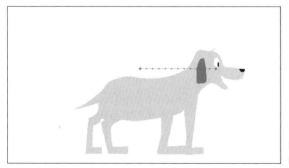

Figure 4.4 : La trajectoire de mouvement

4 Positionnez la tête de lecture au début de l'animation.

5 Activez l'outil **Transformation libre**.

Vous allez animer les différentes parties du chien afin que l'animation semble un peu plus réaliste. Procédez comme suit :

1 Déplacez le point de référence de la patte avant gauche en haut de sa partie supérieure.

2 Positionnez la tête de lecture vers un autre emplacement. Faites pivoter la patte.

3 Répétez ces opérations sur plusieurs positions dans le calque de la patte.

4 Recommencez la procédure pour les autres parties du chien.

5 Si vous cliquez du bouton droit sur l'interpolation dans le panneau *Scénario*, vous pouvez sélectionner l'image-clé que vous souhaitez afficher. Pour cela, choisissez la commande **Afficher les images-clés** puis, dans la liste qui s'affiche à droite, sélectionnez la propriété désirée ou désactivez les propriétés inutiles, comme *Filtres*.

6 Vous pouvez aussi modifier globalement l'ensemble des trajectoires directement sur la scène ou par le biais du panneau *Position et Taille*. Dans les champs *X* et *Y*, entrez vos nouvelles valeurs de positionnement.

REMARQUE

Permuter les symboles

Pour remplacer un symbole par un autre, il suffit de glisser le nouveau symbole depuis le panneau *Bibliothèque vers la scène*. Un message vous demande si vous souhaitez remplacer l'objet d'interpolation existant. Cliquez sur OK.

Comme vous pourrez le constater, chaque élément qui compose l'animal possède sa propre trajectoire. L'animation est automatiquement mise à jour.

La prochaine étape consiste à modifier les trajectoires.

La trajectoire de mouvement

La trajectoire de mouvement est composée de plusieurs points que vous pouvez déplacer directement sur la scène à l'aide de l'outil **Sous-sélection**.

1 Partez de l'animation précédente.

2 Activez l'outil **Sous-sélection**.

3 Amenez le pointeur sur l'une des trajectoires définies.

- Si une icône en forme de courbe s'affiche en regard du pointeur, cela signifie que vous pouvez donner à votre trajectoire une forme plus arrondie.

- Si vous constatez la présence d'un angle à droite du pointeur, vous pouvez modifier un point d'extrémité.

Une fois l'animation créée, il est possible de modifier les propriétés des images-clés définies dans l'interpolation de mouvement, ceci grâce au nouvel *Éditeur de mouvement*, que les habitués d'After Effects reconnaîtront.

L'éditeur de mouvement

L'éditeur de mouvement est une représentation graphique détaillée des différentes propriétés d'une animation. Il vous permet ainsi de créer une animation plus élaborée.

1 Sur la scène, sélectionnez la tête du chien.

2 Si vous avez choisi l'espace de travail *Les indispensables*, le panneau *Éditeur de mouvement* se situe par défaut à côté du panneau *Scénario*.

3 Pour le rendre visible au cas où vous auriez sélectionné un autre espace de travail, allez dans le menu **Fenêtre**. Choisissez la commande **Editeur de mouvement**.

4 Le panneau **Editeur de mouvement** s'ouvre.

- Les différentes propriétés sont classées par catégories (*Mouvement de base*, *Transformation*, *Effet de couleur* et *Accélérations*).

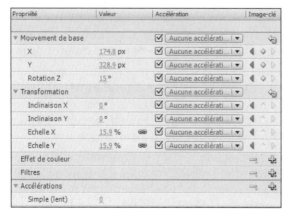

Figure 4.5 : Les propriétés

- À droite, vous retrouvez la représentation visuelle des images clés de votre animation ainsi que la tête de lecture que vous pouvez déplacer.

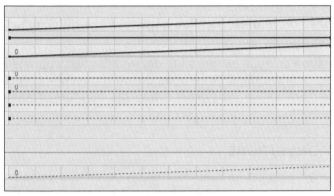

Figure 4.6 : La représentation graphique des propriétés

5 Le contenu de l'éditeur de mouvement peut être réorganisé selon votre convenance. Pour cela, vous disposez en bas du panneau de trois boutons :

- **Taille du graphe** sert à modifier la hauteur du graphe des propriétés.

- **Taille du graphe étendue** permet de changer la hauteur de la rangée d'une propriété.

- **Images visualisables** vous donne la possibilité de modifier le nombre d'images visualisables dans le panneau *Editeur de mouvement*.

6 Sur chacune des propriétés, vous avez la possibilité d'affecter une accélération. Par défaut, aucune accélération n'est définie. Cliquez dans le menu déroulant pour en choisir une dans la liste proposée.

7 Pour définir une accélération globale, Flash met à votre disposition une bibliothèque de modèles d'accélérations prédéfinies accessibles depuis le bouton **Plus**. Vous pouvez aussi définir une accélération en cliquant sur le lien *Personnaliser*. Si vous testez l'animation à cet instant, vous ne remarquerez aucun changement.

8 Pour qu'une accélération soit visible, vous devez la définir au niveau d'une propriété. Un menu déroulant vous permet de choisir le type d'accélération que vous souhaitez affecter à cette propriété. La trajectoire sans accélération s'affiche en noir tandis que la trajectoire avec l'accélération est représentée en vert.

Représentation graphique des trajectoires

Lorsque la trajectoire est arrondie, cela indique la présence d'une accélération. À l'inverse, une décélération est représentée par une courbe descendante.

9 Pour modifier les valeurs de la propriété *X*, par exemple d'une image-clé, il suffit de dérouler la catégorie principale *Mouvement de base* puis de cliquer sur la propriété *X*.

10 Ensuite, dans la partie de droite, cliquez sur l'image-clé. Faites-la glisser à l'endroit voulu.

Vous pouvez si vous le désirez ajouter des images-clés intermédiaires sur votre trajectoire. Pour ce faire, suivez les étapes suivantes :

1 Cliquez du bouton droit sur un emplacement.

2 Sélectionnez la commande **Ajouter une image-clé**. Si vous avez placé le panneau *Editeur de mouvement* et la *Scène* en parallèle, vous constaterez les changements effectués.

L'*Editeur de mouvement* vous permet également de copier la représentation visuelle d'une propriété à une autre. Pour ce faire, procédez comme suit :

1 Cliquez avec le bouton sur la courbe verte de la propriété. Dans le menu contextuel qui s'affiche, choisissez la commande **Copier la courbe**.

2 Sélectionnez une autre propriété. Dans la partie de droite du panneau, effectuez un clic droit puis, dans le menu contextuel qui s'affiche, cliquez sur la commande **Coller la courbe**.

Après l'animation du chien, vous allez ajouter sur la première séquence un insecte dessiné dans Illustrator.

4.5. Le vol d'un insecte

L'insecte a été dessiné sur plusieurs plans de travail. Le choix n'avait pas encore été arrêté au niveau de la version de l'insecte. Pour réaliser un document avec plusieurs plans, il suffit d'indiquer dans la boîte de dialogue **Nouveau document** le nombre de plans de travail que vous souhaitez.

Importer un plan de travail Illustrator

Vous allez importer le premier plan dans Flash. Vous pouvez importer et travailler sur un dessin d'un logiciel à un autre. Il existe plusieurs solutions.

La première solution consiste à exporter le document (**Fichier/Exporter**).

■ Dans la boîte de dialogue **Flash**, choisissez dans le menu **Type**, le format *Flash* (*.SWF) puis cliquez sur le bouton **Enregistrer**.

■ Une nouvelle fenêtre **Options SWF** s'ouvre dans laquelle vous allez définir les options d'importation du fichier.

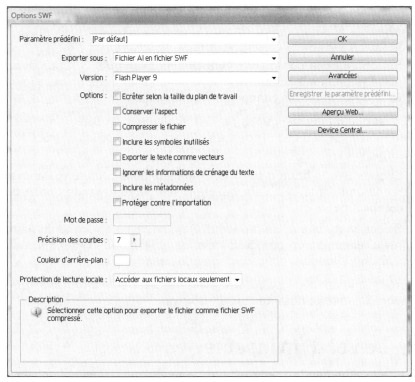

Figure 4.7 : La fenêtre Options SWF

La seconde solution est la suivante :

1 Sélectionnez l'une des ailes de l'insecte.

2 Convertissez-la en symbole. Pour cela, appuyez sur la touche F8 ou passez par le panneau *Symboles*. La fenêtre **Options de symbole** apparaît à l'écran.

3 Dans le champ *Nom*, indiquez le nom de votre symbole à savoir `aile_droite_mc`. Laissez les autres réglages par défaut. Cliquez sur OK.

4 Répétez ces opérations pour la seconde aile et le corps de l'insecte.

Figure 4.8 : L'insecte

5 Enregistrez votre fichier ([Ctrl]+[S]).

6 Ouvrez la première séquence de votre animation.

7 Importez l'insecte (**Fichier/Importer/Importer dans la scène**). Sélectionnez le fichier. Cliquez sur le bouton **Importer**.

8 Une nouvelle fenêtre s'ouvre dans laquelle vous allez spécifier de quelle manière vous souhaitez importer le fichier. Dans le menu déroulant *Sélectionner le plan de travail d'Illustrator*, sélectionnez le plan de travail *1*. Comme vous avez déjà converti les différentes parties de l'insecte en clip, il est inutile de changer les options d'importation. Contentez-vous de cocher les deux options *Placer les objets à leur position d'origine* et *Définir la taille de la scène sur celle du plan de travail d'Illustrator*. Cliquez sur OK. Les calques apparaissent dans le panneau *Scénario*.

9 Faites glisser les calques dans le dossier *Les animaux*.

Dans le panneau *Bibliothèque*, vous retrouvez tous les symboles créés dans Illustrator. Il ne vous reste plus qu'à animer l'insecte.

Le guide de mouvement

Pour animer l'insecte, vous utiliserez un guide de mouvement. Il s'agit d'un tracé le long duquel l'insecte sera animé.

REMARQUE

Le guide de mouvement
Le calque lié à un calque *guide de mouvement* est un calque guidé.

Plusieurs calques peuvent suivre un même chemin :

1 Cliquez du bouton droit sur le premier calque. Dans le menu contextuel qui s'affiche, sélectionnez la commande **Ajouter un guide de mouvement classique**.

2 Renommez le calque *Guide : calque1* `abeille`.

3 Faites glisser les autres calques en dessous du calque *insecte _guide.*

4 Placez-vous sur le calque *insecte_guide*. Avec l'outil **Crayon**, tracez une trajectoire que devra suivre l'insecte.

Figure 4.9 : Le calque guide et le calque guidé

Travailler sur une scène

REMARQUE

Lors de la réalisation de l'animation de cet insecte, pensez à masquer et à verrouiller le décor afin d'empêcher toute erreur de manipulation.

5 Sur ce même calque, insérez une image (F5) à la position 20.

6 Sélectionnez les calques. Dans la boîte à outils, activez l'option *Accrocher aux objets*.

7 Déplacez l'insecte au début de la trajectoire. Sur la position 20, insérez une image-clé (F6).

8 Positionnez l'insecte à l'extrémité de la trajectoire.

9 Cliquez du bouton droit entre les deux images que vous venez de créer. Dans le menu contextuel qui s'affiche, choisissez la commande **Créer une interpolation classique**.

10 Ajoutez des images-clés entre ces deux images. Repositionnez l'insecte avec l'outil **Transformation libre** dans le sens de la trajectoire (voir Figure 4.10).

Il s'agit maintenant de créer une animation et de l'enregistrer en tant qu'animation prédéfinie.

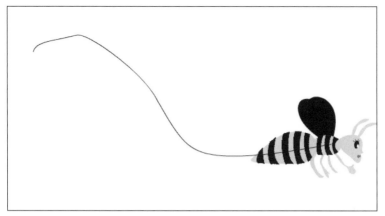

Figure 4.10 : La trajectoire de l'insecte

4.6. Le panneau Présélections de mouvement

Cette animation sera l'occasion pour vous d'aborder les présélections de mouvement.

1 Dans la séquence 1, supprimez l'animation créée précédemment.

2 Ouvrez le panneau *Bibliothèque*.

3 Faites glisser les différents composants de l'insecte sur la scène.

4 Sélectionnez-les puis convertissez-les en symbole *clip*. Cliquez sur OK.

5 Cliquez du bouton droit sur l'insecte. Dans le menu contextuel qui s'affiche, choisissez la commande **Créer une interpolation de mouvement**.

6 À l'aide de l'outil **de sélection**, faites glisser l'insecte à un autre emplacement sur la scène.

7 Ouvrez le panneau (**Fenêtre/Présélections de mouvement**). Il est composé de deux parties. Tout en haut du panneau, vous pouvez visualiser l'animation que vous avez choisie. En dessous, une liste de différents mouvements apparaît (voir Figure 4.11).

8 Sélectionnez l'interpolation de mouvement créée.

9 Cliquez sur le bouton **Enregistrer la sélection sous forme de présélection**.

10 Dans la fenêtre **Enregistrer la présélection sous** qui s'affiche, indiquez dans le champ *Nom de la présélection* le texte `insecte_anima-`

tion. **Cliquez sur OK**. Le mouvement est désormais listé dans le dossier *Présélections personnalisées*.

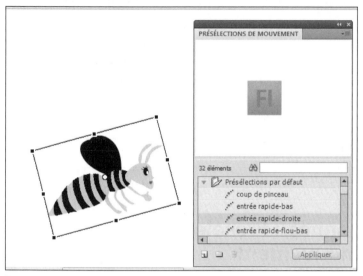

Figure 4.11 : Le panneau Présélections de mouvement

Pour appliquer la présélection de mouvement sur un symbole, procédez comme suit :

1 Supprimez l'interpolation de mouvement que vous venez de créer sur la scène.

2 Faites glisser une instance de l'insecte sur la scène.

3  Ouvrez le dossier *Présélections par défaut*. Sélectionnez l'animation *entrée rapide – droite*. Cliquez sur le bouton **Appliquer**.

L'animation s'applique instantanément à l'insecte et s'affiche dans le panneau *Scénario*.

REMARQUE

Appliquer une animation
Pour appliquer une animation, utilisez la commande **Appliquer à l'emplacement actuel**, située dans le menu local du panneau.

Vous pouvez si vous le désirez intervenir sur cette animation et la personnaliser selon votre convenance.

Les animations prédéfinies
Vous ne pouvez pas appliquer plusieurs animations à un même symbole.

Une animation sans le son n'est pas attractive. Votre prochaine tâche sera donc d'ajouter du son à la première scène de l'animation du parc pour lui donner un peu plus de vie.

4.7. L'ajout de son

À moins de fabriquer vous-même vos sons, vous pouvez en trouver très facilement sur Internet ou tout simplement dans Flash. En effet, celui-ci possède sa propre bibliothèque de sons. Pour y accéder, ouvrez le menu **Fenêtre**. Choisissez les commandes **Bibliothèques communes/Sons**. La bibliothèque *Sounds.fla* apparaît.

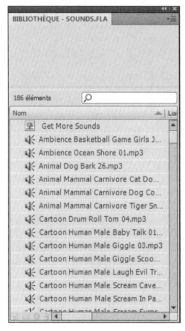

Figure 4.12 : La bibliothèque de sons

Pour écouter les différents sons, il suffit d'en sélectionner un puis de cliquer sur le bouton **Lire**, situé en haut du panneau de la bibliothèque.

Les bibliothèques de sons
Voici une liste de sites qui proposent des sons libres de droit :

http://www.universal-soundbank.com/

http://www.dinosoria.com/generiques.htm

http://www.internet-webmaster.info/ressources/bruitages.php3

http://www.fxmania.eu.org/www/index.php

Les formats

Flash reconnaît les principaux formats audio suivants :

- *MP3* est le format d'échanges de fichiers sons. Il est souvent utilisé sur le net et offre une très bonne qualité de son.
- *AIFF* (Mac) est l'équivalent du son wav sous Windows.
- *Wav* (Windows) est un format audio reconnu par la plupart des navigateurs.
- *Quicktime* est un format audio et vidéo développé par Apple.
- *ASDN* est un nouveau format sonore d'échange créé par Adobe entre Flash, After Effects et Soundbooth CS5.

Dans la prochaine étape, vous allez sonoriser la première scène de l'animation. Au préalable, vous devez importer les fichiers audio dans la bibliothèque.

Importer un fichier audio

1 Vérifiez que vous êtes sur la séquence 1.

2 Importez les fichiers audio (symbolisant des bruits que vous pouvez retrouver dans un parc) dans la bibliothèque (**Fichier/Importer /Importer dans la bibliothèque**) ou utilisez les sons de la bibliothèque *Sounds.fla* de Flash, par exemple le son *Animal Dog Bark 26.mp3*.

Importer un fichier audio
Il est possible d'importer des fichiers audio provenant d'autres documents Flash. Pour cela, procédez comme suit :

1 Allez dans le menu **Fichier**. Choisissez la commande **Importer** puis, dans le sous-menu qui s'affiche, sélectionnez **Ouvrir une bibliothèque externe**.

2 Localisez le fichier *fla* puis cliquez sur le bouton **Ouvrir**.

3 Faites glisser les sons directement sur la scène ouverte ou dans le panneau *Bibliothèque* du document actif.

Les fichiers importés d'une autre bibliothèque sont automatiquement intégrés dans le panneau *Bibliothèque*.

3 Créez trois calques que vous nommerez respectivement `bruit _chien`, `bruit_enfants`, `bruit_personnage`.

4 Ouvrez le panneau *Bibliothèque*. Faites glisser les sons sur leur calque respectif.

Figure 4.13 : Les sons importés sur des calques

5 Testez l'animation (⌈Ctrl⌉+⌈↵⌉).

Ajouter un fichier audio
Pour ajouter un troisième son, importez-le dans la bibliothèque puis sélectionnez-le depuis le menu **Nom** du panneau *Son*.

Il arrive que plusieurs fichiers Flash aient besoin du même son. Pour éviter de l'importer plusieurs fois, vous pouvez créer une bibliothèque de sons partagés.

Partager les sons

Pour partager les sons, vous procéderez de la façon suivante :

1 Dans le panneau *Bibliothèque*, cliquez du bouton droit sur un son. Dans le menu contextuel qui s'affiche, choisissez la commande **Propriétés**.

2 Dans la boîte de dialogue **Propriétés Audio** qui apparaît, effectuez les réglages suivants :

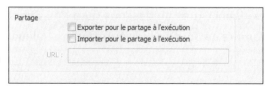

Figure 4.14 : Les options de partage des sons

■ Dans la section *Partage*, cochez l'option *Exporter pour le partage à l'exécution*.

- Dans le champ *URL*, entrez le nom de votre document publié.
- Cliquez sur OK.

3 Pour importer la bibliothèque externe, sélectionnez le menu **Fichier/Importer/Ouvrir une bibliothèque externe**. Dans la colonne *Liaison*, il est indiqué qu'il s'agit d'un fichier externe.

4 Faites-le glisser dans le panneau *Bibliothèque* du document en cours.

Pour harmoniser les sons avec les animations, vous devez les synchroniser.

Synchroniser les sons

Flash distingue deux types de sons : le son *évènement* et le son *En continu*. Le choix de l'un ou l'autre se fera après des tests effectués. Le son *évènement* continue de jouer même si le fichier *swf* s'arrête.

Pour synchroniser les sons, procédez comme suit :

1 Sélectionnez chaque son individuellement.

2 Dans le panneau *Son*, choisissez dans le menu **Sync.** l'option *En continu*.

Figure 4.15 : Le panneau Son

Le son tourne en boucle. Il sera joué même s'il n'est pas entièrement téléchargé. À la fin d'une animation, il s'arrêtera une fois l'animation terminée. Ce menu détermine le comportement du son lors de la fin de l'animation.

Vous pouvez aussi déterminer le nombre de fois que le son se répétera :

1 Sélectionnez l'option *Répétition*, située en dessous du menu **Sync.**

2 Cliquez dans le champ *Nombre de boucles* puis entrez votre valeur.

REMARQUE
La synchronisation
Si vos sons constituent une musique d'ambiance, vous sélectionnerez dans le menu situé en dessous de **Sync.** l'option *Boucle*.

Les fichiers sons que vous importez possèdent un grand nombre d'informations et, de ce fait, ont tendance à augmenter le volume du fichier *swf*. Il est donc préférable de les compresser.

Compresser un fichier audio

Pour compresser un fichier audio, procédez de la façon suivante :

1 Dans le panneau *Bibliothèque*, sélectionnez le fichier son de l'abeille.

2 Cliquez sur le bouton **Propriétés** afin d'accéder à la boîte de dialogue **Propriétés audio**.

■ Les informations relatives au fichier *son* s'affichent en haut de la boîte de dialogue, à savoir le chemin d'accès, la date de création, l'échantillonnage et le poids.

3 Dans le menu déroulant *Compression*, choisissez le type de compression *MP3*. Flash propose quatre choix :

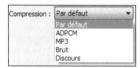

Figure 4.16 : Les options de compression d'audio

■ *ADPCM* est employé pour les sons courts.

■ *MP3* offre une bonne solution pour le rapport qualité/poids du fichier.

■ *Brut* correspond au fichier Raw.

■ *Discours* est utilisé dans le cadre des enregistrements vocaux comme les présentations ou les narrations.

4 Spécifiez les paramètres de compression du son en réglant les options *Vitesse de transmission* et *Qualité*. Pour les discours et les effets sonores, un taux de *8 Kbits* suffit. En dessous de ces options, vous retrouvez les informations concernant le fichier final.

5 Cliquez sur le bouton **Tester**.

6 Une fois que le résultat vous convient, cliquez sur OK.

DESSINER UN PERSONNAGE

Dans ce chapitre, vous allez dessiner le personnage de l'animation. Celui-ci apparaît dès la première scène. Pour le créer, vous vous fonderez sur le modèle du storyboard. Les animateurs traditionnels dessinent à la main chaque dessin de l'animation. Flash vous facilite la tâche. À partir du personnage, vous allez lui donner d'autres attitudes ou expressions sans avoir à redessiner l'ensemble, et ceci grâce à l'utilisation de symboles. Vous apprendrez également les différentes techniques pour attribuer une couleur de remplissage et de contour à un symbole.

5.1. La table lumineuse

Pour animer, les animateurs traditionnels se servent d'une table lumineuse qui permet de voir en transparence le contenu de leur dessin initial ou de l'image qui suit. Dans Flash, ce concept est représenté par l'option *Pelure d'oignon*.

1 Tout d'abord, placez-vous sur la *séquence 1*.

2 Créez un nouveau calque que vous nommerez `personnage`.

3 Verrouillez les autres calques.

4 Cliquez sur l'option *Pelure d'oignon*. Vous aurez ainsi à portée de main le modèle en transparence. Dans le panneau *Scénario*, des repères indiquent le début et la fin de l'option. Il est possible de les glisser afin de modifier le nombre d'images qui sera visible avant et après l'image que vous allez dessiner.

5 Créez une image vide à la position 2 du calque.

- Lorsque vous commencerez à dessiner le personnage, vous avez la possibilité de le voir sous la forme de contours en activant l'option *Contours de pelures d'oignon*.

- Il est également possible de définir le nombre d'images précédant et suivant l'image courante. Pour cela, il suffit de cliquer sur le bouton **Modifier les repères de pelures d'oignon**.

6 Ensuite, sélectionnez le nombre d'images voulues.

7 Si vous choisissez l'option *Oignon sur tout*, vous visualiserez l'ensemble des étapes de l'animation.

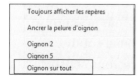

Figure 5.1 : L'option Oignon sur tout

REMARQUE

Utiliser l'option Pelure d'oignon

L'option *Pelure d'oignon* est utilisée dans le cadre d'une animation image par image.

Pour créer ce personnage, vous utiliserez l'outil **Plume**.

5.2. L'outil Plume

Le fonctionnement de l'outil **Plume** est identique à celui de Photoshop ou d'Illustrator. L'outil **Plume** permet de réaliser des tracés ouverts (lignes irrégulières, segments) ou fermés (polygones divers) par le biais de courbes de Bézier.

L'outil **Plume** possède des outils supplémentaires qui vous permettront de modifier les formes que vous dessinez. Vous commencerez par la tête du personnage.

Tracer une courbe

Pour tracer une courbe, procédez comme suit :

1 Activez l'outil **Plume** dans la boîte à outils ou utilisez son raccourci clavier (P).

2 Dans le panneau *Remplissage et Trait,* choisissez une couleur de contour noire.

3 Zoomez sur la scène à l'aide de l'outil **Zoom**.

4 Cliquez sur la scène. Vous venez de placer le premier point d'ancrage de la tête.

5 Déplacez le pointeur vers le bas.

6 Cliquez pour positionner le second point. Tout en maintenant enfoncé le bouton gauche de la souris, faites glisser le pointeur dans la direction que doit prendre la courbe jusqu'à ce que vous obteniez la forme d'un "C". Relâchez le bouton de la souris.

7 Cliquez de nouveau sur le second point.

8 Amenez le pointeur sur le premier point. Un petit cercle apparaît en regard de l'outil Plume indiquant que vous pouvez fermer le tracé.

9 Cliquez sur le point de départ mais ne relâchez pas la souris.

10 Faites glisser le pointeur jusqu'à l'obtention d'une courbe.

11 Relâchez le bouton de la souris lorsque le tracé vous satisfait.

Figure 5.2 : La tête du personnage

Il s'agit à présent de dessiner le corps du personnage. Vous allez tracer des segments.

Tracer un segment

Pour tracer un segment, la méthode est la suivante :

1 Cliquez sur la scène pour positionner le point de départ de la ligne.

2 Déplacez le pointeur vers le bas.

3 Cliquez pour placer un autre point. Le segment apparaît.

4 Pour valider ce tracé, cliquez sur l'outil **de sélection**.

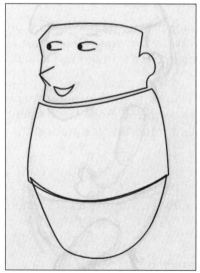

Figure 5.3 : Le corps du personnage

L'étape suivante consiste à remodeler les tracés.

Modifier les tracés

Pour modifier les tracés, procédez comme suit :

1 Activez l'outil **Sous-sélection**.

2 Cliquez sur le tracé à modifier. Les points de contrôle du tracé apparaissent. S'il s'agit de courbes, vous voyez apparaître les poignées de Bézier, dont la fonction première est de modifier l'angle d'un tracé.

3 Pour les déplacer, il suffit de cliquer dessus puis, tout en maintenant enfoncé le bouton gauche de la souris, de les faire glisser à l'endroit voulu.

L'outil **Plume** possède des outils supplémentaires permettant de modifier un tracé et dont voici le fonctionnement :

- L'outil **Ajouter un point d'ancrage**, comme son nom l'indique, ajoute des points supplémentaires sur un tracé. Son utilisation est la suivante : activez-le puis cliquez sur le tracé.

- L'outil **Supprimer un point d'ancrage** efface un point sur un tracé.

Pour supprimer un point sur un tracé, suivez ces étapes :

1 Sélectionnez le tracé avec l'outil **Sous-sélection**.

2 Activez l'outil **Supprimer un point d'ancrage**.

3 Cliquez sur le point à supprimer. Celui-ci disparaît.

- L'outil **Convertir un point d'ancrage** permet de transformer un point d'angle en un point arrondi ou l'inverse. Cliquez sur le point à convertir. Tout en maintenant enfoncé le bouton gauche de la souris, faites-le glisser.

Comme vous pourrez le constater, l'illustration d'un personnage n'est au départ qu'un chevauchement de tracés. Pour faciliter leur sélection et leur modification par la suite, vous allez les grouper.

5.3. Grouper un objet

Il s'agit à présent de grouper certains tracés, comme les tracés du bras avec la main.

1 Sélectionnez les éléments concernés.

2 Groupez-les en suivant l'une de ces méthodes :

- Utilisez le raccourci clavier Ctrl+G.

- Passez par le menu **Modification**, dans lequel vous sélectionne-rez la commande **Grouper**.

3 Pour modifier un groupe, double-cliquez dessus pour accéder au groupe voulu. La hiérarchie des groupes est visible dans le coin supérieur gauche de la scène.

Pour animer votre personnage, vous êtes obligé de le convertir en un ou plusieurs symboles.

5.4. La conversion en symbole

Sélectionnez chaque élément du personnage. Pour le moment, si vous regardez le panneau *Propriétés*, il ne s'agit que de formes créées. Vous allez les convertir en symbole.

1 Tout d'abord, sélectionnez le haut du bras de l'homme. N'importe quel objet sur une scène peut être transformé en symbole (tracés, image bitmap, un autre symbole, etc.).

2 Ensuite, utilisez l'une de ces méthodes pour le convertir en symbole :

- Appuyez sur la touche F8.

- Cliquez du bouton droit sur la forme à convertir. Dans le menu contextuel qui s'affiche, choisissez la commande **Convertir en symbole**.

- Allez dans le menu **Modification**, où vous sélectionnerez la commande **Convertir en symbole**.

3 La fenêtre **Convertir en symbole** s'affiche à l'écran (voir Figure 5.4).

4 Dans le champ *Nom*, saisissez le texte `bras_haut_mc`. Dans le menu **Type**, sélectionnez le type de symbole que vous souhaitez créer. Vous avez le choix entre *Clip*, *Bouton* et *Graphique*. Sélectionnez *Clip*. Au niveau de l'option *Alignement*, cliquez sur le carré central. Il s'agit en fait du point de référence du symbole à partir duquel il sera chargé sur la scène. Cliquez sur OK.

5 Recommencez les étapes 1 à 4 pour les autres éléments du person-nage. Convertissez-les en symbole de type *clip*. Nommez-les res-pectivement de cette manière :

- `bras_bas_mc` ;
- `jambe_avt_haut_gauche_mc` ;

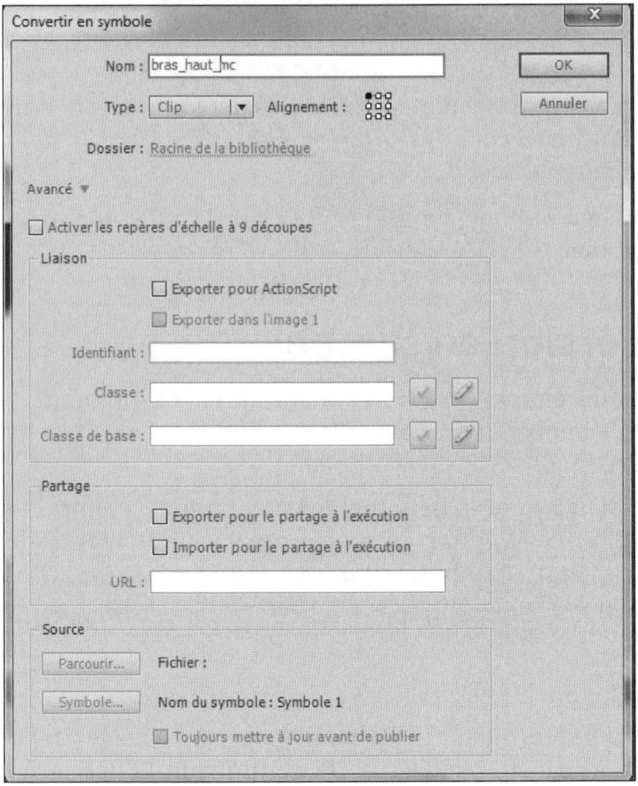

![Fenêtre Convertir en symbole]

Convertir en symbole

Nom : bras_haut_mc

Type : Clip | ▼ | Alignement : ▣

OK

Annuler

Dossier : Racine de la bibliothèque

Avancé ▼

☐ Activer les repères d'échelle à 9 découpes

Liaison

☐ Exporter pour ActionScript

☐ Exporter dans l'image 1

Identifiant :

Classe :

Classe de base :

Partage

☐ Exporter pour le partage à l'exécution

☐ Importer pour le partage à l'exécution

URL :

Source

Parcourir... | Fichier :

Symbole... | Nom du symbole : Symbole 1

☐ Toujours mettre à jour avant de publier

Figure 5.4 : La fenêtre Convertir en symbole

- `jambe_avt_bas_gauche_mc` ;
- `tete_mc` ;
- `corps_mc`.

6 Une fois les symboles nommés, cliquez sur OK.

Nommer un symbole

REMARQUE
La nomination des symboles suit une méthode :

- Pour les graphiques, nommez-les nom_*gfx*.
- Pour les clips, ajoutez le suffixe *mc* au nom.
- Pour identifier les boutons, ajoutez *btn* à la fin du nom du symbole.

Essayez d'être précis lorsque vous nommez un symbole. Cela vous permet par la suite de les retrouver plus facilement dans le panneau *Bibliothèque*.

Les symboles

L'utilisation de symboles a plusieurs avantages :

- Chaque symbole peut être animé séparément et être joué indépendamment des autres.
- Vous pouvez créer autant de symboles que vous voulez sans que la taille du fichier n'augmente.
- Lorsque vous effectuez des changements sur un symbole, les modifications se répercutent immédiatement aux copies de ce symbole.
- Un symbole peut contenir autant de symboles qu'il est possible d'en créer.

Lorsque vous créez des symboles, l'original est placé dans le panneau *Bibliothèque*. Ce que vous déposez sur la scène n'est en fait qu'une copie de ce symbole appelée aussi instance de symbole.

Créer un symbole

Vous pouvez créer un symbole à partir de rien. Pour cela, utilisez le menu **Insertion/Nouveau symbole**. La fenêtre **Créer un symbole** s'affiche. Contrairement à la fenêtre **Convertir en symbole**, l'option *Alignement* n'y figure pas.

5.5. Créer une bibliothèque d'éléments

La *bibliothèque* est l'endroit où sont stockés les symboles d'une scène dont vous vous servez le plus souvent. Elle vous permet de les gérer par le biais de différents boutons et commandes disponibles dans son panneau principal et dans son menu local (les ranger dans des dossiers, les modifier, etc.).

- Ouvrez le panneau *Bibliothèque* ([Ctrl]+[L] ou **Fenêtre/Bibliothèque**). Celui-ci liste les symboles que vous venez de créer.

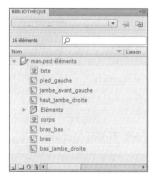

Figure 5.5 : Le panneau Bibliothèque

- Une petite icône en regard de chaque symbole indique quel type de symbole il s'agit.

- Tout en haut du panneau, un menu déroulant vous permet d'accéder rapidement à d'autres bibliothèques ouvertes.

- En dessous, vous avez la représentation du symbole sous forme de vignette.

- Si vous agrandissez le panneau, vous vous apercevez que celui-ci se compose de plusieurs colonnes indiquant des informations sur chacun des symboles, comme le nombre de fois qu'il a été utilisé dans la scène, sa date de création, le type de symbole dont il s'agit, son nom, etc. Vous pouvez ainsi trier vos symboles selon ces critères.

Une zone de recherche est à votre disposition pour rechercher les symboles créés dans ce panneau. C'est particulièrement utile lorsque vous avez plusieurs dossiers contenant des symboles. Pour effectuer une recherche, dans la zone de texte tapez la première lettre de votre symbole. Flash liste aussitôt les symboles qui peuvent correspondre à votre recherche.

Pour le moment, les symboles du personnage sont mélangés aux autres. Vous allez les ranger dans un dossier différent. Procédez comme suit :

1 Cliquez sur le bouton **Nouveau dossier.**

2 Double-cliquez dessus pour le renommer Le personnage.

3 Cliquez du bouton droit sur le symbole à ranger. Dans le menu contextuel qui s'affiche, choisissez la commande **Déplacer vers.** Une fenêtre s'ouvre.

4 Cochez l'option *Dossier existant.* Sélectionnez le dossier que vous venez de créer. Cliquez sur le bouton **Sélection.**

Organiser le panneau Bibliothèque

Une autre méthode consiste à cliquer sur l'icône du symbole :

1 Tout en maintenant enfoncé le bouton gauche de la souris, faites-la glisser sur l'icône du dossier.

2 Un rectangle vert apparaît. Relâchez le bouton de la souris. Le symbole vient se placer à l'intérieur du dossier.

5 Recommencez la procédure pour les autres symboles listés.

Les symboles que vous créez peuvent être renommés à partir de ce panneau. Pour cela, il suffit de double-cliquer sur le symbole concerné et de saisir son nouveau nom. Si vous souhaitez supprimer un symbole, sélectionnez-le puis cliquez sur le bouton **Supprimer**.

REMARQUE

Créer un symbole

Vous pouvez réaliser cette opération depuis ce panneau. Pour ce faire, cliquez sur le bouton **Nouveau symbole**. La boîte de dialogue **Créer un symbole** s'ouvre alors. Il ne vous reste plus qu'à définir les options de votre symbole.

Les options du panneau Bibliothèque

Comme tous les autres panneaux, le panneau *Bibliothèque* possède un menu local dans lequel figurent plusieurs options vous permettant de créer, de supprimer, de modifier, d'organiser vos symboles.

Figure 5.6 : Les options du panneau Bibliothèque

Pour accéder au menu local, cliquez dans le coin supérieur droit du panneau. Une liste de commandes s'affiche :

- Parmi les commandes disponibles, vous avez la possibilité d'éditer les fichiers sons directement dans Soundbooth CS5 ou iTunes si celui-ci est installé.

- Au niveau des dossiers, il est possible de les ranger et de les déployer selon votre convenance par le biais des commandes respectives **Réduire les dossiers** et **Développer tous les dossiers.**

Le personnage est composé d'une tête, d'un corps, du bras gauche et de la jambe gauche. Au lieu de dessiner l'autre moitié, vous allez dupliquer les symboles existants à partir du panneau *Bibliothèque*.

Dupliquer un symbole

Le fait de dupliquer les symboles permettra de les modifier indépendamment les uns des autres puisqu'ils seront animés de manière différente et pas en même temps. Pour créer une copie de symbole, procédez comme suit :

1 Cliquez du bouton droit sur le symbole *bras_gauche_mc*. Dans le menu contextuel qui s'affiche, choisissez la commande **Dupliquer le symbole.**

2 La boîte de dialogue **Dupliquer le symbole** apparaît. Elle est identique à la fenêtre **Créer un symbole.**

Figure 5.7 : La boîte de dialogue Dupliquer le symbole

3 Dans le champ *Nom*, renommez-le `bras_droit_mc`. Dans le menu **Type**, sélectionnez *Clip*. Cliquez sur OK.

4 Recommencez cette procédure pour les autres membres du personnage.

5 Sélectionnez-les puis convertissez-les en un symbole de type *clip*.

6 Nommez-le `personnage_mc` puis cliquez sur OK.

Pour le moment, votre personnage n'est composé que de formes aux contours noirs. Pour leur appliquer une couleur de fond, vous devez éditer chacun des symboles.

Éditer un symbole

Pour éditer un symbole, plusieurs méthodes s'offrent à vous.

- Double-cliquez sur le symbole sur la scène.
- Dans le panneau *Bibliothèque*, double-cliquez sur le symbole à modifier.
- Cliquez du bouton droit sur le symbole. Dans le menu contextuel qui s'affiche, choisissez l'une des trois commandes **Modifier**, **Modifier en place** ou **Modifier dans une nouvelle fenêtre**.

5.6. La coloration

Une fois en mode *édition*, vous pouvez appliquer une couleur de fond au symbole. Pour cela, vos formes doivent être fermées. Pour définir une couleur, vous disposez de plusieurs panneaux et outils, à commencer par la boîte à outils.

La boîte à outils

Pour choisir une couleur, procédez comme suit :

1 Cliquez sur la case *Couleur de remplissage*, située en dessous de l'icône de pot de peinture. Un nuancier apparaît.

2 Sélectionnez une couleur. Celle-ci s'applique instantanément au symbole. Vous avez la possibilité d'entrer la valeur hexagonale d'une couleur dans la zone de texte prévue à cet effet. Lorsque vous sélectionnez une couleur, sa valeur hexagonale est affichée.

3 Pour sélectionner une couleur de contour, les étapes sont identiques excepté que vous devez cliquer sur la case *Couleur du trait*, située en dessous de l'icône en forme de crayon, pour accéder à un nuancier. Si vous décidez de n'attribuer aucun contour, il suffit de cliquer sur l'icône en forme de carré blanc barré.

4 Si le nuancier proposé pour la couleur de remplissage et de contour ne vous convient pas, vous pouvez accéder à un autre nuancier en cliquant sur l'icône représentant une roue chromatique.

5 Une nouvelle fenêtre **Couleurs** apparaît dans laquelle vous pourrez spécifier une autre couleur.

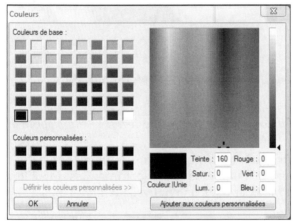

Figure 5.8 : La fenêtre Couleurs

- Dans la partie supérieure, des couleurs prédéfinies vous sont proposées.

- C'est dans la partie inférieure que seront enregistrées les couleurs que vous aurez définies.

- Si aucune couleur ne vous satisfait, utilisez dans la partie de droite le spectre des couleurs *RVB* (*Rouge*, *Vert*, *Bleu*).

- En dessous, vous avez la possibilité de définir les composantes de votre couleur dans les champs *Rouge*, *Vert*, *Bleu*.

- Vous pouvez aussi sélectionner une couleur dans le spectre des couleurs puis définir sa *Teinte*, sa *Luminosité* et sa *Saturation*. Lorsque la couleur vous satisfait, vous pouvez la sauvegarder en cliquant sur le bouton **Ajouter aux couleurs personnalisées**.

6 Une fois le choix effectué, cliquez sur OK.

Pour choisir une couleur de remplissage ou de contour à un symbole, vous disposez également du panneau *Couleur*.

Le panneau Couleur

Le panneau Couleur offre diverses options pour définir votre propre couleur de contour ou de remplissage.

Figure 5.9 : Le panneau Couleur

- Vous avez la possibilité de spécifier la valeur des composants *R*, *V*, *B* de la couleur. Vous pouvez également définir la *teinte*, la *saturation* ainsi que la *luminosité* d'une couleur.

- À droite de ces champs, un spectre des couleurs vous permet de sélectionner directement une couleur et de faire varier sa teinte, sa luminosité et sa saturation dans la barre verticale située à droite du spectre des couleurs. La valeur hexagonale de la couleur s'affiche en dessous de la couleur sélectionnée.

- Il est également possible de réinitialiser les couleurs par défaut à partir de ce panneau en cliquant sur le bouton **Noir et blanc**.

- Vous pouvez aussi permuter les couleurs de remplissage et de contour par le biais du bouton **Permuter les couleurs**.

- Il existe une autre option *Alpha* qui vous permet d'affecter un degré de transparence à un symbole.

- Dans la partie inférieure du panneau, vous pouvez visualiser la couleur sélectionnée.

- C'est aussi à partir de ce panneau que vous définirez les dégradés et les textures.

RENVOI Le chapitre *L'animation image par image* vous donnera plus de détails au sujet des dégradés.

Une fois votre couleur choisie, vous allez l'appliquer. Flash met à cet effet à votre disposition l'outil **Pot de peinture**. Commencez par le pantalon du personnage.

L'outil Pot de peinture

L'outil Pot de peinture permet d'attribuer une couleur de remplissage à une forme fermée d'un symbole. Vous n'êtes pas obligé de sélectionner une forme pour lui appliquer une couleur de fond.

1 Activez l'outil **Pot de peinture**.

2 Cliquez à l'intérieur de la forme du pantalon. La couleur s'applique instantanément.

Si la couleur ne s'applique pas, l'outil **Pot de peinture** possède une option *Taille de l'espace* qui permet de spécifier à partir de quel degré de fermeture la couleur sera appliquée.

Figure 5.10 : L'option Taille de l'espace

■ *Ne ferme pas les espaces* : dans ce cas-là, la couleur ne pourra pas s'appliquer si le tracé est ouvert.

■ *Ferme les petits espaces.*

■ *Ferme les espaces moyens.*

■ *Ferme les grands espaces.*

REMARQUE

La couleur ne s'applique pas

Si, en dépit du réglage de l'option *Taille de l'espace* de l'outil, la couleur ne s'applique pas, procédez comme suit :

1 Zoomez sur la scène.

2 À l'aide de l'outil **Sous-sélection**, déplacez l'une des extrémités du tracé afin de diminuer l'espace d'ouverture.

3 Appliquez de nouveau l'outil **Pot de peinture**. Cette fois-ci, la couleur s'applique au fond du symbole. Si ce n'est pas le cas, affectez à votre scène un zoom réduit de 30 % puis cliquez de nouveau à l'intérieur du symbole.

Pour modifier la couleur de contour d'un symbole, vous disposez de l'outil **Encrier**.

L'outil Encrier

L'outil Encrier permet d'affecter une couleur de contour à une forme. Dans le cas présent, vous allez attribuer une couleur de contour différente à chaque forme qui compose le personnage. Si, par exemple, la couleur de remplissage est foncée, la couleur de contour devra être claire.

1 Activez l'outil **Encrier**.

2 Choisissez une couleur dans le panneau *Nuanciers*.

3 Cliquez sur le contour de la forme concernée.

Modifier une couleur de remplissage

Pour modifier la couleur de fond d'un symbole, suivez l'une de ces méthodes :

1 Si le symbole n'est pas sélectionné, choisissez une couleur dans le panneau *Nuanciers*, la boîte à outils ou le panneau *Couleurs*.

- Activez l'outil **Pot de peinture**.

- Vérifiez que l'option *Verrouillage du remplissage* soit désactivée puis cliquez à l'intérieur du symbole.

2 Si le symbole est déjà sélectionné, il suffit de choisir une autre couleur dans l'un des panneaux de couleur à votre disposition. Vous pouvez également passer par le panneau *Remplissage et Trait*.

Pour attribuer une couleur d'un symbole à un autre, vous devez utiliser l'outil **Pipette**. Procédez comme suit :

1 Sélectionnez l'outil **Pipette**.

2 Cliquez sur le symbole possédant la couleur à affecter.

3 Positionnez-vous sur l'autre symbole puis cliquez dessus. La couleur du premier symbole s'applique au second.

La procédure est identique si vous souhaitez attribuer une couleur de contour à un second symbole.

Vous pouvez si vous le désirez sauvegarder les couleurs que vous avez utilisées pour le personnage dans un nuancier.

Le panneau Nuanciers

Les options du panneau *Nuanciers* sont identiques à celles du nuancier dans la boîte à outils. Le panneau *Nuanciers* permet de sélectionner une couleur mais aussi d'enregistrer les couleurs que vous définissez. Pour créer un nuancier, procédez comme suit :

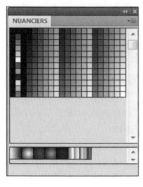

Figure 5.11 : Le panneau Nuanciers

1 Déroulez le menu local du panneau *Nuanciers*. Dans la liste qui s'affiche, sélectionnez la commande **Effacer les couleurs**.

2 Activez l'outil **Pipette**.

3 Cliquez sur l'une des couleurs du personnage. Celle-ci est automatiquement intégrée au nuancier.

4 Continuez de définir d'autres couleurs.

5 Enregistrez votre nuancier. Dans le menu local du panneau, choisissez la commande **Enregistrer les couleurs**. Une fenêtre **Exporter un échantillon de couleur** apparaît.

6 Dans le champ *Nom du fichier*, saisissez un nom pour votre nuancier. Cliquez sur le bouton **Enregistrer**.

Pour ouvrir ce nuancier dans un autre document, il suffira de choisir, dans le menu local du panneau, la commande **Ajouter des couleurs**.

> **REMARQUE**
>
> **Réinitialiser les couleurs**
> Pour afficher de nouveau les couleurs par défaut, sélectionnez dans le menu local du panneau *Nuanciers* la commande **Charger les couleurs par défaut**.

Lors de l'application des différentes couleurs, vous vous apercevrez que le chevauchement des symboles est à corriger. Pour cela, vous allez réorganiser ces symboles.

Réorganiser les symboles

Pour positionner correctement les symboles qui se chevauchent, utilisez l'une de ces deux méthodes :

1 Allez dans le menu **Modification**. Choisissez la commande **Réorganiser**. Dans la liste qui s'affiche à droite, sélectionnez le chevauchement adéquat.

2 Cliquez du bouton droit sur le symbole dont vous souhaitez corriger le chevauchement. Dans le menu contextuel qui s'affiche, choisissez la commande **Réorganiser** puis le chevauchement voulu.

Vous disposez à présent des symboles principaux. Il s'agit maintenant de constituer une bibliothèque d'expressions et de mouvements du personnage.

5.7. Constituer la bibliothèque du personnage

Pour le moment, vous n'avez que le personnage principal. Si vous vous rappelez le storyboard, dans la deuxième scène le chien bondit sur lui. Au lieu de copier les images du personnage de la première séquence et de les coller dans la seconde, vous allez créer l'attitude du personnage à cet instant à partir de celui que vous avez dessiné dans la première scène.

1 Tout d'abord, ouvrez le panneau *Bibliothèque* si celui-ci n'est pas visible.

2 Double-cliquez sur le symbole *personnage_mc*.

3 Créez une image-clé à la position 2.

4 À l'aide de l'outil **Transformation libre**, faites-le pivoter comme s'il allait tomber.

- N'oubliez pas de faire pivoter le personnage dans sa totalité sinon il risque d'être déformé.

- Pensez à modifier le point de référence de chacun des membres à partir duquel la rotation sera réalisée.

5 Convertissez ce que vous venez de créer en un symbole. Nommez-le `personnage_tombe_mc`. Cliquez sur OK.

6 Supprimez le contenu de l'*image-clé 2*.

7 Double-cliquez sur le symbole *bouche_mc*.

8 Créez une seconde image-clé.

9 À l'aide de l'outil **Sous-sélection** et de l'outil **Transformation libre**, changez l'expression du personnage.

10 Convertissez-la en un symbole. Nommez-le `bouche_surprise`. Cliquez sur OK.

L'ANIMATION IMAGE PAR IMAGE

L'animation image par image consiste, comme son nom l'indique, à animer une animation image par image comme dans une animation traditionnelle. C'est ce que ce chapitre se propose de vous expliquer. Animer, c'est donner l'illusion d'un mouvement. Une animation est composée d'une série d'images, chacune différente des autres.

6.1. Les principes d'animation

Pour réaliser l'animation du personnage, vous n'avez pas à le dessiner dans la deuxième scène. Il s'agit de le découper en plusieurs éléments (tête, corps, bouche, yeux). Vous redessinerez simplement les éléments qui doivent l'être. Cela vous permet de gagner du temps car, en général, vous devez aller vite. De plus, en procédant au découpage du personnage, vous pourrez mieux vous concentrer sur le réalisme de l'animation et vous éviter ainsi du travail inutile.

L'animateur dessine rarement les scènes dans leur totalité. Il se contente le plus souvent de dessiner le cheminement de l'animation, c'est-à-dire de définir les images-clés principales, les intervalles, etc.

Pour mettre en pratique l'animation définie sur le papier, l'animateur dispose d'une feuille d'exposition traduite dans Flash par le scénario qui vous permet de visualiser la progression de l'animation. Une feuille d'exposition a pour but de définir l'animation manuellement, sans les contraintes des outils de l'ordinateur. Elle est souvent employée dans le cadre des animations image par image.

Lorsque vous lisez une animation, celle-ci va plus ou moins vite. Tout dépend en fait de la cadence des images que vous avez définie auparavant. Par défaut, elle est réglée sur 24 images par seconde dans Flash CS5. C'est dans l'animation traditionnelle qu'est utilisée cette cadence d'images.

REMARQUE

Cadence des images
Pour changer la cadence des images, cliquez sur le bouton **Modifier** ou passez par le menu **Modification/Document**.

Animer un objet consiste à lui affecter divers mouvements et à les rendre réalistes. Dans ce chapitre, vous aurez l'occasion de créer un cycle de marche. Par définition, un cycle est une animation qui se répète inlassablement. Celui-ci est le plus souvent utilisé pour une marche ou une course, mais d'autres objets peuvent faire l'objet d'un cycle, par exemple une roue de voiture.

Flash distingue deux types d'animations : l'interpolation de mouvement et l'interpolation classique. Vous verrez la seconde animation. La première a été abordée au précédent chapitre.

Par définition, une animation est composée d'images.

6.2. Les images distinguées par Flash

Chaque case du scénario contient le contenu d'une image de l'animation. Flash distingue trois sortes d'images à utiliser selon les cas :

- les images ;
- les images vides ;
- les images-clés.

Les images

Une image se contente de copier une image. Le plus souvent, vous utiliserez ce type d'image pour copier un décor auquel vous n'affecterez aucune animation.

Les images vides

Une image vide est représentée dans le panneau *Scénario* par un rond blanc. Cela signifie qu'il n'y a aucun contenu.

Pour insérer une image vide, utilisez l'une de ces méthodes :

- Appuyez sur la touche F7.
- Sélectionnez le menu **Insertion**. Choisissez les commandes **Scénario/Image vide**.
- Cliquez du bouton droit sur l'image sélectionnée. Dans le menu contextuel qui apparaît, sélectionnez la commande **Image vide**.

Les images-clés

Une image-clé indique la présence d'un contenu. Le recours à une image-clé correspond à un changement au niveau de son contenu. Par exemple, le personnage est dans une autre position.

Il existe plusieurs méthodes pour créer et éditer une image-clé. Les images-clés peuvent être copiées, déplacées, collées à un autre emplacement du scénario ou dans un autre document Flash.

La fluidité d'une animation dépendra du nombre d'images, d'images-clés que vous définirez. Lorsque vous insérez des images entre l'image de départ et l'image d'arrivée, vous définissez les positions intermédiaires du personnage. Le fait d'ajouter ces étapes permet de détailler davantage l'animation et de la rendre plus réaliste.

Dans la section suivante, vous allez créer un cycle de marche. Le personnage que vous utilisez pourra être réalisé dans une application externe ou directement dans Flash. Pour le premier cas de figure, Flash vous donne la possibilité d'optimiser les tracés afin de réduire le poids du fichier *swf*.

6.3. Optimiser les tracés

Pour optimiser les tracés, procédez comme suit :

1 Importez le fichier *personnage.ai* dans la scène en tant qu'image bitmap ([Ctrl]+[R]).

2 Ensuite, sélectionnez le personnage.

3 Appliquez-lui un lissage par le biais de la commande **Forme/Lissage avancé** du menu **Modification**. Celle-ci améliore la forme des tracés.

4 Dans la fenêtre qui apparaît, réglez les différents paramètres de lissage.

Figure 6.1 : Les paramètres de lissage

5 Cochez l'option *Aperçu* afin d'observer les résultats au fur et à mesure des modifications effectuées. Définissez le degré de lissage des angles. Pour cela, entrez une valeur dans les champs de texte *Lisser l'angle au-dessous de*, *Lisser l'angle au-dessus de*. Cliquez sur OK.

6 Ajustez les tracés avec la commande **Redressement avancé** du menu **Modification/Forme**. Une boîte de dialogue apparaît. Réglez l'option *Intensité du redressement*.

7 Vous pouvez aussi optimiser les courbes et les lignes à l'aide de la commande **Optimiser**. Dans la fenêtre qui s'affiche, réglez les paramètres d'optimisation des courbes.

8 Spécifiez l'*Intensité de l'optimisation*, c'est-à-dire la valeur de lissage à appliquer. Cochez l'option *Afficher le message des totaux* afin de comparer le résultat avec la forme originale. Cliquez sur OK.

Vous avez ainsi supprimé les points d'ancrage superflus et de ce fait allégé le poids du fichier *swf* final. Passons maintenant au second cas de figure. Le personnage sera directement créé et animé dans Flash. Allez dans la première séquence. Vous allez animer le personnage. Celui-ci arrive dans la scène. Il s'agit de créer un cycle de marche image par image.

6.4. L'animation image par image

Le cycle de marche sera composé de six images que vous répéterez. Avant de vous lancer dans cette animation, créez-la sur une feuille de papier afin d'avoir une idée globale de ce que vous souhaitez obtenir.

Pour l'instant, l'image 1 contient le personnage. Il s'agit d'une image-clé représentée par un cercle noir. Figure 6.2 : Une image-clé

1 Double-cliquez sur le personnage afin de l'éditer.

Figure 6.3 : Le symbole personnage

2 Insérez une image-clé à la position 2 du calque 1, que vous renommerez `animation_marche_personnage`. Pour ce faire, plusieurs méthodes sont à votre disposition :

- Appuyez sur la touche F6.

- Cliquez du bouton droit sur l'image 2. Dans le menu contextuel qui s'affiche, choisissez la commande **Insérer une image-clé**.
- Allez dans le menu **Insertion**. Sélectionnez les commandes **Scénario/Insérer une image-clé**.

Figure 6.4 : La commande Insérer une image-clé

REMARQUE

Supprimer une image-clé

Pour effacer une image-clé du scénario, utilisez l'une de ces méthodes :

1 Sélectionnez-la puis appuyez sur la touche [Suppr].

2 Utilisez le raccourci [Maj]+[F5].

3 Cliquez du bouton droit sur l'image à supprimer. Dans le menu contextuel qui s'affiche, sélectionnez la commande **Effacer l'image-clé**.

Flash convertit alors l'image-clé en une image vide. Si vous utilisez le raccourci clavier [Maj]+[F6], l'image-clé sera convertie en image.

3 Faites pivoter les différents membres du personnage à l'aide de l'outil **Transformation libre**.

4 Ajoutez trois autres images-clés. Pour ce faire, procédez comme suit :

- Cliquez sur la troisième position du calque, qui pour le moment ne contient aucune image. Tout en maintenant enfoncé le bouton gauche de la souris, faites glisser le pointeur vers la droite jusqu'à la position 5.

- Allez dans le menu **Modification/Scénario**. Choisissez la commande **Convertir en images-clés** ou cliquez du bouton droit sur la sélection des images. Dans le menu contextuel qui apparaît, sélectionnez la commande **Convertir en images-clés**. Vous pouvez aussi tout simplement appuyer sur la touche [F6]. Les images seront également converties en images-clés.

5 Créez les autres positions du personnage à l'aide de l'outil **Transformation libre**.

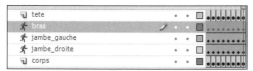

Figure 6.5 : Le cycle de marche

Le cycle de marche est maintenant terminé. Pour l'instant, il est court. Vous allez répéter les images. Procédez comme suit :

1 Cliquez sur la première image.

2 Tout en maintenant enfoncée la touche [Maj], sélectionnez les autres images.

3 Copiez les images. Pour cela, utilisez l'une de ces méthodes :

- Allez dans le menu **Modification/Scénario**. Choisissez la commande **Copier les images**.

- Utilisez le raccourci clavier [Ctrl]+[Alt]+[C].

- Cliquez du bouton droit sur la sélection. Dans le menu contextuel, sélectionnez la commande **Copier les images**.

4 Collez les images. Cliquez sur l'image 6 puis appliquez l'une de ces méthodes :

- Appuyez sur les touches [Ctrl]+[Alt]+[V].

- Allez dans le menu **Modification/Scénario**. Cette fois-ci, choisissez la commande **Coller les images**.

- Cliquez du bouton droit sur cette image. Dans le menu contextuel, sélectionnez la commande **Coller les images**.

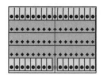

Figure 6.6 : Les images collées

Coller les images

Pour coller les images à un autre emplacement du scénario, il existe une solution plus rapide :

1 Sélectionnez les images à coller.

2 Cliquez dessus puis maintenez enfoncé le bouton gauche de la souris. Ne relâchez rien.

3 Appuyez sur la touche [Alt]. Un signe plus apparaît indiquant que les images vont être dupliquées.

4 Faites glisser le pointeur vers la droite puis relâchez le tout. Les images sont alors collées à partir de l'image 6.

5 Revenez sur la scène principale.

6 Insérez une image à la position 10 du calque *personnage*. Pour ce faire, utilisez l'une de ces méthodes :

- Appuyez sur la touche [F5].
- Allez dans le menu **Insertion**. Choisissez les commandes **Scénario/Image**.
- Cliquez du bouton droit sur la position 10. Dans le menu contextuel qui apparaît, sélectionnez la commande **Image**.

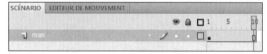

Figure 6.7 : Les calques de l'animation

7 Insérez un nouveau calque que vous renommerez `Actions`.

8 Ouvrez le panneau *Actions* (**Fenêtre/Actions**) (voir Figure 6.8).

Dans la partie de droite, saisissez le texte `stop()`, qui est une méthode du langage ActionScript afin d'arrêter l'animation une fois que la tête de lecture arrive à la fin (voir Figure 6.9).

9 Testez l'animation ([Ctrl]+[←]).

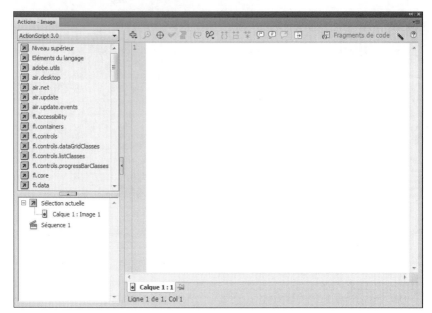

Figure 6.8 : Le panneau Actions - Image

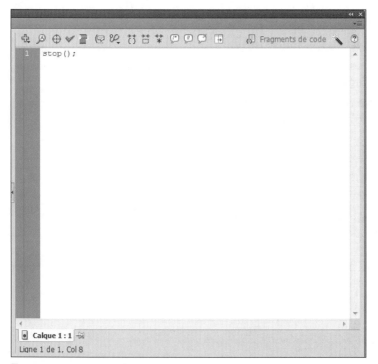

Figure 6.9 : Le code ActionScript

REMARQUE

Test de l'animation

Si le cycle de marche vous semble trop rapide, changez la cadence des images directement dans le panneau *Propriétés*. Par défaut, elle est réglée sur 24 images par seconde. Pour ralentir le rythme, réduisez-la légèrement. Testez à chaque fois. Vous pouvez aussi utiliser le langage ActionScript pour définir la cadence des images. Pour ce faire, dans le panneau *Actions*, supprimez `stop()` et saisissez le code `stage.frameRate = 20`.

Votre prochaine tâche consiste à animer le personnage dans la séquence 2. Vous avez déjà créé sa seconde position où il tombe. Pour réaliser cette animation, vous utiliserez l'interpolation classique.

6.5. L'interpolation classique

L'interpolation classique consiste à créer une image de départ et une image d'arrivée. En effet, dans Flash, il n'est pas utile de dessiner toutes les images de l'animation. Il suffit simplement de créer l'image de début et l'image de fin de l'animation. Flash crée les images intermédiaires. Si vous souhaitez la rendre plus fluide, vous pouvez lui ajouter des images intermédiaires appelées aussi intervalles en animation traditionnelle. Il est possible également de ralentir ou d'augmenter le débit de lecture de l'animation en supprimant ou en ajoutant des images. Pour créer une interpolation classique, vous devez convertir vos formes (tracés, groupes, texte) en symboles.

Dans la seconde séquence, le personnage tombe sous le poids du chien qui lui saute dessus. Pour animer le personnage, procédez comme suit :

1 Tout d'abord, supprimez l'image-clé contenant le modèle du personnage si vous ne l'avez pas encore fait.

2 Masquez les autres calques.

3 Double-cliquez sur le symbole *personnage_mc*. Il s'agit d'une animation imbriquée.

RENVOI

Le chapitre *Animer une marionnette* vous donnera plus de détails à ce sujet.

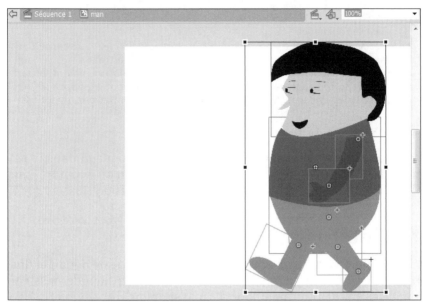

Figure 6.10 : Le symbole en mode édition

4 Renommez le calque `personnage_tombe`.

5 Insérez une image-clé à la position 24 du calque. Le contenu de l'image précédente sera copié à cet emplacement. En fait, il vous faut remplacer le symbole par celui intitulé *personne_tombe*. Pour permuter les symboles, cliquez sur l'image 24. Dans le panneau *Propriétés*, appuyez sur le bouton **Permuter**. Une fenêtre s'ouvre dans laquelle est listé l'ensemble des symboles créés.

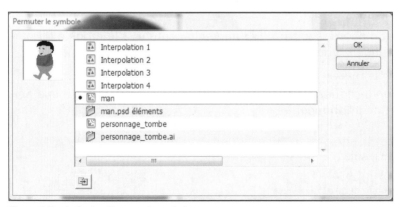

Figure 6.11 : La fenêtre Permuter le symbole

Sélectionnez le symbole *personnage_tombe*. Cliquez sur OK. Cette opération a pour effet de remplacer le symbole existant par celui-ci.

6 Cliquez du bouton droit entre les images de début et de fin de l'animation. Dans le menu contextuel qui s'affiche, choisissez la commande **Créer une interpolation classique**. Vous disposez de deux positions mais ce n'est pas suffisant. L'animation est loin d'être réaliste.

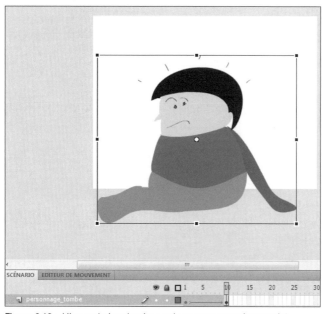

Figure 6.12 : L'interpolation classique et le personnage qui est tombé

Au sujet du décor

N'oubliez pas d'insérer une image ((F5)). Cette manipulation a pour effet de rendre visible le décor au moment de l'animation du personnage.

Avec l'outil **Transformation libre**, agrandissez le décor. Pour rappel, le plan de la seconde séquence est un plan moyen. Il ne sera donc pas vu dans sa totalité.

Animation du personnage

Pour animer le personnage, vous auriez pu procéder de cette manière :

1 À la place de l'image-clé à la position 24, insérez une image vide ((F7)). Ce qui aura pour effet d'effacer ce qu'il y a sur la scène.

2 Activez la *Pelure d'oignon* afin de visualiser l'image 1.

3 Cliquez sur l'image 24.

4 Ouvrez le panneau *Bibliothèque*. Faites glisser le symbole *personnage-_tombe* sur la scène.

5 Allez dans le menu **Insertion**. Choisissez la commande **Interpolation classique**.

7 Activez l'option *Pelure d'oignon*.

8 Déplacez les repères de l'option de manière à englober l'animation dans sa totalité.

Figure 6.13 : L'option Pelure d'oignon appliquée au calque

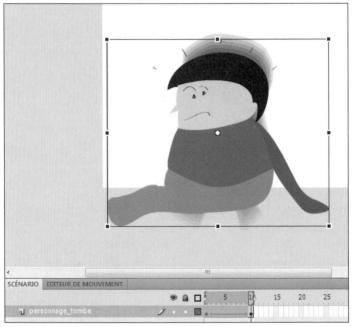

Figure 6.14 : Les repères de pelure d'oignon

9 Insérez une image-clé aux positions 10, 15, 20.

10 Repositionnez le personnage.

11 Testez l'animation. Si le nombre d'images-clés insérées est insuffisant, créez-en d'autres.

Réorganiser les images-clés

Les images-clés peuvent être déplacées par un simple cliquer-glisser.

12 Revenez sur la scène principale.

13 Créez un autre calque. Nommez-le `Actions`.

14 Insérez une image vide (⟨F7⟩) à la position 24, où doit se terminer l'animation du personnage.

15 Appuyez sur la touche ⟨F9⟩ pour afficher le panneau *Actions*. Dans la partie de droite, saisissez le texte `stop()`, qui aura pour effet d'arrêter l'animation une fois qu'elle se sera déroulée dans sa totalité.

REMARQUE

Interpolation classique

Une ligne pointillée dans le panneau *Scénario* indique que votre interpolation classique n'est pas correcte. Pour y remédier, il faut alors vous assurer que vos formes ont bien été converties en symbole. Ce problème peut provenir aussi du fait qu'il n'y a pas une seule instance de symbole sur chaque image.

ASTUCE

Étendre une interpolation classique

Pour étendre une interpolation classique, procédez comme suit :

1 Cliquez sur la dernière image.

2 Tout en maintenant enfoncé le bouton gauche de la souris, faites glisser le pointeur vers la droite.

Le fait d'étendre une interpolation classique ralentit le rythme de l'animation.

Une fois l'interpolation classique créée, vous pouvez modifier ses options.

Les options de l'interpolation classique

Pour modifier une interpolation classique, Flash met à votre disposition le panneau *Interpolation*. Les différentes options proposées vous permettent de réaliser une animation plus élaborée.

Amenez le pointeur sur l'avant-dernière image de l'animation. Le curseur se transforme en double-flèche. Cliquez dessus. Le panneau *Interpolation* apparaît.

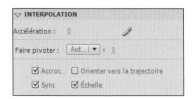

Figure 6.15 : Les options du panneau Interpolation

- *Accélération.* Spécifie la vitesse de déplacement d'un objet. Cliquez sur l'icône *Modifier l'accélération* pour créer une accélération ou une décélération. Pour appliquer une accélération à un objet, vous devez entrer une valeur positive. À l'inverse, pour définir une décélération, la valeur devra être négative.

- *Faire pivoter.* Applique une rotation à un objet. Sélectionnez dans ce menu déroulant l'une des rotations prédéfinies.

- *Accrocher aux guides.* Cette option vous permet de magnétiser le point de référence de l'objet sur la trajectoire de mouvement.

- *Sync.* Permet de synchroniser l'animation contenue dans un symbole avec le panneau *Scénario*.

- *Orienter vers la trajectoire.* Utilisez cette option si vous avez défini un guide de mouvement. Elle permet à un objet de suivre la trajectoire.

- *Echelle.* Activez cette option si vous avez réalisé des mises à l'échelle de vos objets (un zoom, par exemple).

REMARQUE

Supprimer une interpolation classique

Pour réaliser cette opération, sélectionnez l'interpolation puis allez dans le menu **Insertion**, dans lequel vous choisirez la commande **Annuler l'interpolation**.

Outre l'interpolation en elle-même, vous pouvez modifier les propriétés des images.

Modifier les propriétés d'une image

Pour modifier les propriétés d'une image, Flash met à votre disposition le panneau *Effet de couleur*, dans lequel il est possible de changer les paramètres de la teinte, la luminosité, la transparence d'une instance de symbole. Dans le menu **Style**, sélectionnez l'option selon ce que vous souhaitez effectuer.

Figure 6.16 : Le panneau Effet de couleur

Pour changer la luminosité d'une image, procédez comme suit :

1 Sélectionnez l'instance de symbole sur la scène.

2 Dans le menu **Style**, choisissez l'option *Luminosité*.

3 Faites glisser le curseur vers la gauche ou vers la droite pour réduire ou assombrir la luminosité du contenu de l'image sélectionnée.

Figure 6.17 : Le paramètre Luminosité

Si vous définissez une valeur de 100, l'objet sera blanc. En revanche, avec une valeur de −100, l'objet sera noir.

Pour modifier la teinte d'une couleur, par exemple si les couleurs du personnage sont foncées, suivez ces étapes :

1 Sélectionnez le symbole sur la scène.

2 Dans le menu **Style**, choisissez l'option *Teinte*. Les composants R, V, B de la couleur s'affichent alors en dessous. Vous pouvez aussi définir la valeur du paramètre *Teinte*. 0 correspond à aucune couleur. La valeur 100 applique une saturation maximale à l'objet.

Pour définir le mode de fusion d'un objet, vous disposez du panneau *Affichage* :

1 Sélectionnez le symbole.

2 Dans le menu **Fusion**, choisissez un mode de fusion dans la liste proposée.

3 Approchez l'objet auquel vous avez appliqué un mode de fusion vers un autre objet pour voir le résultat.

Au lieu d'amener brutalement le personnage dans le décor, il doit arriver progressivement. Pour effectuer ce type d'opération, vous effectuerez une transition. Celle-ci sera réalisée à l'aide de l'option *Alpha* dans le menu **Style** du panneau *Effet de couleur*.

Les transitions

Pour réaliser la transition, procédez comme suit :

1 Sélectionnez le monstre.

2 Dans le panneau *Effet de couleur*, allez dans le menu **Style**, dans lequel vous choisirez l'option *Alpha*. Entrez une valeur de 0 % dans le champ à cet effet ou faites glisser le curseur totalement vers la gauche pour le rendre transparent.

Figure 6.18 : L'option Alpha

3 Laissez visible le personnage à la dernière image. Pour cela, l'option *Alpha* devra être réglée sur 100 %.

Avec le personnage, vous avez réalisé une animation imbriquée. Il s'agit à présent de la synchroniser avec le reste du panneau *Scénario*.

6.6. La synchronisation

L'option *Synchronisation* est disponible lorsqu'une interpolation classique est définie.

1 Éditez le symbole personnage.

2 Sélectionnez une image-clé du calque *personnage*.

3 Dans le panneau *Interpolation*, cochez l'option *Sync*.

Figure 6.19 : L'option Sync.

REMARQUE

Activer l'option Synchronisation

Lorsque vous appliquez la commande **Créer une interpolation classique** par le biais du menu contextuel, l'option *Synchronisation* est activée par défaut. La synchronisation est indiquée dans le panneau *Scénario* par un trait vertical.

L'étape suivante consiste à tester l'animation.

6.7. Tester l'animation

Pour tester le fonctionnement d'une animation, deux solutions s'offrent à vous :

- Cliquez sur le menu **Contrôle**. Choisissez la commande **Tester l'animation**.

- Utilisez le raccourci clavier [Ctrl]+[←].

1 Une fenêtre **Exportation de l'animation Flash** indiquant la progression du chargement de l'animation apparaît brièvement. L'animation s'ouvre alors dans le lecteur Flash intégré. Celui-ci vous donne la possibilité de vérifier graphiquement les performances de téléchargement du fichier sur la bande passante. Pour cela, affichez le testeur de bande passante (**Affichage/Testeur de bande passante**). Vous pourrez ainsi visualiser sur un graphe le volume de données envoyées pour chaque image de l'animation. La fenêtre s'ouvre.

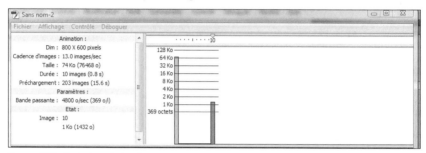

Figure 6.20 : Le testeur de bande passante

2 La partie de gauche affiche les informations relatives au document actif et aux paramètres de publication choisis. Dans la partie de droite, vous pouvez voir les informations correspondant à chaque image de l'animation.

3 Il est également possible de comparer le chargement d'une animation selon la vitesse de la bande passante de l'utilisateur final (**Affichage/Paramètres de téléchargement**). Une fois votre choix effectué, sélectionnez la commande **Simuler le téléchargement**, disponible dans le menu **Affichage**. Vous pouvez visualiser le résultat en dessous des informations et du graphe de l'animation.

Votre prochaine tâche consiste à enregistrer votre animation.

6.8. Enregistrer l'animation

Flash permet l'enregistrement des fichiers au format *FLA*, *SWF*, *FLV*, *F4V* et *MP4*. Lorsque vous enregistrez un fichier pour une personne ne disposant pas de la dernière version, vous pouvez le sauvegarder sous le format CS4. Cependant, gardez à l'esprit que, si vous avez utilisé les dernières fonctionnalités de Flash, votre animation risque de ne pas s'afficher correctement dans une version précédente.

1 Allez dans le menu **Fichier**.

2 Choisissez la commande **Enregistrer**. La fenêtre correspondante s'affiche.

Figure 6.21 : Les options d'enregistrement

3 Nommez votre fichier. Indiquez l'emplacement de sauvegarde. Choisissez dans le menu **Type** le format d'enregistrement voulu. Cliquez sur le bouton **Enregistrer**.

4 Une fois que l'opération d'enregistrement est effectuée, le nom s'affiche dans le coin supérieur du fichier à l'écran. Si vous amenez le pointeur dessus, vous avez son arborescence qui s'affiche.

Lorsque vous enregistrez un fichier, vous pouvez tout comme pour un fichier Photoshop ou Illustrator enregistrer davantage d'informations que son nom. Ce sont des métadonnées.

6.9. Enregistrer des métadonnées

Pour enregistrer des métadonnées, allez dans le menu **Fichier**. Choisissez la commande **Informations**. La boîte de dialogue apparaît. Plusieurs catégories de métadonnées vous sont proposées : (voir Figure 6.22)

■ Il est possible de saisir le nom de l'auteur, une description, un titre, les mots-clés pour faciliter les recherches.

■ Vous pouvez aussi indiquer le copyright, la date de création et de modification, etc. Toutes ces informations sont des métadonnées sauvegardées au format *XMP* (*Extensible Metadata Platform*) avec le fichier *swf*. Elles peuvent être lues par Adobe Bridge CS5, par exemple.

Figure 6.22 : La boîte de dialogue Métadonnées

- Si votre animation contient une image, vous avez la possibilité d'indiquer à quel endroit elle a été prise, l'auteur du cliché, la date de la prise de vue, etc.

- Vous pouvez également enregistrer des informations audio ou vidéo mais aussi si votre animation est destinée à un périphérique mobile.

Ces métadonnées sont très importantes étant donné que les moteurs de recherche prennent désormais en considération les sites Flash. Ne négligez pas cette étape.

Pour clôturer ce chapitre, un petit mot au sujet de la troisième scène de l'animation. Si vous vous référez au storyboard, elle consiste à créer un gros plan sur le personnage qui est tombé sous le poids du chien. Il vous suffira simplement de faire glisser le symbole *personnage_3ecase_mc* présent dans le panneau *Bibliothèque* dans un nouveau calque et de le redimensionner à l'aide de l'outil **Transformation libre**.

ANIMER EN 3D

Flash CS5 permet d'animer un objet dans un espace en trois dimensions. À cet effet, il offre divers outils pour réaliser ce type de déplacement : l'outil **de rotation 3D**, l'outil **de translation 3D**. Ces deux outils ne fonctionnent qu'avec des symboles et ne peuvent être utilisés que dans des documents Flash au format ActionScript 3.0. La 3D est basique dans Flash, qui, pour rappel, ne permet pas de créer des objets en trois dimensions ni d'appliquer de texture sur ces derniers.

Ce chapitre se propose de vous expliquer leur fonctionnement par le biais de l'animation d'un monstre cartoon. Ce sera pour vous également l'occasion d'apprendre à créer des dégradés mais aussi à automatiser certaines tâches pour aller plus vite dans votre travail de production.

Au précédent chapitre, vous avez étudié quelques principes d'animation. Voyons le concept de l'anticipation. La technique sera utilisée lors de l'animation du monstre.

7.1. L'anticipation

L'anticipation est la préparation à l'action principale. Reprenez l'exemple de la première scène. Le chien court en direction d'un homme qui arrive. En voyant le chien s'avancer ainsi, le public s'attend à ce qu'il bondisse sur le personnage. L'anticipation sert donc à annoncer ce qui va se dérouler. Dans ce chapitre, vous allez étudier un autre cas d'anticipation. Le monstre arrive en courant. Le sol est glissant. La scène suivante suppose qu'il va tomber.

Passons au dessin du monstre.

7.2. Dessiner le monstre

Le monstre est une forme complexe. Pour l'animer, vous allez le découper en plusieurs formes basiques.

1 Importez le modèle du monstre dans Flash (**Fichier/Importer /Importer dans la scène**).

2 Redimensionnez-le à l'aide de l'outil **Transformation libre**.

3 Faites en sorte que la taille du monstre soit identique à la scène. Pour cela, désélectionnez tout puis appuyez sur le bouton **Modifier**. Dans la boîte de dialogue **Propriétés du document**, cochez l'option *Contenu* puis cliquez sur OK.

Figure 7.1 : Le modèle du monstre

4 Renommez le calque1 `monstre`.

5 Insérez une image-clé à la position 2.

6 Activez l'option *Pelure d'oignon*.

7 Dessinez le monstre en veillant bien à créer des formes fermées dans la mesure du possible.

8 Convertissez chaque élément du monstre en un symbole *graphique*.

Figure 7.2 : Le dessin du monstre

9 Sélectionnez l'ensemble des éléments.

10 Convertissez-les en un symbole de type *clip*. Nommez-le puis cliquez sur OK.

Lorsque vous dessinez le monstre, vous pouvez utiliser le panneau *Historique*. Celui-ci permet d'automatiser vos tâches et de gérer vos opérations.

7.3. Le panneau Historique

Tout comme dans Photoshop, le panneau *Historique* enregistre les opérations que vous effectuez. Vous pouvez :

- corriger les étapes qui ne vous conviennent pas, à savoir répéter ou supprimer les actions ;

- enregistrer les étapes sous la forme d'un script. En automatisant vos tâches, vous gagnez en efficacité et en gain de temps.

Ouvrez le panneau *Historique* (**Fenêtre/Autres panneaux/Afficher l'historique**).

Figure 7.3 : Le panneau Historique

Afficher le panneau Historique
Utilisez le raccourci clavier Ctrl+F10.

Chaque action que vous réalisez est sauvegardée sur une ligne séparée.

Supprimer ou répéter une action

 Pour supprimer ou répéter une action, il suffit de faire glisser le curseur en face de l'opération en question. Une action supprimée est grisée. Néanmoins, elle est toujours disponible. Pour la rejouer, faites glisser de nouveau le curseur en face de sa ligne ou cliquez sur le bouton **Réexécuter**.

Vous constaterez à la lecture du panneau que, pour certaines étapes complexes comme le remplissage d'un dégradé, une croix rouge s'affiche en regard de la ligne. Cela signifie que Flash ne peut sauvegarder ou répéter ce type d'opération.

REMARQUE | **Réglage de l'historique**
Pour régler le nombre d'actions à sauvegarder, passez par la commande **Préférences** du menu **Modifier**. Dans la rubrique *Général*, indiquez dans le champ *niveaux* le nombre d'étapes à conserver (jusqu'à 9 999).

Les actions que vous réalisez peuvent être dupliquées. Pour réaliser cette manipulation, procédez comme suit :

1 Cliquez du bouton droit sur l'opération à dupliquer.

2 Sélectionnez dans le menu contextuel la commande **Réexécuter les étapes**. Vous pouvez aussi appliquer cette commande depuis le menu local du panneau.

REMARQUE | **Répéter les actions**
Une petite précision est à noter au niveau des actions. Celles-ci sont jouées chronologiquement. Vous ne pouvez pas les réorganiser. En revanche, vous pouvez sélectionner des actions non adjacentes puis les jouer par la suite.

Si vous souhaitez effacer l'historique au cours de votre travail, suivez l'une de ces méthodes :

■ Cliquez du bouton droit sur l'une des actions. Dans le menu contextuel qui s'affiche, choisissez la commande **Effacer l'historique**.

■ Dans le menu local du panneau, sélectionnez la commande **Effacer l'historique**.

REMARQUE | **Historique**
L'historique s'efface automatiquement à la fermeture du document.

Les étapes enregistrées dans un document peuvent être utilisées dans une autre composition.

Copier les étapes dans un autre document

Pour utiliser les étapes d'un document dans un autre, procédez comme suit :

1 Ouvrez le panneau *Historique*.

2 Sélectionnez les étapes.

3 Copiez-les. Pour ce faire, utilisez l'une de ces méthodes :

- Cliquez sur le bouton **Copier les étapes sélectionnées dans le presse-papiers**.
- Déroulez le menu local. Choisissez la commande **Copier ces étapes**.
- Cliquez du bouton droit sur la sélection. Dans le menu contextuel qui s'affiche, sélectionnez la commande **Copier ces étapes**.

4 Ouvrez le nouveau document.

5 Sélectionnez l'objet auquel vous désirez appliquer ces étapes.

6 Allez dans le menu **Modifier**. Activez la commande **Coller en place**.

7 Ouvrez le panneau *Historique*. Les étapes y figurent sous le nom de *Coller*.

Régler les préférences de la commande Annuler

Si vous allez dans le menu **Préférences**, vous constaterez que, dans la rubrique *Général*, Flash permet de choisir à quel niveau se situe l'annulation des opérations. Elle peut s'effectuer au niveau du document mais aussi au niveau de l'objet. En activant cette seconde option, cela signifie que chaque objet sur la scène ou dans le panneau *Bibliothèque* possédera sa propre liste d'étapes. Les changements que vous effectuerez sur un objet n'auront aucune incidence sur le second objet.

Figure 7.4 : Les options de la commande Annuler

Pour travailler plus rapidement, vous pouvez enregistrer les étapes sous la forme d'un script.

Automatiser les tâches

Si vous réalisez au cours de votre animation plusieurs fois les mêmes tâches, vous pouvez les sauvegarder sous la forme d'une commande.

À la fermeture du document, elle sera conservée. Certaines commandes ne peuvent pas être sauvegardées, comme la modification de la taille d'un document ou la sélection d'une image. Une fois enregistrées, les commandes peuvent être renommées, exécutées ou supprimées.

1 Sélectionnez les étapes à sauvegarder. Utilisez la touche (Ctrl) pour sélectionner celles qui ne sont pas adjacentes.

2 Cliquez sur le bouton **Enregistrer les étapes sélectionnées sous forme de commande**.

3 Dans la boîte de dialogue qui s'affiche, nommez la commande puis validez la saisie. Celle-ci est disponible dans le menu principal **Commandes**.

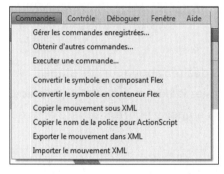

Figure 7.5 : Les commandes

4 Pour supprimer une commande, utilisez l'une de ces méthodes :

- Allez dans le menu **Commandes**. Choisissez la commande **Gérer les commandes enregistrées**. La boîte de dialogue s'ouvre. Cliquez sur la commande à effacer.

- Appuyez sur le bouton **Supprimer**. Un message d'avertissement s'affiche à l'écran. Contentez-vous de cliquer sur **Oui** pour valider votre choix. Vous revenez alors sur la fenêtre principale. Cliquez sur OK pour la fermer.

> **REMARQUE** **Boîte de dialogue Gérer les commandes enregistrées**
> Vous pouvez vous servir de cette boîte de dialogue pour renommer une commande. Une nouvelle fenêtre s'affichera dans laquelle il vous suffira d'entrer le nouveau nom de votre commande.

5 Pour exécuter une commande, cliquez sur le menu **Commandes** puis sélectionnez la commande en question.

Vous pouvez télécharger des commandes à partir du Web. Pour cela, il suffit de sélectionner le menu **Commandes/Obtenir d'autres commandes**. Vous accédez alors à la page Adobe Exchange.

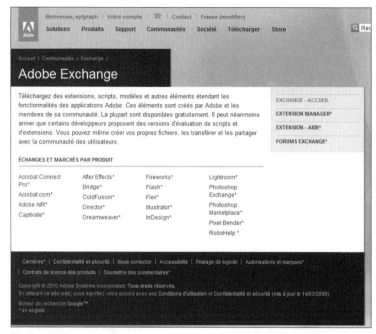

Figure 7.6 : La page Adobe Exchange

Pour annuler ou répéter une action, vous pouvez le faire depuis les menus principaux de Flash.

Annuler ou rejouer une action

Pour annuler une manipulation, passez par le menu **Modifier**, dans lequel vous choisirez la commande **Effacer**.

REMARQUE

Annuler une action
Pour supprimer une opération, utilisez le raccourci clavier Ctrl+Z.

Pour réaliser une opération effectuée à un objet sur un autre, procédez comme suit :

1 Dupliquez un des tracés du monstre.

2 Allez dans le menu **Modifier**. Sélectionnez la commande **Répéter**.

Une fois le monstre créé, vous allez le colorer avec un dégradé.

7.4. Créer un dégradé

Un dégradé permet de modeler une forme et de lui donner un aspect 3D. Vous pouvez vous en servir également pour créer une ombre portée.

RENVOI

Le chapitre *Les effets spéciaux* vous donnera plus de détails à ce sujet.

DEFINITION

Un dégradé
Un dégradé représente le passage progressif entre deux couleurs ou plus.

1 Éditez le symbole du monstre. Vous allez appliquer un dégradé à chacun des éléments du personnage.

2 Double-cliquez sur un élément du monstre pour l'éditer.

3 Conservez la sélection.

4 Ouvrez le panneau *Couleur*.

Figure 7.7 : Le panneau Couleur

5 Il existe deux types de dégradés : le *dégradé linéaire* et le *dégradé radial*. Dans le menu **Type**, choisissez *Radial*.

Figure 7.8 : Les dégradés

Les dégradés

- Un dégradé linéaire s'effectue en ligne droite.
- Un dégradé radial part du centre et s'applique vers l'extérieur selon un axe circulaire.

6 Sélectionnez ensuite un mode de *Débordement* à appliquer au dégradé. Cette option permet de contrôler le comportement des couleurs en dehors des limites du dégradé. Trois choix vous sont proposés :

- *Etendre*. Les couleurs seront répétées au-delà des limites du dégradé.
- *Miroir*. Les couleurs seront dupliquées au-delà de la fin du dégradé comme un miroir.
- *Répéter*. Les couleurs seront répétées de manière répétitive.

Figure 7.9 : Les modes de débordement

7 Cochez la case *RVB linéaire* si votre dégradé est enregistré au format *SVG* (*Scalable Vector Graphics*). Le dégradé conservera son aspect lisse même si sa taille est modifiée.

Dégradé
Vous pouvez ajouter jusqu'à quinze couleurs.

8 Dans la barre du dégradé, cliquez sur la première étape. Choisissez une couleur dans le carré chromatique. Changez la couleur finale du dégradé. Le dégradé s'applique instantanément à la sélection.

Figure 7.10 : La barre de dégradé

Les opérations sur le dégradé

Pour ajouter une autre étape, cliquez entre les couleurs de départ et d'arrivée. Un signe plus s'affiche en regard du pointeur indiquant qu'une couleur va être ajoutée au dégradé.

Pour supprimer une étape, il suffit de faire glisser l'icône de la couleur en dehors de la barre de dégradé.

Tout comme pour une couleur unie, vous pouvez sauvegarder un dégradé. Dans le menu local du panneau *Couleur*, choisissez la commande **Ajouter au nuancier**. Si vous ouvrez le panneau *Nuancier*, le dégradé s'affiche dans la barre des couleurs personnalisées.

Les dégradés une fois définis peuvent être modifiés. Vous pouvez ajuster leur taille, leur angle de rotation ainsi que leur largeur.

Ajuster le dégradé

Pour ajuster un dégradé, utilisez l'outil **Transformation de dégradé**, disponible dans le sous-menu de l'outil **Transformation libre**. Il permet de modifier un dégradé.

1 Cliquez sur le dégradé radial. Un cercle muni d'options de réglages s'affiche sur la scène.

2 Approchez le pointeur dessus pour voir leur fonction.

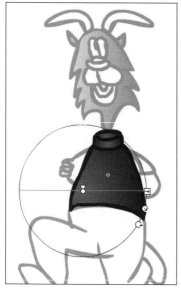

Figure 7.11 : Le cercle de dégradé

- *Rotation*. Représentée par quatre flèches dans un cercle, elle permet de modifier l'angle de rotation du dégradé.

- *Taille*. Correspondant à un cercle muni d'une flèche verticale. Utilisez-la pour modifier l'étendue du dégradé.

- *Largeur*. Signalée par une double-flèche, elle vous donne la possibilité de réduire ou d'augmenter la largeur du dégradé. Son utilisation est relativement simple. Il suffit de cliquer sur cette icône puis de la faire glisser vers l'extérieur (élargissement) ou vers le centre de la forme (réduction).

- *Point central*. Il est signalé par un rond blanc. Il correspond au point à partir duquel l'opération de dégradé sera effectuée. Cliquez dessus puis faites-le glisser pour le positionner à un autre endroit dans la forme.

- *Point focal*. Il est représenté par un triangle inversé. Il s'agit du point de départ du dégradé radial.

Figure 7.12 : Le monstre avec les dégradés appliqués

Une fois le monstre créé, vous allez l'animer dans un espace 3D. Vous utiliserez donc les outils de gestion permettant de contrôler son déplacement, à savoir l'outil **de translation 3D** et l'outil **de rotation 3D**. Ces derniers permettent par exemple de créer des objets en perspective. Dans notre cas, vous allez appliquer au monstre un effet de perspective.

7.5. Appliquer un effet de perspective

Le monstre entre dans la scène. Il s'agit de créer un effet de zoom.

> **REMARQUE**
>
> **Perspective**
> Dans une perspective, les objets apparaissent plus petits lorsque vous vous éloignez. À l'inverse, plus vous vous approchez, plus les objets paraissent gros.

1 Convertissez le monstre en symbole *clip*. Nommez-le puis cliquez sur OK.

Les outils 3D ne fonctionnent qu'avec des clips.

2 Éditez le monstre.

3 À l'aide de l'outil **Transformation libre**, réduisez la taille du monstre. Placez-le au fond de la scène.

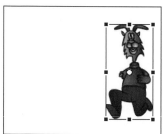

Figure 7.13 : L'arrivée du monstre

4 Renommez le calque 1 `déplacement_monstre` puis sélectionnez-le.

5 Insérez une image-clé à la position 10 (**Insertion/Scénario/Insérer une image-clé**).

6 Déplacez le monstre à une autre position (voir Figure 7.14).

7 Placez la tête de lecture sur la position de départ de l'animation.

Figure 7.14 : Le monstre en gros plan

8 Dans le panneau *Vue et position 3D*, définissez sa position sur l'axe Z. Dans le champ *Position Z de la sélection 3D*, entrez une valeur de 3.1. Vous constaterez sur la scène la présence d'une icône d'axes.

Figure 7.15 : Le panneau Vue et position 3D

- Si l'angle de perspective vous semble incorrect, vous pouvez le modifier. Pour cela, dans le champ *Angle de perspective*, saisissez votre valeur. Plus vous augmentez la valeur, plus vous aurez l'illusion que le monstre vient vers vous. Une valeur négative aura pour effet d'éloigner le monstre.

- Vous pouvez aussi définir le point de fuite. C'est à partir de ce point que le zoom sera réalisé.

DEFINITION **Un point de fuite**
En dessin, pour réaliser un objet en perspective, par exemple un cube, vous devez spécifier tout d'abord son point de fuite sur la ligne d'horizon (ligne qui

se situe au niveau des yeux). Tracez un carré. Ensuite, faites partir des lignes de cette forme jusqu'au point de fuite. Vous devez obtenir ce type d'image.

Pour gérer le déplacement du monstre sur la scène, vous disposez des options 3D du panneau *Transformer*.

7.6. Le panneau Transformer

Vous avez déjà étudié dans les précédents chapitres le panneau *Transformer* pour gérer le déplacement des objets dans un espace 2D. Vous verrez dans ce chapitre les autres options de ce panneau destinées à contrôler le déplacement des objets cette fois-ci dans un espace en trois dimensions. Celui-ci vous offre la possibilité de définir le point de transformation d'un objet ainsi que sa valeur de rotation.

Votre tâche consiste à faire tournoyer le monstre. Pour ce faire, procédez comme suit :

1 Déplacez la tête de lecture à la dernière position du monstre.

2 Ouvrez le panneau *Transformer* (**Fenêtre/Transformer**).

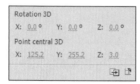

Figure 7.16 : Les options 3D du panneau Transformer

3 Dans la section *Rotation 3D*, entrez une valeur de 226° dans le champ *Rotation Y*. Dans le champ *Rotation Z*, saisissez 80°. Dans le champ *Rotation X*, entrez −34°. Vous avez la possibilité de définir les coordonnées du *Point central 3D*, à partir duquel s'opérera la transformation.

4 Pour configurer avec précision cette animation, vous pouvez utiliser le panneau *Editeur de mouvement*. Dans la partie de gauche, vous retrouvez les options concernant le déplacement de l'objet dans l'espace 3D. Modifiez sa valeur sur le graphe si vous le désirez.

Le résultat obtenu n'est pas satisfaisant. Vous allez corriger cette rotation avec l'outil **de rotation 3D**.

7.7. L'outil de rotation 3D

 L'outil **de rotation 3D** vous permet de créer ou de modifier une rotation directement sur la scène.

1 Effacez le monstre de la scène. Supprimez les images qui peuvent demeurer.

2 Faites glisser une instance du clip *monstre_tombe* sur la scène à partir du panneau *Bibliothèque*.

3 Activez l'outil **de rotation 3D** (ou utilisez son raccourci clavier (W)). Un système de coordonnées apparaît sur la scène.

Figure 7.17 : Le système de coordonnées de l'outil de rotation 3D

- La couleur bleue correspond à l'axe *Z*.
- La couleur rouge représente l'axe *X*.
- La couleur verte correspond à l'axe *Y*.

REMARQUE

Le système des axes
Si vous ne voyez pas les axes lorsque vous activez l'outil **de rotation 3D**, allez dans le menu **Modifier/Préférences**. Dans la rubrique *Général*, cochez l'option *Afficher les axes pour les clips en 3D*.

4 Modifiez la position du monstre sur l'axe *Y*. Pour cela, cliquez sur l'axe puis, tout en maintenant enfoncé le bouton gauche de la souris, faites pivoter le monstre. Dans le panneau *Transformation 3D*, vous voyez les valeurs des paramètres de rotation 3D se modifier en même temps.

7.8. L'outil de translation 3D

 Il s'agit maintenant de déplacer le monstre à terre à l'aide de l'outil **de translation 3D**.

1 Importez le symbole du monstre qui glisse à la dernière image de l'animation précédente. Pour cela, dans le panneau *Propriétés*, cliquez sur le bouton **Permuter**. Dans la liste qui s'affiche, sélectionnez le symbole *monstre_tombe*. Cliquez sur OK.

2 Activez l'outil **de translation 3D** dans la boîte à outils ou appuyez sur la touche ⃞G.

3 Cliquez sur le monstre à la dernière position. Sur le système de coordonnées qui apparaît, cliquez sur le point central. Tout en maintenant enfoncé le bouton gauche de la souris, faites-le glisser au centre du monstre. Si vous observez le panneau *Transformer*, vous constaterez que les valeurs de l'option *Point central 3D* se mettent à jour instantanément.

4 Cliquez sur l'axe *X* en rouge. Faites-le glisser vers la droite.

5 Diminuez la taille du monstre. Pour cela, cliquez sur l'axe *Z*, représenté par un point noir. Tout en maintenant enfoncé le bouton gauche de la souris, faites glisser le pointeur de façon à réduire la taille du monstre.

Pour déplacer le monstre, vous disposez également du panneau *Info* qui a été mis à jour.

7.9. Le panneau Info

1 Cliquez sur le symbole intitulé *monstre_tombe*.

2 Affichez le panneau *Infos* (**Fenêtre/Infos**).

3 Cliquez sur la valeur du paramètre de déplacement horizontal *x*. Ensuite, tout en maintenant enfoncé le bouton gauche de la souris, faites glisser le pointeur vers la droite pour modifier la position du monstre.

Figure 7.18 : Panneau Infos

Votre prochaine tâche sera de modifier l'expression du monstre au moment où il tombe.

7.10. L'interpolation de forme

L'interpolation de forme s'apparente à du morphing. Contrairement aux interpolations de mouvement, l'interpolation de forme ne peut s'appliquer qu'à une forme éditable. Pour ce faire, vous devez au préalable double-cliquer sur le symbole et créer ensuite l'interpolation sur la forme. Il arrive souvent que le résultat ne soit pas celui escompté. Pour le corriger, Flash met à votre disposition les repères de forme.

1 Tout d'abord, dans le panneau *Bibliothèque*, double-cliquez sur le symbole *tete*.

2 Une fois en mode *édition*, sélectionnez la bouche avec l'outil **de sélection**.

3 Coupez-la ($\boxed{\text{Ctrl}}$+$\boxed{\text{C}}$) ou utilisez le menu **Modifier/Couper**.

4 Créez un calque. Nommez-le `expression_monstre`.

5 Collez la bouche ($\boxed{\text{Ctrl}}$+$\boxed{\text{V}}$) ou utilisez la commande **Coller en place** du menu **Modifier**.

6 Verrouillez l'autre calque.

7 Insérez une image vide à la position 24.

8 Activez l'option *Pelure d'oignon*.

9 Prenez l'outil **Plume**, avec lequel vous dessinerez une autre expression pour le monstre.

10 Remplissez-la avec une couleur unie si vous le souhaitez.

Concernant le calque du monstre

N'oubliez pas d'insérer une image ($\boxed{\text{F5}}$) sur le calque contenant le monstre.

11 Cliquez du bouton droit entre les images. Dans le menu contextuel qui s'affiche, choisissez la commande **Créer une interpolation de forme**.

Figure 7.19 : L'interpolation de forme

> **REMARQUE**
>
> **Interpolation de forme**
>
> L'interpolation de forme donne de meilleurs résultats avec des formes géométriques comme les lignes, les rectangles ou les ellipses. Si vous souhaitez réaliser ce type d'animation sur un groupe, vous devez au préalable le séparer par le biais du menu **Modification/Séparer**.

12 Testez l'animation (**Contrôle/Tester l'animation**).

13 Le résultat n'est pas très probant. Vous allez ajouter des images intermédiaires. Cliquez avec le bouton droit entre les images. Dans le menu contextuel, sélectionnez la commande **Insérer une image-clé**. Vous pouvez utiliser la commande **Image-clé** du menu **Insertion/Scénario**.

> **ATTENTION**
>
> **Ajout d'images à une interpolation de forme**
>
> N'utilisez pas la touche (F6) lorsque vous souhaitez ajouter une image-clé intermédiaire. Celle-ci ajoute des images-clés à chaque position au lieu d'une seule.

14 Ajustez la forme avec l'outil **Transformation libre**.

15 Pour supprimer une image-clé intermédiaire, cliquez dessus puis allez dans le menu **Modification/Scénario**. Choisissez la commande **Supprimer l'image-clé**.

L'image est effacée. L'interpolation de forme est automatiquement recréée par Flash.

Vous pouvez tout comme pour une interpolation de mouvement la configurer à l'aide du panneau *Interpolation*.

Ajuster une interpolation de forme

1 Sélectionnez une image-clé sur le calque contenant l'interpolation de forme.

2 Déroulez le panneau *Interpolation*.

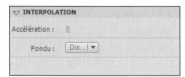

Figure 7.20 : Le panneau Interpolation

3 Paramétrez l'option *Accélération*. Pour cela, cliquez sur le champ situé à droite de l'option. Tout en maintenant enfoncé le bouton gauche de la souris, faites glisser le curseur vers la droite pour augmenter la vitesse.

Accélération

Une valeur positive aura pour effet d'augmenter la vitesse de transformation de l'expression du monstre. À l'inverse, une valeur négative ralentira le changement d'expression.

4 Choisissez une option dans le menu **Fondu**. Vous avez le choix entre *Distributif* et *Angulaire*.

- *Distributif.* Lisse la transformation de l'expression.

- *Angulaire.* Préserve les lignes droites et les coins lors de l'interpolation de forme.

Pour ajuster la couleur des images d'une interpolation de forme, vous ne pouvez pas utiliser le panneau *Effet de couleur*. Vous devez effectuer directement les changements sur la forme elle-même.

Modifier les paramètres de couleur d'une interpolation de forme

Pour ce faire, procédez comme suit :

1 Sélectionnez l'image 1 de l'interpolation de forme.

2 Ouvrez le panneau *Couleur* ([Maj]+[F9]).

3 Modifiez sa transparence. Pour cela, faites glisser le curseur de l'option *Alpha* vers le bas pour diminuer l'opacité de la forme.

4 Changez sa couleur si celle-ci ne vous convient pas.

5 Cliquez sur l'image intermédiaire de l'interpolation.

6 Dans la boîte à outils, choisissez une autre couleur de remplissage.

7 Testez l'animation ([Ctrl]+[←]).

Modifier une interpolation de forme

Le plus souvent, le résultat de l'interpolation de forme n'est pas probant la première fois. Vous pouvez toutefois la modifier. Pour cela, Flash propose des repères de forme. Ils permettent de contrôler avec précision l'interpolation de forme.

1 Sélectionnez l'image 1 de l'animation.

2 Allez dans le menu **Modification/Forme**. Choisissez la commande **Ajouter un repère de forme**. Un petit cercle apparaît avec une lettre au centre. Vous pouvez aussi utiliser le raccourci clavier Ctrl+Maj+H.

3 Faites glisser le repère de forme dans le coin supérieur de la bouche du monstre.

Figure 7.21 : Les repères de forme

4 Cliquez sur l'image finale de l'interpolation. Vous retrouvez le repère de forme. Faites-le glisser au même endroit. Si vous ne voyez pas les repères de forme, affichez-les *via* le menu **Affichage /Afficher les repères de forme**.

REMARQUE **Supprimer les repères de forme**

Pour supprimer un repère de forme, il suffit de les faire glisser hors de la scène. Pour effacer tous les repères de forme, allez dans le menu **Modification/ Forme**, dans lequel vous sélectionnerez la commande **Supprimer tous les repères**.

ANIMER
UNE MARIONNETTE

Ce chapitre se propose d'aborder la cinématique inverse. C'est un procédé qui consiste à animer un ensemble d'éléments à l'aide d'une structure articulée de segments. Pour illustrer ce concept, vous allez créer et animer une marionnette.

La première étape consiste à dessiner la marionnette.

8.1. Le dessin de la marionnette

Pour réaliser ce dessin, il est souvent utile de recourir aux guides ainsi qu'à une grille. Ils permettent de positionner avec précision les différents points d'ancrage qui composeront la forme du monstre.

Les guides, les règles et la grille

1 Créez un nouveau document Flash de 700 x 500 px dans lequel vous importerez le modèle de la marionnette sur la scène (**Fichier /Importer/Importer dans la scène**).

Figure 8.1 : Le modèle de la marionnette

2 Renommez le *calque 1* marionnette.

3 Insérez une image-clé vide ((F7)) à la position 2 de ce calque.

4 Activez l'option *Pelure d'oignon*.

5 Rendez visible la grille (**Affichage/Grille/Afficher la grille**).

Figure 8.2 : La marionnette
avec la grille affichée

Cette grille peut être personnalisée. Elle facilite l'alignement et le positionnement des objets sur la scène. Pour configurer l'apparence de la grille, vous disposez de deux méthodes :

- Activez la commande **Modifier la grille** du menu **Affichage/Grille**.

- Cliquez du bouton droit sur la scène. Dans le menu contextuel, choisissez la commande **Grille/Modifier la grille**. Une fenêtre s'ouvre.

Figure 8.3 : Les options de modification
de la grille

6 Indiquez une autre couleur. Spécifiez un autre espacement entre les lignes. Affichez ou masquez la grille. Accrochez ou désactivez l'accrochage des objets à la grille. Choisissez de quelle manière les objets seront accrochés à la grille. Sauvegardez les options en cliquant sur le bouton **Enr. comme val. par déf.** Cliquez sur OK.

7 Commencez par la tête de la marionnette. Sélectionnez l'outil **Plume**.

8 Dans le panneau *Remplissage et Trait*, réglez la taille de l'option *Trait* sur la valeur 0.50.

9 Dans la boîte à outils, choisissez une couleur de contour noire et aucune couleur de remplissage.

10 Cliquez sur la scène pour positionner le point de départ de la première forme de la marionnette. Pour placer avec précision ce point, vous disposez des règles. Pour les rendre visibles, allez dans le menu **Affichage**. Choisissez la commande **Règles**. Une règle verticale ainsi qu'une règle horizontale apparaissent à l'écran. Le point d'origine se situe dans le coin supérieur gauche de la règle horizontale.

11 À partir de ces règles, vous pouvez définir des guides appelés aussi repères dans Photoshop ou Illustrator. Pour en créer dans Flash, la procédure est identique à celle des deux autres logiciels.

- Cliquez dans la règle horizontale.

- Tout en maintenant enfoncé le bouton gauche de la souris, faites glisser le pointeur vers le bas à la position souhaitée. Recommencez cette opération pour les repères verticaux (voir Figure 8.4).

REMARQUE **Les guides**
Pour supprimer un guide, faites-le glisser en dehors de la règle ou utilisez le menu **Affichage/Guides**, dans lequel vous choisirez la commande **Effacer les guides**. Une autre solution consiste à effectuer un clic droit sur la scène et à sélectionner dans le menu contextuel la commande **Effacer les guides**.

---

12 Pour gérer les guides, cliquez du bouton droit sur la scène. Dans le menu contextuel qui s'affiche, choisissez les commandes **Guides/Modifier les guides**. Elles vous permettent de les rendre visibles mais aussi de les verrouiller et de les modifier. Si vous sélectionnez la dernière commande, une nouvelle fenêtre s'ouvre. Celle-ci est semblable à la boîte de dialogue de la grille. Vous pouvez alors : (voir Figure 8.5)

Figure 8.4 : Affichage des guides

Figure 8.5 : Modifier les
guides

- changer la couleur des guides ;
- activer l'accrochage aux guides. Les objets seront positionnés de manière magnétique aux guides. Le menu déroulant **Précision de l'accrochage** vous permet de spécifier le degré d'accrochage des objets aux guides. Pour sauvegarder ces options comme valeurs par défaut, cliquez sur le bouton **Enr. comme val. par déf.**
- verrouiller les guides. C'est une bonne habitude à prendre. De cette manière, une fois les guides définis, vous évitez ainsi de les modifier accidentellement.

13 Dans le menu **Affichage**, vous avez aussi la possibilité de définir la manière dont les objets s'accrocheront (**Affichage/Accrochage**). Ces derniers pourront être accrochés :

- à la grille ;
- aux guides ;
- aux autres objets ;
- aux pixels.

La commande **Alignement par accrochage** vous permet de personnaliser cet alignement des objets par accrochage. Les paramètres disponibles dans la fenêtre correspondante pourront être enregistrés comme paramètres par défaut en cliquant sur le bouton **Enr. comme val. par déf.**

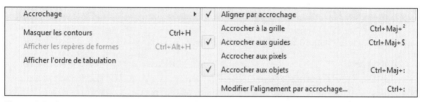

Figure 8.6 : Les paramètres de la commande Alignement par accrochage

---

REMARQUE

Accrochage aux objets

Si vous avez affiché les guides et la grille, il se peut que l'indicateur d'accrochage aux objets ne soit pas visible.

---

14 Une fois les guides et la grille en place, vous pouvez poursuivre la réalisation de votre marionnette. Veillez bien à dessiner des formes fermées.

REMARQUE

Dessin de la marionnette

Vous pouvez dessiner un élément de la marionnette sur un calque différent. Dans ce cas-là, verrouillez le calque contenant le modèle de référence.

Certains éléments comme la tête et le corps devront constituer une seule forme. Pour les yeux, vous appliquerez un effet *pathfinder*.

Créer des formes combinées

Ces effets de combinaison ou de soustraction permettent de créer des formes élaborées à partir de formes simples. Il s'agit maintenant d'appliquer aux yeux de la marionnette un effet de soustraction.

1 Avec l'outil **Ellipse**, dessinez l'œil de la marionnette. Avec l'outil **Pot de peinture**, remplissez-le avec une couleur unie.

2 Dessinez au-dessus une autre ellipse d'une autre couleur.

3 Avec l'outil **de sélection**, déplacez la seconde forme. Un trou s'est formé dans l'œil principal. Une opération de type *pathfinder* (sous Illustrator) par soustraction a été créée.

Figure 8.7 : L'œil de la marionnette

REMARQUE

Effet pathfinder

L'effet *pathfinder* ne fonctionne qu'avec des objets créés avec l'option *Dessin d'objet* désactivée. Les groupes d'objets ne peuvent pas être combinés.

---

4 La tâche suivante consiste à combiner la tête avec le corps. Avec l'outil **Ellipse**, dessinez le corps tout près de la tête.

5 Supprimez les contours noirs. Les deux formes sont combinées. Pour appliquer un effet de pathfinder, sélectionnez la commande **Union**, disponible dans le menu **Modification/Combinaison des objets**.

REMARQUE

Effet pathfinder

Un segment peut être utilisé pour couper une forme en deux parties. Pour cela, il suffit de tracer un segment à l'aide de l'outil **Ligne**. Si vous sélectionnez ensuite une des formes, vous en avez bien deux distinctes.

---

6 Appliquez aux formes vides de la couleur.

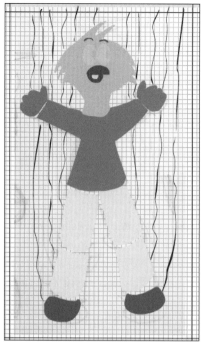

Figure 8.8 : La marionnette

Selon l'opération que vous aurez à effectuer, il est recommandé de modifier l'affichage de la scène.

Se déplacer sur la scène

Pour naviguer dans la scène, vous disposez de plusieurs outils, à savoir l'outil **Zoom**, le menu **Affichage** et le menu local de la scène.

Pour zoomer sur votre scène, déroulez son menu local, situé dans le coin supérieur droit.

- Dans la liste qui s'affiche, sélectionnez l'une des options proposées.

- Vous pouvez sélectionner **Ajuster à la fenêtre**. La marionnette s'affiche alors entièrement dans la scène.

- Il est possible également d'agrandir votre zone de travail en choisissant l'un des pourcentages de zoom. Flash vous permet aussi d'attribuer votre propre valeur de zoom.

 Pour appliquer directement un zoom sur votre scène, vous

 Figure 8.9 : Les options de l'outil Zoom

pouvez vous servir de l'outil **Zoom** et de l'une de ses options dans la boîte à outils.

- Pour agrandir la vue de la scène, sélectionnez l'option *Agrandir* puis cliquez sur la scène.

- Pour diminuer la vue de la scène, activez l'option *Réduire*. Ensuite, cliquez sur la scène.

Ces opérations peuvent être réalisées à l'aide de raccourcis clavier. Voici comme procéder :

1 Activez l'outil **Zoom**.

ASTUCE

L'outil Zoom

L'outil **Zoom** peut être activé depuis l'outil **de sélection**. Pour cela, appuyez sur la touche ⌐M⌐.

---

2 Tout en maintenant enfoncée la touche ⌐Alt⌐, cliquez sur la scène pour réduire la vue de la scène.

3 Tout en gardant enfoncée la touche ⌐Maj⌐, cliquez sur la scène pour agrandir la zone de travail.

Pour agrandir ou réduire la vue d'une partie d'une illustration, dessinez une zone autour de celle-ci. Pour cela, cliquez sur la scène puis, tout en maintenant enfoncé le bouton gauche de la souris, faites glisser le pointeur en diagonale.

Toutes ces manipulations peuvent être effectuées à l'aide des commandes du menu **Affichage**.

1 Cliquez dessus pour afficher les commandes.

2 Sélectionnez l'une d'entre elles selon ce que vous désirez réaliser.

⊞ Pour vous déplacer sur une portion précise de l'illustration, Flash met à votre disposition l'outil **Main**.

1 Activez-le dans la boîte à outils.

2 Cliquez sur l'illustration. Tout en maintenant enfoncé le bouton gauche de la souris, faites-la glisser vers l'endroit voulu.

ASTUCE

L'outil Main

Vous pouvez activer l'outil **Main** à n'importe quel moment de votre travail de production. Pour ce faire, appuyez sur la barre d'espacement.

Ajuster la scène à la fenêtre de travail
Double-cliquez sur l'outil **Main**.

La marionnette n'a pas l'expression souhaitée. Pour y remédier, vous utiliserez les options de l'outil **Transformation libre**. Cet outil sert à déformer, à faire pivoter ou à redimensionner un objet sur la scène.

Les options de l'outil Transformation libre

1 Éditez le symbole de la marionnette puis celui de la tête.

2 Sélectionnez la bouche, qui est une forme.

3 Activez l'outil **Transformation libre** ou utilisez son raccourci clavier Q. Un cadre de sélection muni de huit poignées de redimensionnement apparaît.

4 Dans la boîte à outils, activez l'option *Pivoter et incliner*.

5 Faites glisser le point central de transformation de la bouche vers le haut.

6 Donnez à la forme un effet de perspective.

7 Si le résultat n'est pas probant, activez l'option *Enveloppe*.

8 Cliquez sur l'un des points. Les poignées de Bézier apparaissent.

 Figure 8.10 : Les options de l'outil Transformation libre

9 Faites-les pivoter dans le sens désiré. La forme contenue à l'intérieur de l'enveloppe se modifie instantanément.

Figure 8.11 : Un effet de distorsion

Lorsque vous créez un personnage, vous devez animer chacune des formes dans un symbole. Il s'agit alors d'une animation imbriquée.

8.2. L'animation imbriquée

Vous avez déjà vu ce concept dans les précédents chapitres avec le personnage. Une animation imbriquée est une animation contenue dans une autre. Le principe est relativement simple. Dans ce chapitre, chaque partie de la marionnette sera animée individuellement à l'intérieur du clip marionnette.

Une fois les tracés réalisés, convertissez chaque élément de la marionnette en symbole de type *clip* puis sélectionnez l'ensemble et convertissez-le en un symbole *clip*.

REMARQUE

Animation imbriquée

Les animations à l'intérieur d'un clip bouclent par défaut. Pour arrêter la lecture, vous devez l'indiquer par le biais de la méthode `stop ()` du langage ActionScript.

La prochaine étape consiste à réaliser le mouvement de la marionnette à l'aide de la technique de la cinématique inverse.

8.3. L'animation avec la cinématique inverse

Dans Flash, la cinématique inverse s'applique à des instances de symboles ou à des formes. Au niveau des symboles, vous devez lier les différents objets entre eux. Pour les éléments de type forme, il vous faudra créer une structure articulée à l'intérieur de la forme. Une fois celle-ci en place, Flash crée un nouveau calque appelé *squelette*.

Créer un schéma d'animation

Pour créer un schéma d'animation :

1 Double-cliquez sur le symbole *marionnette_mc* afin de l'éditer.

2 ▨ Activez l'outil **Segment**.

Son icône représente un os. Ce qui signifie que vous allez créer un squelette.

3 Cliquez en haut du bras de la marionnette. Ce sera le point de départ de la première articulation.

4 Faites glisser le pointeur le long du bras droit jusqu'à son membre inférieur, avec lequel vous le connecterez. Relâchez le tout. Vous venez de créer le mouvement du bras gauche. L'élément parent est représenté par un cercle plus large par rapport aux autres. Le membre inférieur du bras constitue l'élément enfant de la structure. Lorsque vous avez connecté les deux éléments du bras, un segment est apparu. Flash convertit les formes sélectionnées en un objet de cinématique auquel il a attribué un nom d'occurrence.

5 Renommez le calque *squelette_1* `bras_droit`.

Tout comme pour un clip, vous pouvez définir dans le panneau *Propriétés* un nom d'occurrence.

6 Dans le panneau *Options*, sélectionnez dans le menu **Style** une des représentations graphiques de votre structure. Vous avez le choix entre *Filaire*, *Uni* et *Ligne*. Par défaut, elle est réglée sur *Uni*.

7 Répétez ces opérations pour le bras gauche, les jambes et la tête.

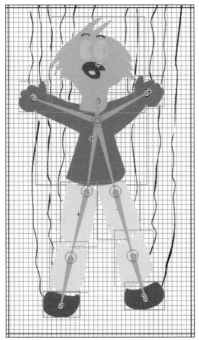

Figure 8.12 : Le schéma de la structure articulée

8 Bougez le bras à l'aide de l'outil **de sélection**.

9 Repositionnez les éléments si le mouvement ne vous convient pas. Pour cela, tout en maintenant enfoncée la touche [Alt], déplacez-les à l'aide de l'outil **de sélection**. Le mouvement se met automatiquement à jour.

10 Déplacez l'ensemble de la structure. Pour cela, sélectionnez tous les éléments. Tout en maintenant enfoncée la touche [Alt], repositionnez la structure.

REMARQUE **Sélectionner les articulations**

Pour sélectionner les segments d'un mouvement, cliquez sur le premier puis, tout en maintenant enfoncée la touche [Maj], cliquez sur les autres segments. Une autre solution consiste à double-cliquer sur le premier des segments.

REMARQUE **Supprimer une articulation**

Pour réaliser cette opération, sélectionnez-la puis appuyez sur la touche [Suppr].

Définir des poses

Votre prochaine tâche consiste à animer la marionnette :

1 Cliquez du bouton droit sur l'image 2 du calque *bras_gauche*. Dans le menu contextuel qui s'affiche, choisissez la commande **Insérer une pose**.

Figure 8.13 : Le calque pose

Figure 8.14 : Les poses de la marionnette

2 Avec l'outil **de sélection**, repositionnez le bras pour modifier son mouvement.

3 Ajoutez une pose jusqu'à l'image 5.

4 Répétez la procédure pour les autres membres de la marionnette.

5 Si le mouvement vous semble trop rapide, vous pouvez l'étendre. Pour cela, cliquez sur la dernière pose. Tout en maintenant enfoncé le bouton gauche de la souris, faites glisser le pointeur vers la droite. Si, au contraire, vous souhaitez supprimer des images, effectuez l'opération inverse, à savoir glisser le pointeur vers la gauche.

Il s'agit à présent de modifier les mouvements de la marionnette.

Modifier une pose

Pour modifier une pose, procédez comme suit :

1 Ajustez la vitesse de vos mouvements pose par pose à l'aide de l'option *Intensité* du panneau *Accélération*.

Figure 8.15 : Le panneau Accélération

2 Saisissez une valeur dans le champ correspondant ou faites glisser le pointeur vers la gauche ou vers la droite selon que vous désirez augmenter ou ralentir la vitesse du mouvement.

Si vous réglez l'option sur 0, aucune accélération ne sera affectée à la pose. En revanche, avec une valeur définie sur 100 le mouvement du bras sera rapide.

3 Déroulez le menu **Type**, dans lequel vous choisirez un modèle prédéfini d'accélération.

4 Pour repositionner une articulation, vous disposez du panneau *Position*. Dans les champs *X* et *Y*, entrez les coordonnées de la nouvelle position.

Figure 8.16 : Le panneau Position

REMARQUE

Déplacement des articulations
Pour déplacer uniquement un élément enfant d'une articulation, tout en maintenant enfoncée la touche [Maj] faites glisser l'élément en question. Celui-ci se déplace tandis que l'élément parent reste fixe.

Ajuster une articulation d'une forme

Pour ajouter un point de contrôle à une articulation, effectuez les opérations suivantes :

1 Avec l'outil **Sous-sélection**, sélectionnez le contour de la structure articulée.

2 Ensuite, cliquez sur un emplacement vide de points de contrôle. Le point est automatiquement ajouté à l'articulation. Vous pouvez également utiliser l'outil **Ajouter un point d'ancrage**.

■ En revanche, si vous désirez supprimer l'un des points de contrôle, il suffit de cliquer sur le point concerné puis d'appuyer sur la touche Suppr. Une autre solution consiste à vous servir de l'outil **Supprimer un point d'ancrage**.

■ Pour déplacer les points de l'articulation d'une forme, prenez l'outil **Sous-sélection**.

Si vous n'aviez pas converti la marionnette en un symbole, vous pouviez ajuster également ses points à l'aide de l'outil **Liaison**.

L'outil Liaison

Lorsqu'un mouvement d'une forme ne vous convient pas, vous pouvez utiliser l'outil **Liaison**. Celui-ci permet de contrôler les points de la structure articulée d'une forme.

1 🔲 Sélectionnez l'outil **Liaison**.

2 Cliquez sur l'un des segments. Ses points s'affichent à l'écran.

3 Si vous sélectionnez l'un des points, le segment auquel il appartient apparaît en bleu.

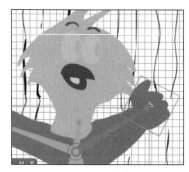

Figure 8.17 : Le segment sélectionné

Publier la cinématique inverse

Une fois que la structure articulée est définie, vous pouvez la rendre interactive lors de sa publication au format *swf*. Pour permettre cette opération, vous devez au préalable avoir construit cette structure depuis un symbole. Ensuite, cette manipulation n'est possible que si le calque du squelette ne contient qu'une seule pose. Pour créer cette interactivité, procédez comme suit :

1 Cliquez sur le calque contenant la première pose.

2 Dans le panneau *Options*, déroulez le menu **Type**, dans lequel vous choisirez *Exécution*.

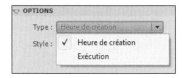

Figure 8.18 : Le panneau Options

3 Testez l'animation.

4 Dans la fenêtre du Flash player, cliquez sur la structure articulée. Faites glisser le pointeur dessus jusqu'à ce que vous obteniez le déplacement souhaité.

Il s'agit à présent de copier une animation au format ActionScript à un autre objet.

REMARQUE

Créer une structure articulée avec ActionScript

Vous ne pouvez pas définir de structure articulée avec ActionScript. Vous devez impérativement la créer dans l'interface de Flash. Toutefois, une fois cela fait, vous pouvez manipuler les segments d'articulation dans Flash lui-même mais aussi à l'aide d'ActionScript.

Le langage de programmation par défaut de l'application offre à cette occasion de nouvelles classes.

Contrôler une structure articulée avec ActionScript

Partez de l'animation de la marionnette. Ne conservez qu'une seule pose.

1 Éditez le symbole puis créez un nouveau calque. Nommez-le `actions`.

2 Ouvrez le panneau *Actions*. Ajoutez le code suivant, `import fl.ik.*` `;`, ce qui aura pour effet d'importer dans le document toutes les classes concernant la cinématique inverse. L'astérisque en ActionScript consiste à importer toutes les classes trouvées dans un package.

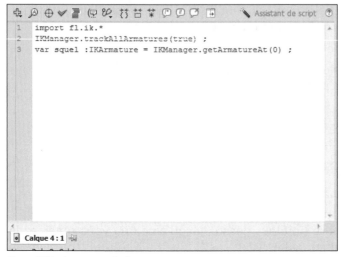

Figure 8.19 : Le panneau Actions

DÉFINITION

Package
Un package est constitué de classes et de fonctions.

Dans celui de la cinématique inverse, vous avez les classes `IkMana-ger` et `IkArmature`. La première classe sélectionne toutes les articulations définies dans un document. La seconde classe permet de décrire une articulation créée dans le document.

3 Pour permettre à l'utilisateur d'intervenir sur une structure articulée, vous devez ajouter ce code :

```
IKManager.trackAllArmatures(true) ;
```

4 Pour vous référer à une structure articulée dans un document, saisissez l'une de ces méthodes dans le panneau Actions :

- `var squel :IKArmature = IKManager.getArmatureAt(0) ;`. Une variable nommée `squel` est définie. Elle fait référence à l'articulation présente dans le document.

- `var squel :IKArmature = IKManager.getArmatureByName(` *nom de l'instance de la structure articulée* `)` ;

5 Voyons maintenant de quelle manière articuler la marionnette. Tout d'abord, il s'agit de créer un objet pour stocker la variable correspondant au point de départ de la structure articulée.

`var m0 :IKJoint = bras().rootJoint ; // rootJoint est une`
`⊱ propriété de la classe IKArmature`

À la ligne suivante, vous vous référez à la première articulation.

`var ms0 :IKJoint = m0.getChildAt(0);`

Pour animer la structure articulée, vous utiliserez la classe `IKMover`, qui est chargée d'animer les articulations. Tout d'abord, créez une instance de la classe `IKMover`. Le premier paramètre de cette instance correspond à l'articulation que vous allez animer. Le second paramètre représente le point de départ du mouvement.

`var move0 :IKMover = new IKMover(ms0, ms0.position) ;`

Ensuite, utilisez la méthode `moveTo()` pour déplacer l'articulation.

Pour clôturer ce chapitre, vous allez coller une animation au format ActionScript à un second objet.

Copier une animation au format ActionScript

Vous allez créer l'animation du rideau de théâtre de marionnette. Il devra arriver de manière progressive sur la scène. Pour cela, vous utilisez l'option *Alpha*. La tâche suivante consistera à l'appliquer à un autre objet du théâtre.

1 Tout d'abord, revenez à la scène principale.

2 Créez un nouveau calque que vous placerez en dessous du calque de la marionnette.

3 Nommez-le `rideaux_théâtre`. À l'aide de l'outil **Plume**, dessinez-le. Remplissez-le avec la couleur de votre choix (voir Figure 8.20).

4 Convertissez-le en un symbole de type *clip*.

5 Cliquez du bouton droit sur le symbole. Choisissez la commande **Créer une interpolation de mouvement**.

6 Déplacez la tête de lecture au départ de l'animation.

7 Sélectionnez l'image 1.

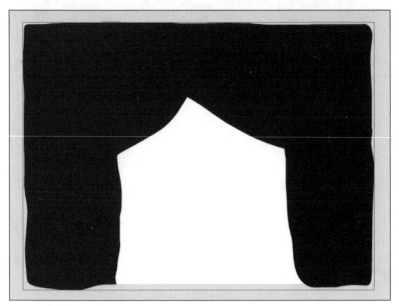

Figure 8.20 : Les rideaux de théâtre

8 Dans le panneau *Effet de couleur*, sélectionnez dans le menu **Style** l'option *Alpha*. Faites glisser le curseur vers la gauche jusqu'à ce que la valeur affiche 0.

9 Dans le panneau *Scénario*, cliquez du bouton droit sur l'interpolation de mouvement. Dans le menu contextuel qui apparaît, choisissez la commande **Copier le mouvement au format ActionScript 3.0.**

10 Une fenêtre **Invite** s'ouvre dans laquelle vous devez indiquer le nom d'occurrence auquel le mouvement sera attribué. Cliquez sur OK pour valider.

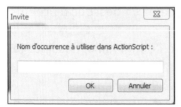

Figure 8.21 : La fenêtre Invite

11 Ouvrez le panneau *Bibliothèque*. Faites glisser le symbole *lampadaire_mc* sur la scène sur un nouveau calque.

12 Cliquez du bouton droit sur l'image 1 de ce calque. Dans le menu contextuel, sélectionnez la commande **Coller le mouvement**.

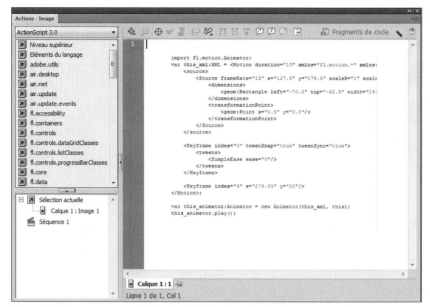

Figure 8.22 : Le mouvement traduit en ActionScript 3

13 Testez la scène. Le lampadaire s'affiche également progressivement à l'ouverture de la scène.

Pour clôturer ce chapitre, voyons à présent le nouveau panneau *Ressorts* pour vos animations de cinématique inverse.

8.4. Utiliser le panneau Ressorts

Celui-ci permet d'ajouter du réalisme dans les animations. Il permet de modifier l'élasticité des segments de cinématique inverse par le biais des deux propriétés *Intensité* et *Amortissement*.

1 Créez un nouveau document *Actionscript 3.0* (**Fichier/Nouveau**).

2 Dessinez une barre verticale avec l'outil **Primitive Rectangle**. Attribuez-lui la couleur que vous voulez.

3 Convertissez-la en symbole ([F8]) puis nommez-la.

4 Dupliquez cette barre deux fois. Pour cela, dans le panneau *Bibliothèque*, cliquez avec le bouton droit sur la barre originale. Dans le menu contextuel qui s'affiche, choisissez la commande **Dupliquer**.

5 Donnez-lui un nom différent par rapport à la barre initiale.

6 Double-cliquez sur la copie puis attribuez-lui une autre couleur.

7 Faites glisser une occurrence de la copie sur la zone de travail.

8 Placez une occurrence de la barre originale en dessous de la copie.

9 Dessinez la cinématique inverse pour ces barres avec l'outil **Segment**.

Figure 8.23 : Le mouvement créé

10 Dans le panneau *Scénario*, cliquez sur les images de la cinématique.

11 Dans le panneau *Ressorts*, cochez l'option *Activer*.

Figure 8.24 : Le panneau Ressorts

12 Cliquez sur l'un des segments. Dans le panneau *Ressorts*, deux propriétés *Intensité* et *Amortissement* s'affichent.

13 Cliquez sur chacune des valeurs de ces propriétés. Ensuite, tout en maintenant enfoncé le bouton gauche de la souris, faites glisser le curseur vers la droite pour augmenter leur valeur.

- L'*intensité* agit sur la rigidité du ressort. Plus sa valeur est élevée, plus le ressort devient rigide.

- L'*amortissement* correspond à la valeur de déclin de l'effet de ressort. Plus elle est élevée, plus l'effet de ressort diminue rapidement.

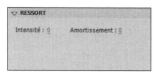

Figure 8.25 : Les propriétés du panneau Ressort

LES EFFETS SPÉCIAUX

Ce chapitre abordera quelques effets spéciaux que vous pourrez ajouter à vos animations. Vous apprendrez à utiliser les deux nouveaux outils de dessin : l'outil **Déco** et l'outil **de pinceau pulvérisateur**. Ce sera également pour vous l'occasion d'étudier les filtres offerts par Flash.

9.1. Réaliser une ombre portée

Pour créer une ombre portée, Flash met à votre disposition les filtres. Ces derniers ne peuvent être appliqués qu'aux symboles de type *clip*, aux boutons et au texte. Vous pouvez ajouter plusieurs filtres à un objet.

REMARQUE **Supprimer un filtre**
Pour supprimer un filtre, il suffit de le sélectionner dans la liste des filtres puis de cliquer sur le bouton **Supprimer le filtre**.

---

1 Créez une balle que vous remplirez avec le dégradé radial par défaut rouge-noir.

Figure 9.1 : La balle

2 Convertissez-la en un symbole *clip*. Nommez-la à votre convenance puis cliquez sur OK.

3 Dans le panneau *Filtres*, cliquez sur le bouton **Ajouter un filtre**. Une liste s'affiche dans laquelle vous choisirez l'option *Ombre portée*. Les paramètres du filtre apparaissent.

Figure 9.2 : Le panneau Filtres

4 Modifiez les valeurs du *Flou X* et du *Flou Y*. Changez la *Qualité* de l'ombre ainsi que la distance de l'ombre par rapport à l'objet.

Le paramètre Qualité

Réglez-le sur *Supérieur* lorsque l'image est statique. Le paramètre fait davantage appel au processeur. En revanche, si vous effectuez une interpolation de mouvement, préférez une qualité inférieure.

Il s'agit à présent d'appliquer à l'ombre un effet de perspective afin de la rendre plus réaliste. Pour cela, procédez comme suit :

1 Dupliquez le personnage avec son ombre. Tout en maintenant enfoncée la touche [Alt], faites glisser la copie vers la droite.

2 Supprimez le filtre *Ombre portée* du personnage initial.

3 Sélectionnez la copie du personnage.

4 Dans le panneau *Filtres*, cochez l'option *Masquer l'objet*.

5 À l'aide de l'outil **Transformation libre**, donnez un effet de perspective à l'ombre.

6 Positionnez le second personnage sur le premier. Vous obtenez un personnage avec une ombre plus réaliste.

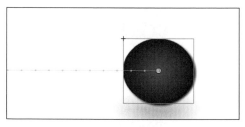

Figure 9.3 : La balle avec l'ombre portée

La prochaine étape consiste à animer le personnage avec son ombre portée :

1 Créez une interpolation de mouvement sur chacun des calques.

2 Déplacez le personnage vers la droite. Faites de même avec l'ombre portée.

3 Cliquez sur l'image 1 de l'ombre.

4 Dans le panneau *Filtres*, réduisez l'option *Intensité* à 22 %.

5 Sélectionnez la dernière image du calque contenant l'ombre.

6 Réglez l'*Intensité* à 38 %.

7 Diminuez l'opacité de la première image du personnage. Dans le panneau *Effet de couleur*, sélectionnez dans le menu **Style** l'option *Alpha*. Faites glisser le curseur vers la gauche jusqu'à ce que la valeur affiche 0.

Figure 9.4 : Les calques de l'animation

8 Testez l'animation.

Le prochain effet consiste à animer de la fumée. Désormais, vous disposez de deux méthodes pour réaliser cet effet. La première d'entre-elles utilise Photoshop. La seconde technique fait appel aux nouveaux effets de dessin de Flash.

9.2. Animer de la fumée

Tout d'abord, vous créerez la fumée dans Photoshop puis vous l'animerez dans Flash.

Créer la fumée

1 Créez un nouveau document Photoshop ([Ctrl]+[N]). Dans la boîte de dialogue qui s'affiche, configurez les paramètres.

2 Nommez-le fumée. Dans le menu **Paramètre prédéfini**, choisissez *Format Photoshop par défaut*. Cliquez sur OK.

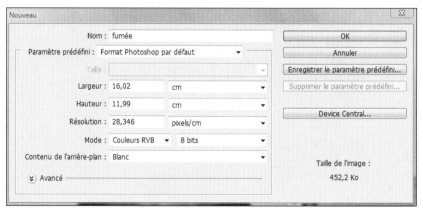

Figure 9.5 : Réglages du nouveau document

3 Affichez le panneau *Calques* (**Fenêtre/Calques** ou utilisez son raccourci clavier, [F7]).

4 À l'aide de l'outil **Pot de peinture**, remplissez le calque *Arrière-plan* avec du noir.

5 Insérez un nouveau calque. Pour cela, cliquez sur le bouton **Créer un calque**.

6 Double-cliquez dessus pour le renommer Forme de la fumée.

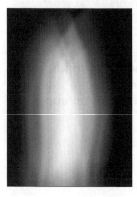

Figure 9.6 : La forme de la fumée

7 Munissez-vous de l'outil **Plume**. Dans le panneau *Contrôle* (situé en dessous des menus principaux), activez l'option *Calques de forme*.

8 Dans la boîte à outils, réinitialisez les couleurs par défaut. Pour cela, appuyez respectivement sur les touches *X* et D. Le blanc doit être au premier plan.

9 Tracez une forme.

10 Modifiez-la à l'aide de l'outil **Sélection directe**.

11 Ajoutez du flou. Pour cela, allez dans le menu **Filtre**. Sélectionnez les commandes **Atténuation/Flou de forme**. La boîte de dialogue **Flou de forme** s'ouvre.

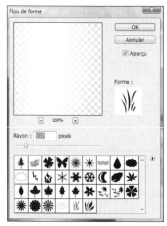

Figure 9.7 : La fenêtre Flou de forme

12 Cochez l'option *Aperçu*. Ouvrez la bibliothèque des formes *Nature*. Pour ce faire, cliquez sur le triangle noir situé à droite des vignettes des formes par défaut. Dans la liste qui apparaît, choisissez *Nature*. Sélectionnez la forme *Herbe2*. Réglez le rayon sur 117 pixels. Pour définir cette valeur, faites glisser le curseur vers la droite ou entrez votre chiffre dans le champ situé en regard de l'intitulé de l'option. Cliquez sur OK.

13 Créez un nouveau calque que vous renommerez texture fumée.

14 Appliquez le filtre *Nuages* (**Filtre/Rendu/Nuages**).

15 Réduisez l'image (**Edition/Transformation manuelle** ou appuyez sur les touches (Ctrl)+(T)). Faites glisser l'une des poignées. Pour valider, appuyez sur la touche (←), ou cliquez sur l'option *Valider la transformation (Entrée)* dans le panneau *Contrôle*.

16 Ajoutez un masque de fusion au calque *Texture fumée* que vous passerez en mode *Produit*.

17 À l'aide d'un pinceau noir aux contours flous, peignez les bords de la fumée.

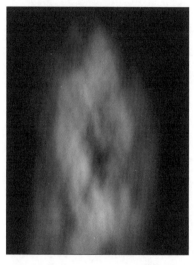

Figure 9.8 : La fumée

18 Aplatissez l'image (**Calque/Aplatir l'image**).

19 Pour finir, enregistrez la fumée au format Photoshop (**Fichier /Enregistrer sous**).

La prochaine étape consiste à importer le fichier dans Flash.

Régler les options d'importation

1 Créez un nouveau document Flash (AS3.0).

2 Renommez le calque 1 fumées.

3 Avant de procéder à l'importation du fichier, vous allez configurer cette fonctionnalité dans Flash. Pour ce faire, allez dans le menu **Modifier/Préférences**.

4 Cliquez sur la rubrique *Importateur de fichiers PSD*. Dans la partie de droite s'affichent les options correspondantes.

Figure 9.9 : Les options de l'importateur de fichiers PSD

Tout d'abord, vous devez spécifier de quelle manière vous souhaitez importer les éléments des calques dans Flash.

Ensuite, vous pouvez définir les options de compression et de publication des fichiers Photoshop importés :

■ La première option, *Importer les calques d'image en tant que*, vous demande d'indiquer de quelle façon les calques contenant les images doivent être importés. Trois propositions s'offrent à vous :

— *Images bitmap avec styles de calque modifiables*. Cela signifie qu'un clip contenant l'image sera créé.

— *Images bitmap aplaties*. Les calques Photoshop ne sont plus éditables. Il ne reste plus qu'un seul calque.

— *Créer des clips*. Chaque image sera importée dans Flash en tant que clip.

■ La seconde option, *Importer les calques de texte en tant que*, concerne les textes. Choisissez comment Flash doit importer ce style de texte :

— *Texte modifiable*. Les calques texte restent modifiables dans Flash.

— *Contours vectoriels*. Le texte est converti en tracés et en un symbole Flash.

— *Images bitmap aplaties*. Le texte sera converti en image. Il ne sera plus éditable.

— *Créer des clips*. Pour chaque texte, un clip sera créé.

■ La troisième option, *Importer les calques de forme en tant que*, concerne les objets créés dans Photoshop. Comme les deux options précédentes, vous avez le choix entre trois possibilités :

— *Tracés modifiables et styles de calque*. Les tracés sont éditables tandis que les styles de calque sont reconnus par Flash.

— *Images bitmap aplaties*. Convertit une image en image bitmap. Vous ne pouvez pas la modifier dans Flash.

— *Créer des clips*. Convertit les images en un symbole de type clip.

Après avoir déterminé la manière dont vous souhaitez importer les calques, vous pouvez définir les paramètres des options suivantes :

■ *Groupes de calques*. Tous les groupes de calque seront convertis en symbole de type clip.

■ *Bitmaps fusionnés*. Les calques de formes seront convertis en symbole clip.

■ *Alignement du clip*. Permet de sélectionner le point de référence des objets.

Pour finir, la section *Paramètres de publication* vous donne la possibilité de définir les options de publication des images Photoshop importées dans Flash :

■ Définissez le mode de compression pour les images importées. Vous avez le choix entre *Perte de données* et *Sans perte*.

- Spécifiez la qualité de compression des images. Si vous avez activé la compression avec *Perte de données*, cochez le paramètre *Personnaliser*.

  Indiquez votre valeur dans la zone de texte. Plus elle est élevée, plus la qualité de l'image sera préservée mais plus la taille de votre fichier augmentera.

5 Une fois les paramètres choisis, cliquez sur OK pour valider.

La prochaine étape consiste à animer la fumée dans Flash.

Animer le dessin

1 Importez le fichier *Photoshop* dans la scène (**Fichier /Importer/Importer dans la scène**). La fenêtre **Importer** s'ouvre, dans laquelle vous choisirez le fichier à importer. La fumée apparaît directement dans Flash puisque l'image a été aplatie dans Photoshop.

2 Convertissez-la en un symbole de type *clip*. Nommez-la `fumee1_mc`. Cliquez sur OK.

3 Ouvrez le panneau *Bibliothèque*. Dupliquez le symbole. Pour cela, cliquez dessus du bouton droit pour faire apparaître son menu contextuel. Choisissez la commande **Dupliquer**.

4 Dans la boîte de dialogue qui s'affiche, nommez votre nouveau symbole `fumee2_mc`. Cliquez sur OK.

5 Créez un nouveau calque image de fond que vous placerez en dessous du calque *fumées*.

6 Importez l'image d'une cheminée ou d'une tasse à café, par exemple (Ctrl+R).

7 Réduisez la taille de l'image avec l'outil **Transformation libre**.

8 Faites glisser une instance des symboles de la *bibliothèque* sur la scène.

9 Dans le panneau *Affichage*, choisissez dans le menu **Fusion** le mode *Ecran* pour les deux symboles.

10 Avec l'outil **Transformation libre**, placez les points de transformation des symboles en bas de leur forme respective.

11 Éditez le premier symbole *fumee1_mc*. Il s'agit d'un bitmap. Comme vous allez l'animer, l'opération ne peut s'effectuer qu'à partir d'un symbole. Il vous faut donc le convertir en un symbole de type *clip* que vous renommerez `fumee1_interne_mc`.

12 Dans le panneau *Affichage*, choisissez un *mode de fusion* de type *Ecran*.

Figure 9.10 : L'image avec les fumées

13 Cliquez du bouton droit sur l'image 1 du calque 1. Dans le menu contextuel qui s'affiche, choisissez la commande **Créer une interpolation de mouvement**.

14 Repositionnez le point de transformation du symbole en bas de sa forme à l'aide de l'outil **Transformation libre**.

15 Sélectionnez l'image 1.

À l'aide de l'outil **Transformation libre**, modifiez la forme de la fumée.

1 Allez à la dernière image de l'animation.

2 Tirez sur l'une des poignées du cadre de sélection pour agrandir la taille de la fumée.

3 Dans le panneau *Position et Taille*, changez la valeur du paramètre *W* (*largeur*).

4 Retournez sur l'image 1. Conservez sa sélection.

5 Dans le panneau *Effet de couleur*, sélectionnez, dans le menu **Style**, *Alpha*. Réduisez-la à 75 %.

6 Déplacez la tête de lecture dans l'interpolation de mouvement. Ouvrez le panneau *Editeur de mouvement*.

7 Dans la catégorie *Accélérations*, ajoutez une accélération de type *Aléatoire*. Faites glisser le pointeur sur le champ correspondant vers la droite.

8 Dans la partie de droite, déplacez la tête de lecture sur l'image de départ. Dans la rubrique *Transformation*, changez les valeurs des options *Echelle X* et *Echelle Y*.

9 Testez l'animation (⌃Ctrl+⏎).

10 Copiez les images de l'animation en utilisant l'une de ces méthodes :

- Cliquez du bouton droit sur l'interpolation de mouvement. Dans le menu contextuel qui apparaît, choisissez la commande **Copier les images**.

- Allez dans le menu **Modifier**. Sélectionnez la commande **Copier les images**.

11 Cliquez du bouton droit sur l'image qui suit l'animation. Choisissez la commande **Coller les images**.

12 Cliquez du bouton droit sur la seconde interpolation. Dans le menu contextuel, appliquez la commande **Inverser les images-clés**.

13 Vous allez appliquer le mouvement de la fumée à la seconde cheminée. Pour cela, ouvrez le panneau *Présélections de mouvement*.

14 Cliquez sur le bouton **Enregistrer la sélection sous forme de présélection**. Dans la fenêtre qui s'ouvre, saisissez, dans le champ *Nom de la présélection*, `fumee_mouvement` puis cliquez sur OK.

15 Revenez à la scène principale. Double-cliquez sur le second symbole pour l'éditer.

16 Convertissez-le en un symbole de type *clip*. Nommez-le `fumee2_interne_mc`. Cliquez sur OK.

17 Changez son *mode de fusion* en mode *Ecran*.

18 Sélectionnez dans le panneau *Présélection de mouvement* ce que vous venez de sauvegarder. Cliquez sur le bouton **Appliquer**.

Figure 9.11 : Les calques

Voyons à présent comment réaliser l'animation de la fumée directement dans Flash sans passer par Photoshop.

9.3. Animer directement la fumée dans Flash

1 Créez un nouveau document Flash (**Fichier/Nouveau**).

2 Sélectionnez l'outil **Déco**.

3 Dans le menu déroulant du panneau *Effet de dessin*, choisissez *Animation de la fumée*.

4 Dans le panneau *Options avancées*, personnalisez l'animation

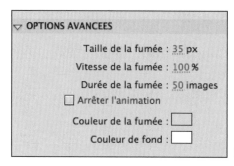

Figure 9.12 : Panneau Options avancées

- Augmentez la vitesse de la fumée. Pour cela, faites glisser le pointeur vers la droite.

- Changez le nombre d'images de l'animation. Il vous suffit de cliquer dans le champ à côté de l'image et de saisir votre nombre.

- Modifiez la *couleur de la fumée* ainsi que la *couleur de fond* de l'animation de la fumée.

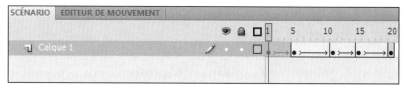

Figure 9.13 : Animation de la fumée

Le prochain exercice consiste à animer une goutte d'eau.

9.4. Animer une goutte d'eau

Animer une goutte d'eau dans Flash est relativement simple à réaliser. Suivez ces étapes :

1 Dans Illustrator, créez une ellipse. Convertissez son extrémité en un point *Sommet*.

2 Pour cela, dans le panneau *Contrôle*, cliquez sur le bouton **Convertir les points d'ancrage sélectionnés en angles**.

3 Copiez la goutte d'eau **(Edition/Copier)** puis collez-la dans un nouveau document Flash **(Modifier/Coller en place)**.

Figure 9.14 : La goutte d'eau

4 Dans la fenêtre **Coller** de Flash, indiquez de quelle manière vous souhaitez importer cette goutte d'eau. Acceptez les paramètres par défaut en cliquant sur OK.

5 Convertissez-la en symbole de type *clip*. Nommez-le à votre convenance puis cliquez sur OK.

6 Éditez la goutte d'eau. Insérez une image-clé aux positions 5, 10.

7 Déplacez la goutte d'eau vers le bas de la scène aux deux positions à l'aide de l'outil **de sélection**.

Pour effectuer une trajectoire rectiligne, maintenez la touche Maj enfoncée tout en repositionnant la goutte d'eau.

8 Modifiez la forme de la goutte d'eau à l'aide de l'outil **Transformation libre**.

9 Cliquez sur l'image 15.

10 Activez les options *Pelure d'oignon* et *Modifier les repères de pelures d'oignon*. Dans la liste qui apparaît, choisissez *Oignon 5*.

11 Insérez une image-clé vide (F7) à la position 15. Dessinez une ellipse à l'aide de l'outil **Ovale**.

12 Avec l'outil **Transformation libre**, donnez-lui un effet de perspective.

13 Remplissez-la avec un dégradé blanc vers du bleu ciel.

14 Insérez une dernière image-clé à la position 20. Avec le blanc sélectionné et l'outil **Pot de peinture**, remplissez la forme.

15 Créez une interpolation de forme entre toutes les images. Si le morphing n'est pas probant, utilisez les repères de formes.

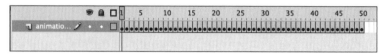

Figure 9.15 : L'interpolation de forme

16 Testez la scène.

Pour modifier la vitesse de l'animation, jouez sur la cadence des images ou supprimez des images dans l'animation.

Après la goutte d'eau, le prochain exercice consiste à animer des flocons de neige.

9.5. Animer de la neige

La première étape consiste à créer le flocon de neige :

1 À l'aide de l'outil **Rectangle** réglé sur l'option *Aucun contour*, créez un rectangle de la dimension de la scène. Remplissez-le avec un dégradé. Verrouillez ce calque.

2 Insérez un nouveau calque sur lequel vous importerez le modèle d'un flocon de neige dans la scène ((Ctrl)+(R)). Placez-le au-dessus du calque du fond.

3 Renommez ce calque `neige`.

4 Sur le calque *neige*, insérez une image vide ((F7)) à la position 2.

5 Activez l'option *Pelure d'oignon*.

6 Dessinez le flocon à l'aide de l'outil **Ellipse**.

7 Affichez le panneau *Couleur* (**Fenêtre/Couleurs**). Remplissez le cercle avec du blanc.

Figure 9.16 : Le flocon de neige

8 Convertissez le flocon en un symbole de type *clip*. Nommez-le `snow_mc`. Cliquez sur OK.

9 Supprimez l'image 2 du calque *neige*.

10 Désactivez l'option *Pelure d'oignon*.

Pour créer la neige, vous utilisez le nouvel outil de dessin, l'outil **de pinceau pulvérisateur**.

L'outil de pinceau pulvérisateur

L'outil de pinceau pulvérisateur permet de créer très rapidement des systèmes de particules comme la neige à partir d'un symbole de la *bibliothèque*.

1 Ouvrez le panneau *Bibliothèque*.

2 Activez l'outil **de pinceau pulvérisateur**.

3 Dans le panneau *Symbole*, cliquez sur le bouton **Modifier**.

4 Une fenêtre s'ouvre dans laquelle vous allez choisir le symbole que vous avez créé précédemment, à savoir *snow_mc*. Cliquez sur OK.

5 Définissez une *Largeur de l'échelle* et une *Hauteur de l'échelle* de 100 %. Cochez l'option *Mise à l'échelle aléatoire*, qui a pour effet de répartir les particules sur la scène de manière aléatoire. Cochez les deux autres options *Faire pivoter le symbole* et *Rotation aléatoire*.

■ La première option permet d'effectuer une rotation des particules autour de leur point central.

■ La seconde option fait pivoter les particules sur la scène.

6 Vous disposez d'un second panneau *Pinceau*, lequel vous permet de personnaliser son apparence. Spécifiez sa *Largeur* et sa *Hauteur*. Définissez l'*Angle* du pinceau.

7 Pour appliquer la neige, cliquez ou faites glisser le pointeur sur la scène.

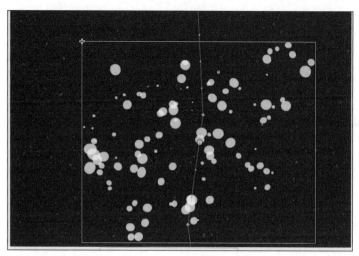

Figure 9.17 : La neige

8 Une fois la neige déposée sur la scène, cliquez du bouton droit sur l'image 1 du calque *neige*. Dans le menu contextuel qui apparaît, choisissez la commande **Créer une interpolation de mouvement**.

9 Un message s'affiche vous indiquant que vous devez convertir la neige en symbole. Cliquez sur OK pour confirmer.

10 Déplacez la tête de lecture à la fin de l'interpolation. À l'aide de l'outil **de sélection**, faites glisser la neige vers le bas de la scène.

11 Revenez à la position de départ. Positionnez la neige à l'entrée de la scène.

12 Créez deux autres images-clés. Éditez les groupes de particules de neige.

13 Répartissez les flocons de neige dans la scène.

Si le résultat ne vous convient pas, vous pouvez redimensionner chaque flocon à l'aide de l'outil **Transformation libre**.

14 Placez-vous sur l'image 1 du calque *neige*. Ouvrez le panneau *Editeur de mouvement*.

15 Dans la rubrique *Effet de couleur*, ajoutez l'option *Alpha*. Définissez une *Quantité alpha* de 21 %.

16 Dans le panneau *Editeur de mouvement*, allez à la seconde image de l'interpolation. Augmentez légèrement la valeur du paramètre *Quantité alpha*.

17 Retournez sur la scène principale. Testez l'animation. Si celle-ci vous semble trop rapide, vous pouvez étendre l'interpolation. Pour cela, il suffit de cliquer sur la dernière image et de la faire glisser vers la droite.

Si le résultat n'est toujours pas probant, réduisez la cadence des images qui est réglée par défaut sur 24 images par seconde.

Outil de pinceau pulvérisateur

REMARQUE

Pour créer de la neige, vous pouvez utiliser le système de particules par défaut. Voici comment procéder :

1 Activez l'outil **de pinceau pulvérisateur**.

2 Dans le panneau *Symbole*, cochez l'option *Forme par défaut*.

■ Cliquez sur la case de couleur située en regard de cette option. Choisissez le blanc comme couleur.

■ Réglez l'*Echelle* sur 86 %.

■ Cochez l'option *Mise à l'échelle aléatoire*.

■ Modifiez les dimensions du pinceau. Dans les champs *Largeur* et *Hauteur*, entrez les valeurs respectives de 109 et 92 px.

3 Faites glisser le pointeur sur la scène.

4 Pour animer cette neige, définissez une interpolation de mouvement. Dans le panneau *Editeur de mouvement*, jouez sur les options.

Votre prochaine tâche consiste à créer de la poussière d'étoiles à l'aide du nouvel outil **Déco**.

9.6. Créer de la poussière d'étoiles

 L'outil **Déco** permet de créer très rapidement des arrière-plans de type kaléidoscope.

1 Tout d'abord, dessinez l'étoile à l'aide de l'outil **Polygone**. Dans le panneau *Paramètres de l'outil*, cliquez sur le bouton **Options**. Une fenêtre s'ouvre.

2 Dans le menu **Style**, choisissez *Etoile*. Laissez les autres paramètres par défaut. Cliquez sur OK.

3 Dans la boîte à outils, réglez la couleur de contour sur *Aucun*. Choisissez le blanc comme *couleur de remplissage*.

4 Tracez une étoile.

Figure 9.18 : La forme Etoile

5 Convertissez-la en un symbole de type *clip*. Nommez-la `Etoile`. Cliquez sur OK.

6 Supprimez la forme sur la scène.

7 Activez l'outil **Déco**. Il est situé au-dessus de l'outil **Segment**.

Figure 9.19 : Les options de l'outil Déco

8 Dans le panneau *Effet de dessin*, sélectionnez l'un des effets proposés :

- *Remplissage vigne*. L'objet sélectionné sur la scène est rempli avec un motif de vigne.

- *Remplissage de la grille*. Permet de créer rapidement des motifs de grilles.

- *Pinceau symétrique*. Positionne les symboles de manière symétrique par rapport à un point central. Choisissez ce mode pour votre poussière d'étoiles.

9 Cliquez sur le bouton **Modifier**. Sélectionnez votre symbole étoile puis cliquez sur OK.

10 Dans le panneau *Options avancées*, choisissez l'option *Reflet par rapport au point*. Cochez l'option *Tester les collisions*.

11 Cliquez à différents endroits de la scène.

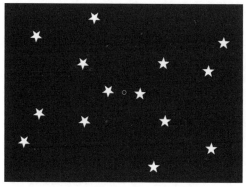

Figure 9.20 : L'étoile appliquée au fond

12 Cliquez du bouton droit sur le groupe d'étoiles créé. Dans le menu contextuel qui s'affiche, choisissez la commande **Convertir en symbole**. Dans la fenêtre qui s'affiche, saisissez dans le champ *Nom* `poussiere_etoiles_mc`. Dans le menu **Type**, sélectionnez *Clip*. Cliquez sur OK.

13 Double-cliquez sur le symbole jusqu'à ce que vous parveniez aux étoiles individuelles.

14 Dans le panneau *Position et Taille*, modifiez la taille des étoiles en saisissant une autre valeur dans le champ *W* (*Largeur*).

15 Revenez au symbole *poussiere_etoiles_mc*.

La prochaine étape consiste à animer cette poussière d'étoiles.

1 Cliquez du bouton droit sur cette poussière d'étoiles. Dans le menu contextuel qui s'affiche, choisissez la commande **Créer une interpolation de mouvement**. Un message vous invite à convertir votre groupe d'étoiles en un symbole. Cliquez sur OK pour confirmer.

2 Déplacez la tête de lecture à la dernière image de l'animation. Positionnez les étoiles en bas de la scène.

3 Sélectionnez la première image.

4 Dans le panneau *Filtres*, cliquez sur le bouton **Ajouter un filtre**. Dans la liste qui s'affiche, choisissez le filtre *Rayonnement*. Réglez les paramètres du filtre de la manière suivante :

- *Flou X* : 5 px.
- *Flou Y* : 5 px.
- Sélectionnez une couleur *Jaune*.
- Réglez la *Qualité* sur *moyenne*.

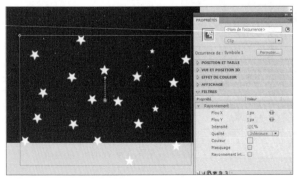

Figure 9.21 : Le rayonnement appliqué aux étoiles

5 Cliquez du bouton droit sur la position 25 de cette animation. Dans le menu contextuel qui s'affiche, sélectionnez la commande **Créer une interpolation de mouvement**.

6 Déplacez la poussière d'étoiles.

7 Il ne vous reste plus qu'à personnaliser cette interpolation à l'aide du panneau *Editeur de mouvement*.

Dans le prochain exercice, vous créerez du flou. Vous utiliserez l'outil **de pinceau pulvérisateur** et les filtres.

9.7. Ajouter du flou

Pour créer du flou, procédez comme suit :

1 Créez un nouveau document dans lequel vous changerez la couleur de la scène principale. Pour cela, dans le panneau *Propriétés* cliquez sur la case située en regard de l'option *Scène*. Choisissez le noir.

2 Verrouillez le calque 1.

3 Créez un nouveau calque.

4 Activez l'outil **de pinceau pulvérisateur**.

5 Dans le panneau *Symbole*, cochez l'option *Forme par défaut*. Assurez-vous qu'elle soit réglée sur le blanc. Cochez l'option *Mise à l'échelle aléatoire*.

6 Faites glisser le pointeur horizontalement dans la scène. Sélectionnez le système de particules pour le convertir en symbole de type *clip*. Nommez-le `flou_mc`. Cliquez sur OK.

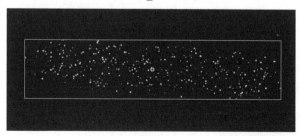

Figure 9.22 : Le symbole flou

7 Sélectionnez l'image 1. Dans le menu **Insertion**, choisissez la commande **Interpolation de mouvement**.

8 À la position 1, déplacez les particules à l'entrée de la scène. Allez sur la dernière image de l'interpolation, positionnez-les à la sortie de la scène.

9 Revenez à la position de départ de l'animation. Sélectionnez le symbole sur la scène.

10 Dans le panneau *Effet de couleur*, sélectionnez dans le menu **Style** l'option *Alpha*. Réglez-la sur 0 %.

11 Recommencez cette procédure pour la dernière image. Cette fois-ci, réglez l'option sur 100 %.

12 Testez l'animation. Utilisez le panneau *Editeur de mouvement* pour personnaliser cette animation.

L'étape suivante consiste à appliquer le filtre *flou*.

	Les filtres
REMARQUE	Les filtres Photoshop sont reconnus mais ne sont pas éditables dans Flash.

1 Placez-vous sur la position de départ de l'animation.

2 Déroulez le panneau *Filtres*, dans lequel vous cliquerez sur le bouton **Ajouter un filtre**. La liste des filtres s'affiche à l'écran. Choisissez l'option *Flou*. Les paramètres de l'option sont alors rendus visibles.

3 Cliquez sur l'icône *Lier les valeurs des propriétés X et Y* afin de saisir des valeurs différentes dans les champs *Flou X* et *Flou Y*. Entrez pour le premier la valeur 64 px.

4 Définissez un *Flou Y* de 0 px.

5 Spécifiez une *Qualité moyenne*.

6 Déplacez la tête de lecture à mi-chemin de l'animation.

7 Dans le panneau *Filtre*, indiquez dans le champ *Flou X* 114.

8 Ajoutez une seconde étape intermédiaire. Diminuez la valeur du paramètre *Flou X*.

9 À la dernière position de l'interpolation, réglez le *Flou X* sur 0.

10 Testez la scène (Ctrl+↵).

Figure 9.23 : Le flou appliqué

Pour clôturer ce chapitre, vous allez pouvoir constater qu'il est désormais facile de créer un décor pour une animation.

9.8. Créer un décor

1 Créez un nouveau document Flash (**Fichier/Nouveau**).

2 Sélectionnez l'outil **Déco**.

3 Dans le menu déroulant du panneau *Effet de dessin*, choisissez *Pinceau Construction*.

4 Dans le panneau *Options avancées*, sélectionnez dans le menu déroulant *Construction aléatoire*.

5 Modifiez le champ *Taille de la construction*. Il correspond à la largeur de votre building.

6 Cliquez sur votre zone de travail puis tout en maintenant enfoncé le bouton gauche de la souris, faites glisser le pointeur vers le haut pour dessiner vos immeubles.

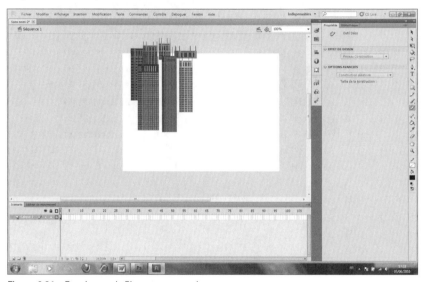

Figure 9.24 : Dessin avec le Pinceau construction

7 Dans le menu déroulant du panneau *Effet de dessin*, choisissez *Pinceau Flammes*.

8 Dans le panneau *Options avancées*, modifiez la *Taille de la flamme*. Vous pouvez également changer sa couleur.

Figure 9.25 : Options du pinceau Flammes

9 Pour l'ajouter à votre décor, le principe de fonctionnement est identique au *Pinceau Construction*. Il vous suffit de faire glisser votre pointeur vers le haut.

10 Dans le menu déroulant du panneau *Effet de dessin*, sélectionnez *Pinceau Arbres*.

11 Dans le menu déroulant du panneau *Options avancées*, choisissez votre arbre. Modifiez la couleur de ses éléments avec les options *Couleur de la branche*, *Couleur de la feuille* et *Couleur de la fleur/fruit*.

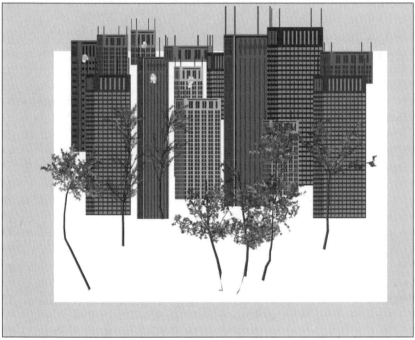

Figure 9.26 : Dessin final

CRÉER UNE INTRODUCTION DE SITE WEB

La plupart des introductions de sites web combinent le graphisme avec du texte. Dans Flash, il est possible de créer trois types d'objets texte (saisie, dynamique et statique) modifiables par le biais de nouveaux panneaux : *Caractère, Paragraphe, Position et Taille, Options, Filtres*. Tout comme les graphiques, les textes peuvent faire l'objet d'animations élaborées, comme vous pourrez le constater à la lecture de ce chapitre.

10.1. Substituer une police de caractères

Lorsque vous ouvrez un document réalisé sur une plate-forme différente (Mac, par exemple), il arrive qu'un message apparaisse vous indiquant qu'une police est manquante. Vous êtes alors invité à en choisir une autre parmi celles de votre ordinateur ou à détruire la police en question. Le texte s'affiche ensuite à l'écran avec la bonne police ou la police substituée. Cependant, vous pouvez toujours en spécifier une autre. Pour cela, procédez comme suit :

1 Ouvrez le menu **Modifier**. Choisissez la commande **Mappage des polices**.

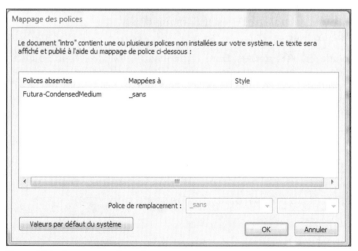

Figure 10.1 : Le mappage des polices

2 Sélectionnez la ou les polices manquantes.

3 Dans le menu **Police de remplacement**, choisissez-en une autre ou cliquez sur le bouton **Valeurs par défaut du système**.

10.2. Le choix des polices

Lors du choix d'une police de caractères, vous devez prendre en compte divers critères comme la lisibilité. Flash supporte les formats de polices de caractères suivants :

- *Truetrype ;*
- *OpenType ;*
- *PostScript Type 1 ;*
- *Système ;*
- *Bit (Macintosh).*

> **REMARQUE**
>
> **Les polices système**
>
> Si vous utilisez les polices système, la taille du fichier *swf* ne sera pas affectée par ce type de police. Cependant, il existe un inconvénient. L'utilisateur final devra posséder la police de caractères que vous avez employée. Vous n'êtes donc pas certain que la police sera affichée correctement. Pour pallier ce problème, Flash propose trois polices de caractères système identifiables par un caractère nommé *Underscore* :
>
> - *_sans.* Correspond aux polices Helvetica et Arial.
> - *_serif.* Ce seront les polices Times et Garamond.
> - *_typewriter.* Courier.
>
> Une autre solution s'offre à vous. Dans le panneau *Caractère*, vous pouvez sélectionner dans le menu **Anti-alias** l'option *Utiliser les polices périphériques*. Sinon, pour utiliser ce type de police en toute sécurité, vous devez le faire lorsque vous utilisez des polices de petite taille ou dans le cadre d'animations destinées aux périphériques mobiles.

10.3. Les différents textes Flash

Flash vous permet de créer trois types de texte :

- *le texte statique ;*
- *le texte dynamique ;*
- *le texte de saisie.*

Le texte statique

Le texte statique affiche sur la scène du texte qui, une fois publié, ne peut être édité. Ce type de texte est généralement utilisé pour afficher des informations dans les formulaires, par exemple, ou pour l'animation. Les polices choisies pour le texte statique seront incluses dans le fichier *swf*. Une fois le texte statique saisi, il est éditable, c'est-à-dire que vous pouvez le modifier après son affichage sur la scène.

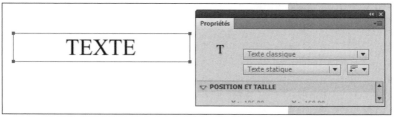

Figure 10.2 : Le texte statique

Le texte dynamique

Le texte dynamique est un texte qui peut être entièrement créé et contrôlé par le langage de programmation ActionScript.

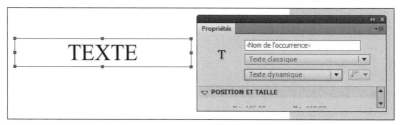

Figure 10.3 : Le texte dynamique

Le texte de saisie

Le texte de saisie est du texte entré par l'utilisateur lorsque le fichier *swf* est publié.

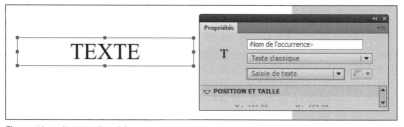

Figure 10.4 : Le texte de saisie

Flash vous permet de créer trois nouveaux types de texte :

■ Le texte en *Lecture seule*. Lorsque vous saisissez votre texte, celui-ci ne peut être modifié, ni sélectionné dans le Flash Player.

- Le texte *Sélectionnable.* Le texte peut être sélectionné dans le Flash Player.

- Le texte *Modifiable.* Vous pouvez corriger votre texte dans le Flash Player.

Pour choisir l'un d'entre eux, vous devez au préalable sélectionner *Texte TLF* dans le menu *Moteur de texte.*

10.4. Saisir du texte

Pour saisir du texte, procédez comme suit :

1 Activez l'outil **Texte** ou utilisez son raccourci clavier Ⓣ.

2 Dans le panneau *Propriétés*, choisissez dans le premier menu déroulant, *Moteur de texte*, le *texte TLF* ou le *texte classique* puis dans le menu **Type de texte** l'un des types de texte proposés.

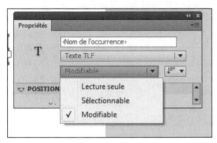

Figure 10.5 : Les différents textes

Pour saisir votre texte, deux méthodes s'offrent à vous. Pour la première technique de saisie, procédez comme suit :

1 Ⓣ Activez l'outil **Texte**.

2 Dans le panneau *Propriétés*, choisissez le type de texte voulu.

3 Faites glisser le pointeur sur la scène en diagonale. Relâchez le bouton de la souris.

4 Lorsque le curseur se met à clignoter, saisissez votre texte.

Concernant la seconde méthode, suivez ces étapes :

1 Sélectionnez l'outil **Texte** puis choisissez un type de texte dans le panneau *Propriétés*.

2 Cliquez sur la scène à l'endroit où vous désirez saisir votre texte. Le curseur clignote. Tapez le texte `Passez l'intro`. Au fur et à mesure que le contenu s'affiche, le bloc de texte s'adapte automatiquement.

3 Pour le valider, cliquez en dehors du texte.

10.5. Modifier du texte

Pour modifier du texte, Flash met à votre disposition les panneaux *Caractère* et *Paragraphe*.

Le panneau Caractère

Le panneau *Caractère* permet de changer l'apparence du texte.

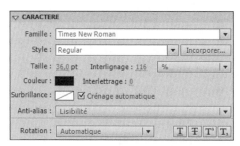

Figure 10.6 : Le panneau Caractère

- **Famille.** Ce menu propose une liste de polices de caractères prédéfinies. Un exemple s'affiche à droite de chacune des polices. Pour attribuer une police à un texte, il suffit de cliquer à l'intérieur et de sélectionner la police qui vous convient. Celle-ci sera automatiquement attribuée au texte.

Pour changer la police d'un paragraphe, vous pouvez procéder comme suit :

1 Avec l'outil **de sélection**, sélectionnez le paragraphe concerné.

2 Sélectionnez dans le menu **Famille** la police voulue (voir Figure 10.7).

ASTUCE

La sélection des polices

Pour choisir rapidement une police de caractères dans le menu **Famille**, procédez comme suit :

1 Cliquez sur le nom de la police à l'écran.

2 Utilisez la flèche du bas pour aller à la police suivante. Pour choisir la police précédente, servez-vous de la flèche du haut.

- **Style.** La plupart des polices de caractères possèdent trois styles principaux : *gras*, *italique* et *régulier*. Certaines polices en ont davantage, comme Adobe Garamond Pro (*regular*, *italic*, *bold*, *bold italic*). Ce menu est une nouveauté de Flash CS4. Dans la version précédente, vous aviez les boutons **B** et **I**. Pour appliquer un style, suivez ces étapes :

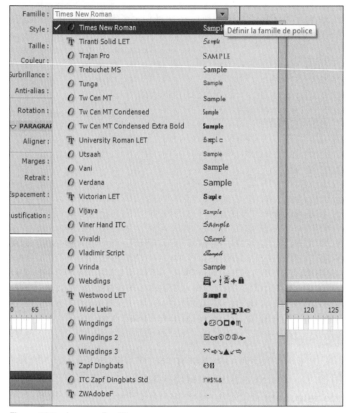

Figure 10.7 : Le menu Famille

1 Avec l'outil **Texte**, cliquez à l'intérieur du texte.

2 Dans le menu **Style**, choisissez l'option voulue.

- *Taille*. Saisissez votre valeur dans le champ de texte situé en regard de cette option.

ASTUCE

Modifier la taille d'un texte

1 Cliquez à l'intérieur de la zone de texte de l'option.

2 Utilisez les flèches du bas ou du haut du clavier pour diminuer ou augmenter la taille du texte.

Modifier la taille du cadre de texte

Si le texte ne s'affiche pas dans sa totalité, tirez sur l'une des poignées du cadre de texte avec l'outil **Texte**. Celui-ci se réajuste automatiquement.

- *Espacement de*. Cette option spécifie la distance entre les lettres d'un texte. Plus l'espacement est important, plus les lettres seront séparées les unes des autres. À l'inverse, plus cet espacement est lisible, plus les lettres seront rapprochées. Vous pouvez attribuer plusieurs espacements à un cadre de texte.

- *Crénage automatique*. C'est l'ajustement de l'espace entre deux lettres spécifiques comme le O et le E. Il corrige automatiquement ce type de combinaison de lettres.

Ajuster l'espacement ou le crénage des lettres

Appuyez sur les touches Ctrl+Alt tout en cliquant sur les flèches droite ou gauche du clavier selon que vous souhaitez agrandir ou diminuer l'espace ou le crénage entre les lettres.

- *Couleur*. Définit une couleur à un texte. Le nuancier s'affiche lorsque vous cliquez sur la case colorée.

Modifier la couleur d'un texte

Vous n'êtes pas obligé de passer par le panneau *Caractère* pour modifier la couleur d'un texte. L'opération peut être réalisée avec les panneaux *Couleur* ou *Nuancier*, par exemple. Pour appliquer de la couleur à un texte ou à un groupe de caractères, il suffit de procéder comme suit :

1 Sélectionnez le ou les caractères à modifier.

2 Dans le panneau *Couleur*, définissez la couleur voulue. Celle-ci s'appliquera automatiquement au texte.

- *Anti-alias*. Permet de spécifier le rendu de vos polices de caractères à l'écran. Il est réglé par défaut sur *Anti-alias pour l'animation*. Cela signifie que les lettres apparaîtront lisses dans une animation. L'option *Anti-alias* a un inconvénient. Si la taille de la police est petite, le texte apparaîtra flou. Pour éviter ce type de problème, utilisez des polices sans sérif comme *Arial* ou *Helvetica*. Cette option peut être utilisée avec les trois types de textes. Cinq choix vous sont proposés :

— *Utiliser les polices périphériques*. Cette option suppose que l'utilisateur final possède la police de caractères utilisée.

— *Texte bitmap (sans anti-alias)*. Le texte apparaîtra crénelé.

— *Anti-alias pour l'animation*. Lisse le texte. Les lettres s'afficheront de manière régulière.

— *Anti-alias pour la lisibilité*. Améliore le lissage des caractères de petite taille. Cette option n'est pas supportée par les versions antérieures du lecteur Flash 8 mais aussi lorsque le texte est déformé ou exporté au format *PNG*.

— *Anti-alias personnalisé*. Vous permet de définir vos propres caractères.

D'autres options permettent de régler quant à elles un texte long dans un cadre.

— *Sélectionnable*. Le texte peut être sélectionné une fois le fichier *swf* publié.

— *Rendre le texte au format html*. Cette option n'est pas disponible pour le texte statique. Elle conserve les tags *html* ainsi que les attributs *css*.

— *Afficher la bordure autour du texte*. Comme son nom l'indique, elle affiche un cadre autour du texte dans le fichier *swf*. Cette option n'est pas active pour le texte statique.

■ *Activer/Désactiver l'exposant* et *Activer/Désactiver l'indice*. Ces options s'appliquent aux cadres de texte ou à un glyphe.

■ *Interlettrage* : permet de définir l'espace entre les lettres et les mots.

DEFINITION

Un glyphe
Un glyphe est la représentation graphique d'un caractère.

■ *Intégration de caractères*. Cette option n'est valable que pour le texte dynamique et la saisie de texte.

Si vous souhaitez personnaliser davantage l'aspect de vos caractères, utilisez le panneau *Caractère avancé*.

Le panneau Caractère avancé

Le panneau *Caractère avancé* offre des options avancées qui permettent de modifier sur mesure l'aspect de votre texte.

Figure 10.8 : Le panneau Caractère avancé

- *Casse* : vous permet par exemple de changer votre texte minuscule en majuscule ou à l'inverse de transformer votre texte majuscule en minuscule.

- *Casse des chiffres* : correspond à la manière dont les chiffres seront alignés par rapport à la ligne de base du texte.

- *Largeur des chiffres* : permet de définir l'espace entre les chiffres.

- *Ligatures* : correspond aux liens des lettres comme par exemple œ.

- *Saut* : Par exemple, si vous souhaitez transformer votre texte horizontal en texte vertical et le placer à côté d'un objet. Il vous suffit de sélectionner le texte. Ensuite, dans le panneau *Caractère avancé*, choisissez *Tous* dans le menu *Saut*. Pour revenir à l'aspect original du texte, sélectionnez dans le menu *Saut*, *Automatique*.

Outre les caractères, vous pouvez modifier des paragraphes de texte.

Le panneau Paragraphe

Le panneau *Paragraphe* permet de changer l'apparence d'un groupe de lignes.

Figure 10.9 : Le panneau Paragraphe

La première option, *Format*, consiste à sélectionner un alignement de paragraphe.

Alignement de texte

Aligner du texte consiste à modifier sa position dans un cadre de texte.

Dans le menu **Format**, choisissez un des alignements proposés :

- *Aligner à gauche*. Le texte sera aligné sur le bord gauche du cadre de texte.

- *Centrer*. Toutes les lignes seront centrées par rapport aux bords du cadre de texte.

- *Aligner à droite*. Les lignes seront alignées sur le bord droit.

Pour justifier du texte, vous disposez désormais de plus d'options que dans la version précédente de Flash.

- *Justifier avec la dernière ligne alignée au début*.

- *Justifier avec la dernière ligne centrée*.

- *Justifier avec la dernière ligne alignée à la fin*.

- *Justifier toutes les lignes*.

Vous pouvez également justifier votre texte de deux manières différentes grâce au menu **Justification** :

- *Espacement des mots* : permet de définir l'espace entre les mots justifiés.

- *Espacements des lettres* : permet de spécifier l'espace entre les lettres justifiées.

L'option, *Espacement*, permet de régler l'espace entre la première ligne du paragraphe et le cadre de texte. Définissez pour cela l'option *Retrait*. Par ailleurs, vous pouvez spécifier l'espacement entre les lignes du paragraphe en saisissant une valeur dans le champ *Interligne*.

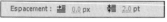 Figure 10.10 : L'option Espacement

L'option suivante, *Marges*, consiste à définir l'espacement entre les bords du cadre de texte et le texte lui-même.

L'option *Comportement* permet de spécifier l'aspect de vos paragraphes. Trois choix sont possibles : *Une seule ligne*, *Multiligne*, *Multiligne sans retour*.

Le comportement

L'option *Comportement* n'est pas disponible pour le texte statique.

La dernière option, *Orientation*, permet de changer le sens du texte. Elle ne fonctionne pas avec le texte dynamique. Pour créer du texte vertical, procédez comme suit :

1 Dans la boîte à outils, activez l'outil **Texte**.

2 Dans le panneau *Propriétés*, sélectionnez le type de texte voulu.

3 Dans le panneau *Paragraphe*, cliquez sur l'icône *Changer l'orientation du texte*. Dans le menu contextuel qui s'affiche, choisissez une des options proposées : *Horizontal, Vertical de gauche à droite, Vertical de droite à gauche.*

4 Cliquez sur la scène. Le texte sera saisi à cet emplacement. Une fois ceci terminé, validez cette saisie en cliquant à l'extérieur du cadre de texte. Pour créer un second texte en colonne après le premier, appuyez sur la touche [↵].

Figure 10.11 : L'orientation du texte

5 Sélectionnez le texte avec l'outil **de sélection** ou l'outil **Texte**.

Sélectionner du texte

Pour sélectionner un mot, double-cliquez dessus avec l'outil **Texte**.

Pour sélectionner le texte dans un cadre, cliquez dedans avec l'outil **Texte** puis appuyez sur les touches [Ctrl]+[A].

6 Cliquez sur le bouton **Faire pivoter**. Cette option est valable uniquement pour le texte vertical.

Convertir un texte horizontal en un texte vertical

1 Saisissez votre texte normalement avec l'outil **Texte**.

2 Cliquez à l'intérieur de votre saisie.

3 Dans le menu **Orientation**, choisissez l'une des options prédéfinies.

4 Pour convertir un texte vertical en un texte par défaut, sélectionnez dans le menu **Orientation** l'option *Horizontal*.

Si vous voulez ajouter des liens hypertexte, vous devez utiliser le panneau *Options*.

Ajouter un lien hypertexte

Utilisez les options *Lien* et *cible* contenues dans ce panneau pour créer des liens hypertexte.

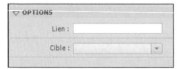

Figure 10.12 : Le panneau Options

1 Sélectionnez le texte *Passez l'intro* avec l'outil **Texte**.

■ Dans le champ *Lien*, indiquez l'adresse de la page d'accueil http://www.artsyl.fr. Le texte hyperlien est représenté par une ligne.

■ Ensuite, spécifiez de quelle manière la page d'accueil doit apparaître. Dans le menu **Cible**, choisissez l'une des options :

— *_blank*. C'est le réglage par défaut. La page *html* sera affichée dans une nouvelle fenêtre du Navigateur.

— *_parent*. Ouvre la page dans un cadre *html*.

— *_self*. Ouvre la page dans la même fenêtre que le document.

— *_top*. La page sera ouverte en haut du cadre de la page *html*.

Si vous avez choisi la *Saisie de texte*, l'option *Nombre maximum de caractères* apparaît. Elle spécifie le nombre de caractères que doit contenir un objet texte.

Une fois le texte saisi et ses attributs, spécifiés, vous corrigerez les erreurs de texte qui peuvent survenir.

10.6. Corriger le texte

Pour corriger le texte manuellement, procédez comme suit :

1 Sélectionnez le ou les caractères à remplacer avec l'outil **Texte**.

2 Saisissez les nouveaux caractères.

Il existe une autre solution pour corriger les fautes orthographiques ou fautes de frappe. En effet, depuis Flash CS3, un correcteur orthographique a été intégré permettant de corriger le texte que vous saisissez.

1 Allez dans le menu **Texte,** où vous sélectionnerez la commande **Configuration de la vérification orthographique.** Trois rubriques d'options vous sont proposées : les *Options de document,* le *Dictionnaire personnel,* les *Options de la vérification.*

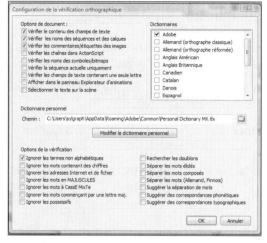

Figure 10.13 : La boîte de dialogue Configuration de la vérification orthographique

2 Activez les options à votre convenance.

3 Vous avez aussi la possibilité de personnaliser le dictionnaire en y ajoutant vos propres termes. Pour cela, cliquez sur le bouton **Modifier le dictionnaire personnel.**

4 Cliquez sur OK une fois vos choix effectués.

5 Lancez la vérification de votre texte. Pour ce faire, allez dans le menu **Texte.** Sélectionnez la commande **Vérifier l'orthographe.** Une fenêtre s'ouvre dans laquelle le vérificateur vous propose une autre orthographe pour chaque erreur trouvée. Il indique également où la faute se situe dans le texte. Vous pouvez alors choisir entre différentes options, à savoir :

Figure 10.14 : Le vérificateur orthographique

■ *Ignorer.* Ignore la suggestion actuelle.

- *Ignorer tout.* Ignore toutes les suggestions.
- *Remplacer.* Corrige la faute actuelle
- *Remplacer tout.* Corrige automatiquement toutes les fautes rencontrées dans le texte.
- *Supprimer.* Efface la faute signalée.

Lorsque le vérificateur rencontre un mot inconnu, vous pouvez l'ajouter dans le dictionnaire personnel *via* le bouton **Ajouter**.

Si la bonne orthographe n'est pas suggérée, saisissez-la vous-même dans le champ de texte *Remplacer par*.

6 Cliquez sur le bouton **Fermer** une fois la vérification orthographique effectuée.

Comme un graphique, le texte peut être déformé, redimensionné et animé.

10.7. Animer le texte

Dans cette section, vous aborderez diverses animations que vous pourrez appliquer aux textes de l'introduction du site web.

Le texte 3D

Pour créer du texte dans un espace 3D, procédez comme suit :

1 Avec l'outil **Texte**, saisissez le texte Bientôt. Attribuez-lui la couleur et la police de caractères que vous désirez.

2 Sélectionnez-le avec l'outil **de sélection** ou l'outil **Texte**.

3 Convertissez-le en symbole de type *clip*. Nommez-le texte_3d_mc. Cliquez sur OK.

4 Avec l'outil **de rotation 3D** activé, cliquez sur le texte.

5 Faites-le pivoter légèrement sur l'axe *Y*.

Figure 10.15 : Le texte 3D

6 Cliquez du bouton droit sur le texte à l'image 1. Choisissez dans le menu contextuel la commande **Créer une interpolation de mouvement**.

7 Faites pivoter de nouveau le texte sur l'axe *Y*.

Figure 10.16 : Le pivotement du texte

8 Cliquez du bouton droit sur l'image 30. Dans le menu contextuel qui apparaît, sélectionnez la commande **Insérer une image**.

9 Effectuez une rotation complète du texte. Sur le système des axes, cliquez sur son axe *Y*. Tout en maintenant enfoncé le bouton gauche de la souris, faites glisser le pointeur dans le sens des aiguilles d'une montre.

10 Ajustez la rotation du texte dans le panneau *Editeur de mouvement*.

11 Si l'animation est trop rapide, étendez l'interpolation dans le panneau *Scénario*.

12 Testez la scène (**Contrôle/Tester l'animation**).

13 Placez-vous sur la dernière image de l'interpolation de mouvement.

14 Dans le panneau *Effet de couleur*, affectez-lui une option *Alpha* de 0 %.

15 Créez un autre calque que vous renommerez `texte_explose`.

16 Activez l'option *Pelure d'oignon*. Dans le menu de l'option *Modifier les repères de pelures d'oignon*, sélectionnez *Oignon 5*. Vous aurez ainsi à portée de main la visualisation de la précédente animation.

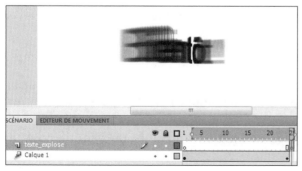

Figure 10.17 : Les options de Pelure d'oignon

Le texte qui explose

1 Dans le panneau *Propriétés*, choisissez dans le menu **Type de texte** le *texte statique* ou *dynamique*.

2 Insérez une image-clé vide à la position suivante de l'animation précédente sur le calque *texte_explose*.

3 Saisissez le texte `Artsyl`. Attribuez-lui la couleur et la police de caractères que vous voulez.

4 Convertissez-le en un symbole *clip*. Nommez-le `texte_explose_mc`. Cliquez sur OK.

5 Double-cliquez sur le symbole afin de l'éditer. Sélectionnez-le.

6 Allez dans le menu **Modification**. Choisissez la commande **Séparer** ou utilisez le raccourci clavier [Ctrl]+[B]. Cette manipulation a pour but de rendre les caractères éditables. Cela vous permettra d'animer ainsi chacun d'entre eux séparément.

Figure 10.18 : Les caractères séparés

7 Placez vos caractères sur un calque différent. Pour ce faire, allez dans le menu **Modification/Scénario**. Choisissez la commande **Répartir vers les calques**. Les lettres figurent désormais chacune sur leur propre calque.

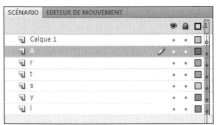

Figure 10.19 : Le texte sur plusieurs calques

8 Insérez une image-clé à la position 20 de chacun des calques.

9 Cliquez sur la dernière image du calque A.

10 À l'aide de l'outil **Transformation libre**, déplacez la lettre *A* sur la scène. Faites-la pivoter. Recommencez cette opération pour les autres lettres.

11 Sur la dernière image des lettres, appliquez un effet de couleur *Alpha* de 0 %.

12 Créez un autre calque que vous positionnerez au-dessus des autres calques, que vous nommerez *Actions*.

13 Insérez une image-clé vide à la dernière position de ce calque.

14 Ouvrez le panneau *Actions*. Saisissez le code suivant : `stop ()` qui a pour but d'arrêter l'animation une fois arrivée à la fin.

15 Retournez sur la scène principale.

16 Insérez une image ((F5)) sur le calque *texte_explose*. Elle devra se situer à 10 images du point de départ.

17 Testez l'animation.

18 Insérez un autre calque au-dessus de la liste des calques. Nommez-le `texte_machine`.

Le texte machine

1 Activez l'outil **Texte**.

2 Dans le panneau *Propriétés*, sélectionnez dans le menu **Type de texte** *texte dynamique*.

3 Saisissez le texte `Le magazine`.

4 Convertissez-le en symbole *clip*. Nommez-le `texte_machine_mc`. Cliquez sur OK.

5 Éditez le symbole.

6 Allez dans le menu **Modification**. Choisissez la commande **Séparer**.

7 Placez les lettres du texte sur un calque différent (**Modification/Scénario/Répartir vers les calques**).

8 Renommez le calque 1 `actions`.

9 Dans le panneau *Scénario*, décalez chacune des lettres d'une image.

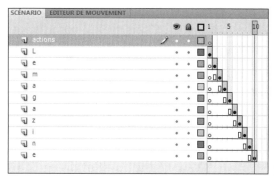

Figure 10.20 : Les lettres décalées

10 À la dernière position de l'animation, insérez sur le calque *actions* une image-clé vide.

11 Dans le panneau *Actions*, saisissez le code `stop()` ; afin d'arrêter l'animation une fois celle-ci terminée.

12 Revenez à la scène principale.

13 Sur le calque *texte_machine*, insérez une image ((F5)) dix images après l'image-clé.

14 Testez l'animation (**Contrôle/Tester l'animation**).

15 Créez un autre calque que vous renommerez `texte_deroulant`.

16 Insérez une image-clé après la dernière image de la précédente animation.

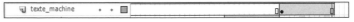

Figure 10.21 : Le calque texte_machine

Le texte déroulant

1 Activez l'outil **Texte**.

2 Dans le panneau *Propriétés*, choisissez dans le menu **Type de texte** *texte dynamique*. Dans le panneau *Paragraphe*, choisissez dans le menu déroulant **Comportement** l'option *Multiligne*.

3 Tracez un cadre destiné à accueillir du texte. Comme celui-ci sera long, vous allez soit le coller depuis un éditeur de texte, soit l'importer par le biais d'ActionScript.

Voyons la première solution :

1 Saisissez dans votre logiciel de traitement de texte le texte Ne manquez pas le premier numéro d'Artsyl, le magazine d'Art et de décoration entièrement réalisé avec la Creative Suite CS4 !

2 Copiez-le en utilisant le raccourci clavier (Ctrl)+(C).

3 Dans Flash, allez dans le menu **Modifier**. Choisissez la commande **Coller en place**.

> Ne manquez pas le premier numéro d'Artsyl, le magazine d'Art et de décoration entièrement réalisé avec la Creative Suite CS5

Figure 10.22 : Le texte de départ

Pour la seconde solution, procédez comme suit :

1 Sélectionnez le cadre de texte. Dans le panneau *Caractères*, activez les options *Rendre le texte au format HTML* et *Afficher la bordure autour du texte.*

2 Choisissez une police de caractères dans le menu **Famille**.

3 Dans le panneau *Propriétés*, entrez, dans le champ *Nom de l'occurrence*, texte_externe.

4 Insérez un nouveau calque que vous renommerez Actions.

5 Ouvrez le panneau *Actions* (**Fenêtre/Actions**). Saisissez le code suivant :

```
// (1)
var extTextReq :URLRequest = new URLRequest
("texte_externe.txt") ;
// (2)
var extTextLoad :URLLoader = new URLLoader() ;
// (3)
extTextLoad.load(extReq);
// (4)
extTextLoad.addEventListener(Event.COMPLETE,
texteExterne);
// (5)
function texteExterne(event:Event){
// (6)
texte_externe.text = event.target.data;
}
```

(1) Tout d'abord, vous devez créer un objet de type URLRequest que vous nommerez extTextReq. Celui-ci indique le nom du fichier à charger dans le document.

(2) Le deuxième code a pour objectif de créer un objet URLLoader. Celui-ci télécharge le contenu du fichier chargé à l'aide de la méthode load() ; (3)

(4) La méthode addEventListener() ajoute à l'objet extTextReq un gestionnaire d'événements. Elle possède deux paramètres : le nom de l'événement à écouter et le nom de la fonction à exécuter à ce moment-là.

(5) (6) Ensuite, le code de la fonction est écrit. La variable texte_externe.text se réfère au nom d'occurrence saisi dans le panneau *Propriétés*.

Une fois le texte importé, vous allez lui ajouter une barre de défilement.

1 Pour cela, ouvrez le panneau *Composants*. Déroulez la catégorie *User Interface*. Faites glisser une occurrence de `UISscrollBar` sur la scène. Celle-ci viendra se positionner automatiquement à droite du texte.

2 Affichez le panneau *Inspecteur de composants* (⌈Maj⌉+⌈F7⌉).

3 Dans le champ *scrollTargetName*, indiquez le nom de l'occurrence du texte dynamique.

4 Testez l'animation.

5 Cliquez sur la barre. Faites glisser le pointeur vers le haut ou vers le bas. Le texte défile instantanément.

6 Ajoutez une image (⌈F5⌉) dix images après le texte déroulant.

7 Créez un calque que vous renommerez `Actions`.

8 Insérez une image-clé vide (⌈F7⌉) à la dernière position correspondant à l'animation.

9 Dans le panneau *Actions*, saisissez le code `stop() ;`

10 Testez l'animation.

Votre prochaine tâche sera d'enregistrer une des animations créées précédemment. Partez de l'animation du texte 3D.

10.8. Les présélections de mouvement

1 Sélectionnez cette animation avec l'outil **de sélection**.

2 Ouvrez le panneau *Présélections de mouvement*.

ATTENTION

Appliquer une présélection de mouvement
Vous ne pouvez qu'appliquer une seule présélection de mouvement par objet. En effet, la seconde animation viendra se substituer à la première.

---

3 Déroulez la catégorie *Présélections personnalisées*. Cliquez sur le bouton **Enregistrer la sélection sous forme de présélection**. Dans la fenêtre qui s'affiche, nommez votre animation. Celle-ci peut être exportée dans un autre document. Pour ce faire, dans le menu local du panneau sélectionnez la commande **Exporter**.

4 La fenêtre **Enregistrer sous** apparaît à l'écran. Nommez votre fichier. Cliquez sur le bouton **Enregistrer**.

Appliquer une présélection de mouvement

Maintenez la touche [Maj] enfoncée tout en appuyant sur le bouton **Appliquer** afin que l'animation prédéfinie que vous affectez à un objet se termine à l'emplacement de la position actuelle de celui-ci.

Il s'agit à présent d'enregistrer l'introduction du site web en tant que modèle.

10.9. Enregistrer l'animation comme modèle

1 Allez dans le menu **Fichier**. Choisissez la commande **Enregistrer comme modèle**.

2 Dans la boîte de dialogue qui s'affiche, effectuez les réglages nécessaires.

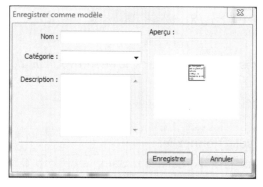

Figure 10.23 : La boîte de dialogue Enregistrer comme modèle

3 Dans le champ *Nom*, nommez votre animation. Choisissez la catégorie dans laquelle vous souhaitez la sauvegarder. Dans la zone de texte *Description*, saisissez votre texte. Choisissez des termes évocateurs vous permettant de retrouver par la suite plus facilement votre modèle. Cliquez sur le bouton **Enregistrer**.

4 Pour retrouver votre modèle, il suffit d'ouvrir la boîte de dialogue **Nouveau document**.

5 Cliquez sur l'onglet **Modèles**. Sélectionnez votre modèle d'animation (voir Figure 10.24).

Il est désormais possible de créer un texte en colonnes. Pour cela, vous disposez du panneau *Conteneur et Flux*.

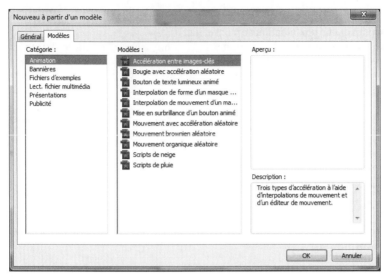

Figure 10.24 : Les modèles de Flash

Le panneau Conteneur et Flux

1 Activez l'outil **Texte**.

2 Dans le panneau *Propriétés*, choisissez dans le menu *Moteur de texte*, *Texte TLF*.

3 Dans le menu *Type de texte*, sélectionnez *Lecture seule*.

4 Tracez un cadre de texte.

5 Saisissez votre texte puis sélectionnez-le.

6 Dans le panneau *Conteneur et Flux*, saisissez dans le champ *Colonne* le nombre de colonnes.

7 Dans le champ *Spécifier la largeur des gouttières de colonnes*, indiquez l'espace entre les colonnes.

8 Définissez l'espace du texte par rapport aux bords du cadre de texte (gauche, droite, haut et bas).

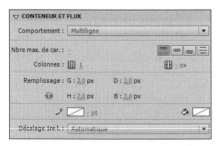

Figure 10.25 : Le panneau Conteneur et Flux

CRÉER
UNE PUBLICITÉ

Ce chapitre se propose d'aborder les masques et les importations de fichiers dans Flash par le biais de la réalisation d'une publicité. Tout d'abord, le modèle sera réalisé dans Fireworks puis importé dans Flash. Vous ajouterez alors des effets et des animations.

11.1. Interaction avec Adobe Fireworks

1 Lancez Fireworks.

2 Créez un nouveau document. Utilisez l'écran de bienvenue si vous ne l'avez pas masqué ou appuyez sur les touches [Ctrl]+[N].

3 Dans la boîte de dialogue **Nouveau document**, indiquez dans les zones de texte *Largeur* et *Hauteur* les valeurs respectives de 500 et 400 pixels. Le menu *Résolution* est réglé sur 72 pixels. Ce qui convient parfaitement à votre publicité. Dans la section *Couleur de la zone de travail*, cochez l'option *Transparente*. Cliquez sur OK.

Figure 11.1 : La boîte de dialogue Nouveau document Fireworks

4 Sauvegardez votre prototype (**Fichier/Enregistrer sous**). Une boîte de dialogue s'ouvre.

5 Dans le champ *Nom du fichier*, saisissez le texte pub. Dans le menu **Type**, choisissez le format par défaut **.png*. Cliquez sur le bouton **Enregistrer**.

6 Organisez votre projet.

Figure 11.2 : L'organisation du projet

7 Dans le panneau *Calques*, double-cliquez sur *calque 1*. Renommez-le `Texte pub`.

8 Cliquez sur le bouton **Nouveau sous-calque**. Nommez-le `1er texte`.

9 Renommez le deuxième calque `2e texte`.

Organisation des calques
L'ordre des calques détermine le sens de leur lecture au final.

Ajouter un calque à un groupe de calques
L'opération se réalise par un simple glisser-déposer.

10 Importez le premier texte (**Fichier/Importer**). Celui-ci a été créé dans Photoshop. Une boîte de dialogue s'ouvre.

11 Localisez le fichier à importer puis cliquez sur le bouton **Ouvrir**.

12 La fenêtre **Options d'importation des fichiers** s'affiche à l'écran.

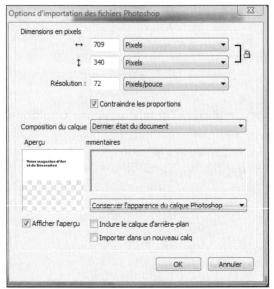

Figure 11.3 : La fenêtre Options d'importation des fichiers dans Fireworks

13 Cochez l'option *Afficher l'aperçu*. Dans le menu **Sélectionner un paramètre pour remplacer les préférences par défaut**, situé en dessous de la zone *Commentaires*, choisissez l'option *Conserver l'apparence du calque Photoshop*. Cliquez sur OK.

14 Une icône de placement d'image s'affiche en regard du pointeur. Assurez-vous d'être sur le premier calque texte puis cliquez dans le coin supérieur gauche du document.

15 Sélectionnez le second calque *Texte*.

16 Saisissez le texte `Bientôt en vente sur le site Artsyl.fr`.

17 Créez un autre calque. Ajoutez quelques éléments selon votre convenance.

18 Convertissez les composants de votre publicité en symbole. Pour ce faire, cliquez du bouton droit sur un élément. Dans le menu contextuel, choisissez la commande **Insérer un nouveau symbole**.

19 La fenêtre **Convertir en symbole** s'ouvre à l'écran.

Figure 11.4 : La fenêtre Convertir en symbole

20 Nommez-le puis cochez l'option *Type Animation*. Cliquez sur OK.

REMARQUE

Convertir en symbole

Il est préférable, lorsqu'une composition requiert Flash et Fireworks, d'utiliser les symboles. Les graphiques convertis en symbole dans Fireworks seront directement importés dans Flash. L'organisation des calques sera conservée. Les symboles seront placés dans le panneau *Bibliothèque*.

Une fois votre publicité terminée, enregistrez-la au format *PNG* (**Fichier/Enregistrer sous**) avant de l'importer dans Flash.

Importer un fichier PNG

Vous procéderez de la manière suivante pour importer un fichier PNG :

1. Allez dans le menu **Fichier**. Choisissez la commande **Importer dans la scène**.

2. Dans la fenêtre **Importer** qui s'affiche, localisez le fichier *pub.png*. Cliquez sur le bouton **Ouvrir**.

3. Une boîte de dialogue **Importer un document flash** s'ouvre dans laquelle vous indiquerez de quelle manière le fichier *PNG* sera importé. Deux choix s'offrent à vous.

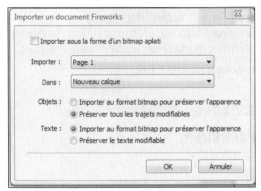

Figure 11.5 : La boîte de dialogue Importer un document flash

— *Importer au format bitmap pour préserver l'apparence*. Les couleurs de remplissage, de contours et les filtres resteront modifiables.

— *Préserver tous les tracés modifiables*. Conserve les données vectorielles. Cependant, les filtres, les couleurs de remplissage et de contour seront perdus lors de l'importation.

4. Dans le menu **Importer**, sélectionnez la page Fireworks à importer. Le menu **Dans** vous donne la possibilité de choisir l'une des pages d'un document Fireworks multipage. Cliquez sur OK.

Au lieu d'importer un fichier en provenance de Fireworks, vous pouvez utiliser le copier-coller.

Coller une image Fireworks

Cette manipulation fonctionne avec les images bitmap. En revanche, les résultats ne seront peut-être pas très probants pour les fichiers vectoriels. En règle générale, il est préférable d'utiliser la commande **Importer**.

Pour coller une image Fireworks, procédez comme suit :

1. Copiez une image importée dans Fireworks ([Ctrl]+[C] ou utilisez le menu **Edition/Copier**).

2 Lancez Flash.

3 Ouvrez le document dans lequel vous souhaitez coller le document.

4 Sélectionnez une image-clé dans le calque du panneau *Scénario*.

5 Allez dans le menu **Modifier**. Choisissez la commande **Coller en place** ou **Coller au milieu**. Vous pouvez également utiliser le raccourci clavier (Ctrl)+(V).

Figure 11.6 : L'image Fireworks

Flash vous permet de créer directement les graphiques dans Flash mais vous pouvez les importer depuis des logiciels externes dans divers formats comme le format *JPEG*.

11.2. Importer un fichier JPEG

Flash reconnaît les fichiers au format :

- *Photoshop, Illustrator, Freehand* ;
- *BMP* et *JPEG* ;
- *GIF* et *PNG*.

REMARQUE

JPEG et GIF

Ces deux formats sont les plus utilisés sur le net.

Le *JPEG* utilise une méthode de compression qui a tendance à réduire la qualité de l'image. Plus le taux de compression est élevé, plus la dégradation au niveau des couleurs se fait sentir.

Le *GIF* est utilisé pour les images web comprenant très peu de couleurs, par exemple les gifs animés. Ce format ne convient pas aux photographies.

Importer les fichiers EPS et PDF

Vous pouvez importer des fichiers *EPS* et *PDF* en provenance d'Illustrator.

La prochaine étape consiste à créer le fond de la publicité. Pour ce faire, vous allez tout d'abord importer une image *JPEG*.

1 Créez un nouveau calque que vous placerez en dessous des calques existants.

2 Importez une image bitmap au format *JPEG* dans la scène (**Fichier/Importer/Importer dans la scène**). Il est préférable de redimensionner directement l'image dans le logiciel d'édition d'images avant de l'importer. Si vous préférez effectuer cette opération dans Flash, importez votre image dans une taille beaucoup plus grande que son fichier final afin de minimiser la perte de qualité.

3 Lorsque vous importez un fichier dans Flash, vous pouvez le faire de deux manières différentes, comme vous avez pu le constater dans les chapitres précédents. Il est possible d'importer un fichier soit sur la scène, soit dans le panneau *Bibliothèque*.

■ La première technique place une copie du fichier sur la scène. L'original est copié dans la *Bibliothèque*.

■ À l'inverse, la seconde technique n'intègre aucune copie sur la scène mais stocke l'image dans la *Bibliothèque*.

4 Une fois le fichier importé, ses options pourront être modifiées.

5 Ouvrez le panneau *Bibliothèque*.

6 Double-cliquez sur le fichier en question. Une boîte de dialogue apparaît dans laquelle vous définirez le taux de compression de l'image (voir Figure 11.7, 11.8).

La compression d'une image

La compression d'une image est une action qui consiste à réduire la taille d'un fichier tout en préservant sa qualité.

REMARQUE

Modification d'un bitmap

Les changements apportés à une image bitmap ne seront visibles que lorsque le fichier *swf* aura été publié.

Figure 11.7 : La boîte de dialogue Propriétés du bitmap

Figure 11.8 : Les paramètres de compression d'une image

- À gauche de l'écran, vous avez une vignette de l'image dont vous pouvez réajuster l'affichage par un simple cliquer-glisser. Le curseur se transforme alors en outil **Main**. Positionnez-la de la manière voulue.

- À droite de la fenêtre *d'aperçu*, vous avez les informations relatives au fichier original, à savoir son nom, le chemin d'accès, la date, les dimensions de l'image.

- Ensuite, vous avez l'option *Autoriser le lissage*, laquelle permet de lisser les pixels d'une image. Elle corrige leur aspect crénelé. Utilisez cette option avec parcimonie car elle a tendance à ajouter du flou à l'image.

- La prochaine option, *Compression*, consiste à compresser les images dans Flash. Le menu déroulant propose deux méthodes de compression :

  — *Photo (JPEG)*. Utilise la valeur compressive qui a été appliquée au fichier original si l'option *Utiliser les données JPEG importées* est cochée.

  — *Sans perte (PNG/GIF)*. Compresse les images tout en conservant la qualité de l'image. Aucune donnée ne sera supprimée.

Appliquez la première méthode pour les photographies. La seconde méthode sera réservée aux images vectorielles comprenant peu de tracés et de couleurs.

Utiliser les données JPEG importées : l'option est active pour les fichiers *JPEG*. Laissez-la cochée si vous n'avez aucune idée du type de compression qu'elle a déjà reçu.

- Vous pouvez définir la *Qualité* de compression des fichiers. Cliquez alors sur l'option *Personnaliser*. Dans le champ de texte, indiquez une valeur de 60, qui est un bon compromis entre la qualité et le poids de l'image. Les valeurs vont de 0 à 100. Plus elle est élevée, plus la qualité de l'image sera conservée.

7 Appuyez sur le bouton **Tester** pour visualiser les changements effectués.

  — *Appliquer le paramètre de publication*. Est uniquement disponible pour les fichiers *tif*. Le taux de compression original de l'image sera pris en compte.

  — *Activer le dégroupage*. Reconnaît les fichiers *tif* transparents. Cette option est disponible lorsque l'option *Personnaliser* est cochée.

  — Si vous observez votre boîte de dialogue, les informations affichées en dessous de ces images se sont mises automatiquement à jour. Il s'agit en fait des renseignements relatifs à la taille du fichier *JPEG* avant et après sa compression.

8 Une fois que le résultat vous convient, appuyez sur OK.

Pour modifier les attributs de l'image, le mieux est de réaliser cette opération dans son logiciel initial.

11.3. Modifier l'image avec un logiciel externe

Les images bitmap au format *JPEG* ou *GIF* peuvent être modifiées dans leur programme d'origine. Procédez comme suit :

1 Importez un fichier bitmap dans la *scène* ou dans la *bibliothèque*.

2 Ouvrez le panneau *Bibliothèque*.

3 Cliquez du bouton droit sur le fichier en question. Dans le menu contextuel qui apparaît, choisissez la commande **Modifier avec**. L'image s'affiche alors dans Adobe Photoshop. Effectuez les modifications nécessaires puis réalisez une sauvegarde (**Fichier/Enregistrer**).

4 Dans le panneau *Bibliothèque*, sélectionnez le bitmap en question.

5 Cliquez sur le bouton **Propriétés** ou double-cliquez sur le fichier dans la liste.

6 La fenêtre **Propriétés du bitmap** s'ouvre. Appuyez sur le bouton **Mettre à jour**.

7 La fenêtre **Importer le fichier bitmap** s'ouvre.

8 Localisez la nouvelle version du fichier. Celle-ci s'affiche alors dans Flash.

> **Mettre à jour un fichier**
> ASTUCE
> Pour mettre à jour un fichier modifié dans Flash, cliquez du bouton droit sur celui-ci dans le panneau *Bibliothèque*. Choisissez dans le menu contextuel la commande **Mettre à jour**.

9 Cliquez sur OK pour confirmer votre choix.

Les images bitmap peuvent être remplacées.

11.4. Remplacer une image bitmap

Pour remplacer une image bitmap, procédez comme suit :

1 Ouvrez le panneau *Bibliothèque*. Double-cliquez sur l'image concernée. La fenêtre **Propriétés du bitmap** s'affiche alors à l'écran.

2 Cliquez sur le bouton **Importer**.

3 Localisez le nouveau fichier puis appuyez sur le bouton **Importer**.

4 Renommez-le. Appuyez sur OK une fois vos choix effectués.

Votre prochaine tâche sera d'aligner l'icône *GIF* par rapport aux éléments de la composition Fireworks. Pour ce faire, vous utiliserez un calque guide ainsi que le panneau *Aligner*.

Dans la prochaine étape, vous allez importer une icône créée dans Illustrator sur le fond de la publicité.

11.5. Importer un fichier GIF

Le fichier *GIF* est utilisé pour les images ne comprenant que très peu de couleurs telles les icônes. La palette de couleurs utilisée compte de 2 à 256 couleurs. Ce type de format ne convient pas aux photographies.

1 Importez l'icône sur la scène ou dans la *Bibliothèque*.

2 Dans le panneau *Bibliothèque*, cliquez du bouton droit sur l'image en question. Dans le menu contextuel qui s'affiche, appuyez sur le bouton **Propriétés**. La fenêtre **Propriétés du bitmap** s'ouvre.

3 Dans le menu **Compression**, sélectionnez l'option *Photo (JPEG)*. Cochez l'option *Personnaliser* puis *Activer le dégroupage*. Celle-ci permet de prendre en charge la transparence des fichiers *GIF*.

Figure 11.9 : L'icône GIF

L'étape suivante consiste à créer une lune à partir de cette icône.

11.6. Modifier une image bitmap

Pour dessiner la lune, procédez comme suit :

1 Sélectionnez l'icône *Gif* avec l'outil **de sélection**.

2 Allez dans le menu **Modification**. Choisissez la commande **Séparer**.

3 Avec l'outil **Ovale**, tracez une ellipse blanche sans contour près de la lune jaune.

4 Sélectionnez les deux formes.

5 Dans le menu **Modification/Combiner les objets**, choisissez la commande **Union**.

6 Convertissez l'image en un symbole *clip*.

7 Nommez-la `lune_mc`. Cliquez sur OK.

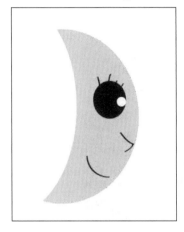

Figure 11.10 : La lune

8 Éditez le symbole.

9 Sélectionnez les deux formes. Appliquez la commande **Séparer** (**Modification/Séparer**).

10 Supprimez la forme blanche. Si certaines parties subsistent, utilisez l'outil **Gomme**.

11 Retournez sur la scène principale.

12 Créez un nouveau calque que vous placerez en dessous du calque contenant la lune.

13 Nommez-le `nuit`.

14 Avec l'outil **Rectangle**, tracez une forme noire de la dimension de la scène.

ASTUCE

Le dessin de l'arrière-plan
Pour tracer le fond, vous pouvez dessiner un carré et l'adapter aux dimensions de la scène. Pour ce faire, il suffit de cliquer sur le bouton **Modifier**, situé dans le panneau *Propriété*. Dans la boîte de dialogue qui s'affiche, cochez l'option *Identique à Contenu*. Cliquez sur OK pour valider.

15 Créez un clip *Etoile*. Avec l'outil **de pinceau pulvérisateur**, sélectionnez-le comme forme de base. Cliquez sur la scène. Vous venez de créer en quelques étapes un décor de nuit.

Figure 11.11 : Le décor de nuit

Le décor de nuit est prêt. Vous pouvez aligner les étoiles à l'aide d'un calque guide si vous le désirez.

11.7. Les calques guides

Ce type de calque sert de guide pour aligner ou pour dessiner des objets.

■ Tout calque peut être converti en guide.

■ Les calques guides ne sont pas imprimables et ne peuvent être exportés. Par ailleurs, ils n'apparaissent pas dans les fichiers exportés.

1 Créez un calque que vous placerez au-dessus de la liste des calques.

2 Convertissez-le en calque de guide. Pour cela, utilisez l'une de ces méthodes :

— Cliquez du bouton droit sur le calque. Sélectionnez dans le menu contextuel la commande **Guide**.

— Passez par la boîte de dialogue **Propriétés du calque** (**Modification/Scénario/Propriétés du calque**).

 Figure 11.12 : Le calque Guide

Il s'agit à présent d'aligner les objets.

11.8. Aligner les objets

Le panneau *Aligner* permet de positionner les objets sur l'axe horizontal ou vertical. L'alignement se fera sur leurs extrémités droite ou gauche, supérieure ou inférieure, ou sur le centre, etc. Ouvrez le panneau *Aligner* (**Fenêtre/Aligner** ou utilisez le raccourci clavier Ctrl+K).

 Figure 11.13 : Le panneau Aligner

Vous avez la possibilité d'aligner les objets entre eux ou par rapport à la scène. Voyons la première possibilité :

1 Sélectionnez les éléments à aligner.

2 Choisissez un alignement vertical.

3 Cliquez sur l'option *Aligner les bords gauches*.

 Figure 11.14 : Les options d'alignement

Comme vous pourrez le constater, l'espace entre les éléments n'est pas identique. Pour y remédier, modifiez leur répartition :

1 Dans la ligne *Répartir*, choisissez l'une des options proposées. Les éléments sont alors répartis de manière égale.

 Figure 11.15 : Les options de répartition

2 Vous pouvez aussi ajuster la taille des éléments par rapport à leur largeur ou à leur hauteur ou les deux à la fois.

Une fois que les objets sont alignés, il est possible de les aligner par rapport à la scène. Pour cela, cliquez sur l'option *Aligner/Répartir sur la scène*.

1 Sélectionnez un des éléments sur la scène.

2 Cliquez sur l'option *Répartir verticalement par rapport au centre.*

11.9. Importer plusieurs images

Flash vous offre la possibilité d'importer plusieurs images à la fois. Le prochain exercice consiste à importer un diaporama dans une seconde séquence.

1 Affichez le panneau *Séquence* (**Fenêtre/Autres panneaux/Séquence**).

2 Cliquez sur le bouton **Ajouter une séquence.**

3 Renommez-le diaporama.

4 Allez dans le menu **Fichier.** Choisissez la commande **Importer/Importer dans la scène** ou **dans la bibliothèque.**

Figure 11.16 : Le diaporama

5 Dans la fenêtre qui s'affiche, sélectionnez la première image de la séquence à importer.

Pour prendre en compte plusieurs images, utilisez la touche [Ctrl] lorsque vous les sélectionnez. À ce moment-là, vous ajouterez à votre sélection les fichiers à importer de la séquence. Flash détecte automatiquement si l'image figure dans la séquence et vous demande si vous souhaitez importer les autres images de la séquence. Les images de la séquence s'afficheront dans des images différentes sur un calque dans le panneau *Scénario*.

Lorsque vous utilisez la commande **Séparer** du menu **Modification,** vous pouvez éditer l'image et par exemple supprimer son fond.

Supprimer le fond d'une image bitmap

1 Sélectionnez une image de la séquence importée précédemment.

2 Appliquez-lui la commande **Séparer** du menu **Modification**.

3 Désélectionnez l'image.

4 Cliquez sur l'outil **Lasso**.

REMARQUE

Supprimer un fond

Pour réaliser cette opération, il est préférable d'utiliser la tablette graphique pour une sélection plus précise.

5 En bas de la boîte à outils, cliquez sur l'option *Paramètres de la baguette magique*.

6 Dans la fenêtre qui s'ouvre, choisissez, dans le menu **Lissage**, *Lisser* et un *Seuil* de 30. Cliquez sur OK pour valider.

REMARQUE

L'option Baguette magique

Cette option *permet de sélectionner les zones de couleur identiques.*

7 Tracez une zone de sélection autour du fond que vous souhaitez supprimer.

8 Pour terminer cette opération, appuyez sur la touche (Suppr).

Figure 11.17 : L'image sans fond

Une image bitmap peut aussi être vectorisée.

Créer une image vectorisée

L'opération consiste à transformer les pixels d'une image bitmap en de multiples formes vectorielles.

1 Sélectionnez une des images de la séquence.

2 Allez dans le menu **Modification/Bitmap**. Sélectionnez la commande **Tracer le bitmap**.

Au sujet de la commande Tracer le bitmap
La commande **Tracer le bitmap** est désactivée lorsque vous avez appliqué la commande **Séparer** au préalable.

3 Une boîte de dialogue s'ouvre.

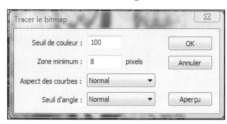

Figure 11.18 : Les options de vectorisation

4 Réglez les options *Seuil de couleur* et *Zone minimum* respectivement sur 90 et 25 pixels.

— La *zone minimum* détermine le nombre de couleurs avoisinantes à intégrer dans le calcul du seuil des couleurs.

— Plus la valeur du seuil de couleur est élevée, moins il sera conservé de couleurs dans l'image.

Vectorisation
Pour conserver davantage de détails, réglez l'option *Zone minimum* sur une valeur plus petite. Cependant, vous noterez qu'en contrepartie la taille du fichier final augmentera. En fait, le réglage des options dépendra de la complexité de l'image.

5 Pour obtenir un traçage précis des traits, sélectionnez *Pixels* dans le menu **Aspect des courbes**. Cette option lisse les tracés.

6 Pour finir, réglez le *Seuil d'angle* sur *Peu d'angle*. Cette option permet de lisser ou non les angles saillants. Vous réduirez ainsi la taille du fichier final.

7 Cochez l'option *Aperçu* pour visualiser au fur et à mesure les modifications effectuées.

8 Cliquez sur OK.

Il s'agit à présent de créer un masque sur une des images de la séquence.

11.10. Créer un masque

Un masque permet de cacher des parties d'une image sur la scène. Les formes, les symboles ou le texte peuvent être utilisés comme masque. N'importe quel calque peut être converti en masque. Le calque *Masque* a la possibilité de contenir un nombre illimité de calques masqués. Pour créer un masque, procédez comme suit :

1 Dans le panneau *Scénario,* supprimez les images aux positions 2 et 3.

2 Créez un calque que vous nommerez `masque_image`.

3 Convertissez-le en masque. Plusieurs méthodes s'offrent à vous :

— Allez dans le menu **Modification/Scénario**. Choisissez la commande **Propriétés du calque**. Dans la boîte de dialogue qui s'affiche, cochez l'option *Masque* puis appuyez sur OK.

— Cliquez du bouton droit sur le calque *masque_image*. Dans le menu contextuel qui apparaît, sélectionnez la commande **Masque**. Une icône de calque de masque signale la présence du calque *Masque*.

4 Pour masquer le calque existant, utilisez l'une de ces méthodes :

— Faites glisser le calque de l'image en dessous du calque de masque.

— Sélectionnez le menu **Modification/Scénario**. Choisissez la commande **Propriétés du calque**. Dans la boîte de dialogue, cochez l'option *Masqué*.

5 Créez le masque. Pour cela, avec l'outil **Rectangle**, créez un carré noir. Pour obtenir cette forme, maintenez la touche [Maj] lorsque vous faites glisser le pointeur sur la scène.

6 Convertissez-le en symbole *clip*. Nommez-le `pt_carre_mc`. Cliquez sur OK.

7 Activez l'outil **Déco**.

8 Dans le panneau *Effet de dessin*, choisissez l'option *Remplissage de la grille*. Cliquez sur le bouton **Modifier**. Dans la liste des symboles qui s'affiche, sélectionnez le symbole *pt_carre_mc*.

9 Cliquez sur la scène. La grille constituée de carrés apparaît.

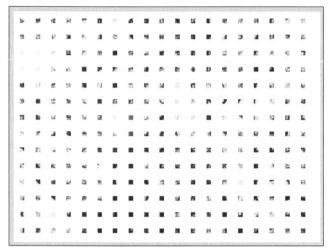

Figure 11.19 : La forme du masque

10 Sélectionnez-la puis convertissez-la en symbole *clip*. Nommez-la `grille_mc`. Cliquez sur OK.

11 Pour visualiser l'effet de masque, verrouillez les deux calques dans le panneau *Scénario*.

REMARQUE

Créer un masque

Restez simple dans la création de votre masque. N'utilisez qu'un seul type de forme à la fois.

Une fois le masque créé, vous pouvez le modifier.

Modifier un masque

Pour modifier le masque *grille_mc*, procédez comme suit :

1 Déverrouillez-le.

2 Double-cliquez sur le symbole *grille_mc*.

3 Remodelez la forme selon votre convenance. En revanche, inutile de modifier la couleur, son opacité ou autres attributs car ces changements seront ignorés par Flash.

4 Verrouillez-le à nouveau pour visualiser les changements effectués.

Pour convertir un masque en un calque normal, utilisez l'une de ces méthodes :

— Cliquez du bouton droit sur le masque. Choisissez dans le menu contextuel la commande **Masque.**

— Allez dans le menu **Modification/Scénario.** Sélectionnez la commande **Propriétés du calque.** Dans la boîte de dialogue qui s'affiche, cochez l'option *Normal* puis appuyez sur OK pour valider le changement.

Pour dissocier un calque masqué d'un calque de masque, faites-le glisser au-dessus du calque de masque.

REMARQUE **Modifier un masque**

Tout comme pour un calque normal, il est possible de modifier l'ordre des calques masqués.

11.11. Animer le masque

Animer un masque consiste à révéler des parties d'une image.

1 Dans le panneau *Propriétés*, réglez la cadence des images sur 12 images par seconde.

2 Déverrouillez le calque de masque.

3 Cliquez du bouton droit sur l'image 1. Dans le menu contextuel qui apparaît, choisissez la commande **Créer une interpolation de mouvement.**

4 Cliquez sur la première image. Positionnez la grille à gauche de la scène.

5 Sélectionnez la dernière image de l'interpolation.

6 Déplacez la grille vers la droite. Placez-la au centre de la scène.

7 Insérez une image-clé à la dernière position du calque.

8 Verrouillez les deux calques puis testez l'animation.

Figure 11.20 : Les calques de l'animation

PUBLIER ET EXPORTER VOS PROJETS

Vos projets sont terminés. Ils ont été enregistrés au format *flash (.fla)*. Vous désirez maintenant les diffuser au grand public. Flash propose de les publier ou de les exporter dans un des formats proposés par défaut. Au niveau de la publication de vos fichiers, vous avez le choix entre le *swf*, *html*, etc.

Dans ce chapitre, vous verrez en premier lieu la publication d'un fichier Flash. Ensuite, vous étudierez les exportations des compositions Flash dans des formats comme les formats *Quick Time (MOV)*, *Adobe Illustrator*, *EPS*, etc.

Lorsque vous publiez un fichier Flash, celui-ci est compressé. Une fois créé, il pourra être :

- lu sur le net ;
- gravé sur un CD ou un DVD ;
- inséré dans une page html.

Avant de réaliser cette opération, il est recommandé de définir les paramètres de publication de vos fichiers. Pour ce faire, Flash met à votre disposition le menu **Fichier/Paramètres de publication**.

Pour créer un document *swf*, utilisez le menu **Fichier/Publier**. Cependant, il est bon de déterminer au préalable les paramètres de publication. Une fois ceux-ci définis, vous pouvez les utiliser dans d'autres documents Flash ou les exporter dans un fichier séparé.

Publier le document est la dernière étape dans le processus de production. Dans la planification de votre projet, vous avez déjà décidé à quel public était destinée l'animation. Il ne vous reste plus qu'à définir les paramètres optimaux du fichier afin que celui-ci soit correctement lu sur le support final.

REMARQUE

Modifier les paramètres de publication
Les paramètres que vous configurez n'affecteront que le fichier *swf*.

12.1. Publier un document

Pour être lues sur le net ou sur un autre support d'information, les animations doivent être configurées. Pour permettre cette opération, vous devez définir les paramètres de publication. Pour ce faire, suivez ces étapes :

1 Allez dans le menu **Fichier**. Choisissez la commande **Paramètres de publication**.

2 La boîte de dialogue correspondante s'ouvre à l'écran. Elle est composée de trois onglets : **Format**, **Flash** et **HTML**.

Figure 12.1 : La boîte de dialogue Paramètres de publication

L'onglet Formats

L'onglet Formats permet de choisir le format correspondant à la destination finale de votre fichier. Par défaut, les formats *html* et *swf* sont cochés. Les noms de fichiers sont automatiquement assignés par Flash mais vous pouvez les modifier. Dans la zone de texte prévue à cet effet, entrez votre texte.

Figure 12.2 : L'onglet Formats

L'onglet Flash

L'onglet Flash propose de paramétrer le fichier Flash. Le lecteur est par défaut défini sur le Flash player 10. Ensuite, vous devez spécifier la version du langage de programmation que vous avez utilisé pour votre animation. Par défaut, le menu **Script** est défini sur *ActionScript 3*.

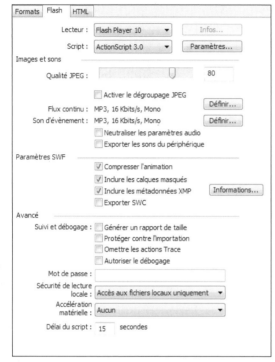

Figure 12.3 : L'onglet Flash

1 Dans la section *Images et sons*, définissez tout d'abord le taux de compression de l'image. Faites glisser le curseur de l'option *Qualité JPEG* vers la gauche ou vers la droite selon que vous souhaitez augmenter ou diminuer le taux de compression de l'image. Plus la valeur est basse, moins il sera contenu d'informations dans l'image.

2 Cochez ou décochez l'option *Activer le dégroupage JPEG*. Sa fonction est de réduire les artefacts qui peuvent survenir lors de la définition d'un taux de compression de l'image.

3 Si votre animation comprend de l'audio, effectuez les réglages suivants :

— Configurez les paramètres des flux continus et des sons d'évènement. Pour cela, cliquez respectivement sur chacun des boutons **Définir**. Ils permettent de spécifier les réglages pour la compression du son.

— Une fois ceci terminé, cliquez sur OK pour revenir à la fenêtre principale **Paramètres de publication**.

— Cochez ou décochez l'option *Neutraliser les paramètres audio* que vous avez appliqués aux sons de votre document.

L'onglet HTML

L'onglet HTML concerne les réglages de la page *HTML*. Dans cet onglet, vous pouvez définir le *Modèle* à générer ainsi que son apparence.

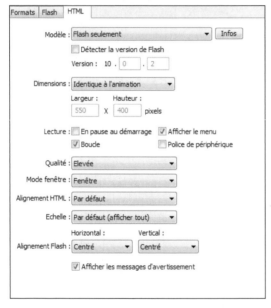

Figure 12.4 : L'onglet HTML

1 Dans le menu **Dimensions**, choisissez la taille de la page *HTML*. Vous avez le choix entre plusieurs propositions :

— *Identique à l'animation*. La taille du fichier final sera identique à l'animation.

— *Pixels*. Vous pouvez entrer les dimensions voulues pour la page *HTML*.

— *Pourcentage*. Cette option permet de redimensionner l'animation à l'intérieur du Navigateur.

2 Cochez ou décochez les paramètres de lecture de l'animation.

- *En pause au démarrage.* Le démarrage de l'animation se fera manuellement lors du chargement.

- *Boucle.* L'animation joue en continu.

- *Afficher le menu.* Cette option permet de contrôler par le biais d'un menu la page *HTML*.

- *Police de périphérique.* Utilise les polices système dans le document Flash.

3 Dans le menu **Qualité**, choisissez la qualité d'affichage du document. Vous avez le choix entre :

- *Inférieure.* Aucun lissage ne sera appliqué.

- *Basse automatique.* Aucun lissage n'est appliqué au début puis change en fonction des pixels de l'image.

- *Elevée automatique.* Le lissage est utilisé au départ puis applique un pourcentage de lissage en fonction des pixels de l'image.

- *Moyenne.* Le lissage est appliqué à la plupart des objets excepté les images bitmap.

- *Elevée.* Lisse les pixels de l'image.

- *Supérieure.* Tous les objets sont lissés.

4 Sélectionnez dans le menu déroulant **Mode fenêtre** la manière dont le document Flash s'ouvrira dans la page *HTML* (*Fenêtre, Sans fenêtre opaque, Sans fenêtre transparent*).

5 Définissez l'*alignement de la page HTML* dans les navigateurs.

6 Dans le menu **Echelle**, définissez le redimensionnement du document Flash lors de son chargement dans la page *HTML*.

- *Par défaut (affiche tout).* Le document sera affiché dans sa totalité. Les dimensions seront donc conservées.

- *Aucune bordure.* Entoure d'un cadre le document Flash.

- *Taille exacte.* Le fichier *swf* est contenu dans la page *HTML*. Les proportions ne seront pas respectées.

- *Pas de redimensionnement.* Le fichier *swf* conservera sa taille d'origine même si la fenêtre du lecteur Flash est redimensionnée.

7 Dans le menu déroulant **Alignement Flash**, spécifiez l'alignement du document Flash par rapport au document *html*.

8 Pour finir, cochez ou décochez l'option *Afficher les messages d'avertissement*. Elle vous permet de déboguer votre fichier Flash lors de sa publication dans une page *HTML*.

9 Une fois les paramètres définis, cliquez sur le bouton **Publier** puis sur OK pour valider.

Si vous observez votre dossier de travail, vous noterez la présence d'un fichier *javascript*. Celui-ci est là uniquement pour remédier au problème d'affichage du fichier *swf* dans Internet Explorer. Testez votre fichier *html*. Pour cela, double-cliquez dessus. Ce dernier s'ouvre alors dans votre Navigateur.

Publier au format swf

Si vous exportez votre animation au format swf, effectuez les réglages suivants dans la section *Paramètres SWF* :

Figure 12.5 : Les paramètres SWF

- *Compresser l'animation*. Applique un taux de compression aux animations (ne concerne que les fichiers qui seront lus avec le lecteur flash 7).

- *Inclure les calques masqués*. Tous les calques seront intégrés au fichier final.

- *Inclure les métadonnées XMP* permet de saisir des informations supplémentaires dans les fichiers sauvegardés.

- *Exporter SWC*. Ne concerne que les composants programmés avec ActionScript.

Passez à la section *Avancé* :

- *Générer un rapport de taille*. Inclut dans le fichier *swf* un rapport sur la taille des images.

- *Protéger contre l'importation*. Empêche l'animation d'être ouverte dans une application Flash.

- *Omettre les actions trace*. N'intègre pas la méthode `trace()` dans le fichier *swf*.

- *Autoriser le débogage*. Permet de déboguer un fichier *swf*.

- Dans le champ *Mot de passe*, entrez le vôtre. Cette option est disponible si vous avez coché l'option *Protéger contre l'importation*.

- Dans le menu déroulant **Sécurité de lecture locale,** choisissez de sécuriser votre fichier au niveau local ou sur le réseau.
- Dans le menu **Accélération matérielle,** sélectionnez-en une parmi celles proposées.
- Une fois vos paramètres de publication au format *swf* définis, cliquez sur OK.

La prochaine étape consiste à intégrer votre fichier dans une page web :

1 Créez votre page web dans Adobe Dreamweaver CS5.

```
1   <!DOCTYPE html PUBLIC "-//W3C//DTD XHTML 1.0 Transitional//EN"
    "http://www.w3.org/TR/xhtml1/DTD/xhtml1-transitional.dtd">
2   <html xmlns="http://www.w3.org/1999/xhtml">
3   <head>
4   <meta http-equiv="Content-Type" content="text/html; charset=utf-8" />
5   <title>Document sans nom</title>
6   </head>
7
8   <body>
9   </body>
10  </html>
11
```

Figure 12.6 : Une page web

2 Importez le fichier *swf* (**Insertion/Médias/SWF**). Dans la boîte de dialogue qui s'affiche, localisez votre fichier puis cliquez sur le bouton OK. La fenêtre **Attributs d'accessibilité des balises d'objet** s'affiche à l'écran.

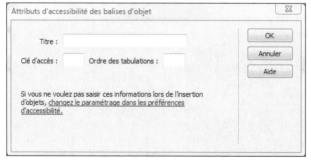

Figure 12.7 : La fenêtre Attributs d'accessibilité des balises d'objet

3 Dans le champ *Titre,* saisissez un texte qui décrit le mieux votre fichier *swf.* Laissez les autres options par défaut vides. Cliquez sur OK.

Si vous observez le code source, vous noterez que Dreamweaver a inclus le code qui permettra aux navigateurs de lire l'animation. Vous pouvez le simplifier. Voici le code final :

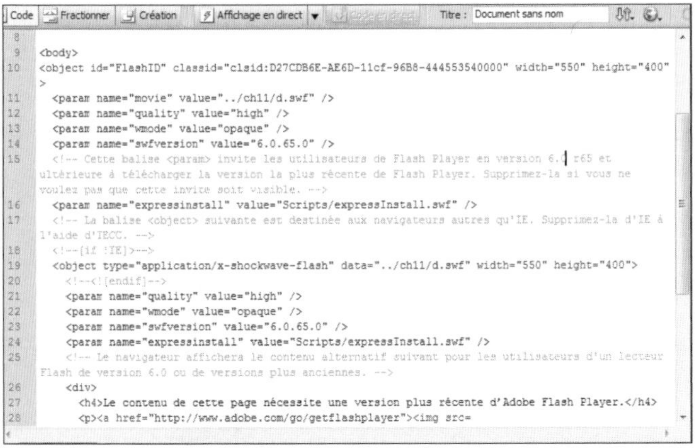

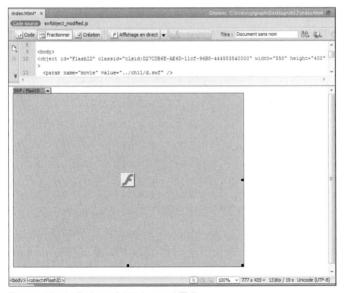

Figure 12.8 : Le code pour lire une animation Flash dans les navigateurs Internet

```
<object type= "application/x-shockwave-flash"
    data= "nom du fichier.swf"
    width= "largeur" height= "hauteur"
    title= "Le titre de votre animation"
    <param name= "movie" value= "nom de votre fichier"/>
    <param name= "quality" value= "high"/>
</object>
```

Figure 12.9 : Le fichier swf dans la page HTML

Lecture du fichier swf

Les fichiers *swf* peuvent être lus dans le lecteur Flash mais aussi dans les navigateurs, dans les logiciels de Microsoft Office, dans Director, etc.

Les paramètres de publication ne sont pas limités aux trois onglets par défaut **Formats**, **Flash** et **HTML**. Vous pouvez créer une image *GIF*, *PNG* ou *JPEG* à partir d'une image d'une animation Flash.

L'onglet GIF

1 Ouvrez l'une de vos animations créées dans les précédents chapitres.

2 Sélectionnez l'une des images-clés dans le panneau *Scénario*.

3 Allez dans le menu **Fichier**, où vous choisirez la commande **Paramètres de publication**. Dans l'onglet **Format**, cochez le format *Image GIF (.gif)*.

4 L'onglet **GIF** apparaît.

Figure 12.10 : L'onglet GIF

5 Dans les champs *Largeur* et *Hauteur*, entrez vos valeurs ou cochez l'option *Identique à l'animation* afin de créer un fichier *swf* aux dimensions de l'image.

6 Dans la section *Lecture*, spécifiez de quelle manière l'image *GIF* si elle est animée sera lue lors de son chargement.

   — *Statique*. Le fichier *gif* ne démarre pas.

— *Animée*. Lance l'animation du *gif*.

— *Boucle continue*. Le fichier *gif* est joué en continu.

— *Répéter*. Définit le nombre de fois que l'animation doit être jouée.

Dans la section *Options*, réglez les paramètres pour les couleurs du fichier *gif*.

— *Optimiser les couleurs*. Crée une palette optimisée de couleurs pour le document.

— *Entrelacer*. Crée une image qui s'affichera progressivement lors de son chargement.

— *Lisser*. Spécifie une transition lisse entre les couleurs.

— *Tramer les couleurs unies*. Remplace une couleur par une autre si la couleur initiale est située en dehors de la roue chromatique web ou mélange la couleur à celle d'un élément existant.

— *Supprimer les dégradés*. Efface les dégradés de l'image active.

7 Dans le menu **Transparent**, choisissez un mode de transparence pour votre image.

8 Dans le menu **Tramer**, sélectionnez un mode de tramage pour les couleurs de l'image.

9 Spécifiez un *Type de palette* :

— *Web 216*. L'image sera créée uniquement avec la palette des couleurs web.

— *Adaptative*. Se sert d'une table des couleurs pour créer les couleurs de l'image.

— *Adaptative ajustée pour le Web*. Crée une table des couleurs qui se rapproche de celle de la palette des couleurs web.

— *Personnalisée*. Vous permet de créer votre propre palette de couleurs.

10 La dernière option, *Nombre maximum de couleurs*, vous offre la possibilité de sélectionner combien de couleurs seront sélectionnées dans la table des couleurs.

11 Pour valider le tout, cliquez sur les boutons **Publier** et OK.

Outre les images *GIF*, une image *PNG* peut être créée à partir d'une image-clé d'un document Flash.

L'onglet PNG

1 Ouvrez une de vos animations.

2 Cliquez sur le menu **Fichier**. Sélectionnez la commande **Paramètres de publication**.

3 Dans l'onglet **Formats**, cochez le format *Image PNG (.png)*. L'onglet **PNG** apparaît dans lequel vous définirez les paramètres de l'image. Vous retrouvez les options de l'image *GIF*. Deux options sont spécifiques aux images *PNG* :

Figure 12.11 : L'onglet PNG

— *Codage binaire*. Permet de sélectionner le code des couleurs de l'image *PNG*. Vous avez le choix entre *8 bits*, *24 bits* et *24 bits avec Alpha*.

— *Options du filtre*. Détermine de contrôler le filtrage des couleurs dans l'image.

4 Cliquez sur les boutons **Publier** et OK.

Il s'agit à présent de créer une image *JPEG* à partir d'une image-clé d'une de vos animations réalisées dans les chapitres précédents.

L'onglet JPEG

1 Ouvrez une animation dans laquelle vous sélectionnerez une des images-clés que vous souhaitez transformer en image *JPEG*.

2 Allez dans le menu **Fichier**. Choisissez la commande **Paramètres de publication**. Dans l'onglet **Formats**, cochez le format *Image JPEG (.jpg)*. L'onglet **JPEG** s'affiche à l'écran. Cliquez dessus pour accéder aux options proposées.

Figure 12.12 : L'onglet JPEG

3 Définissez les dimensions de votre image. Entrez vos valeurs dans les champs *Largeur* et *Hauteur*.

4 Si vous préférez, créez votre image à partir des dimensions de l'animation Flash (*Identique à l'animation*).

5 Ensuite, déterminez la qualité de compression de l'image. Faites glisser le curseur vers la droite ou vers la gauche selon que vous souhaitez augmenter ou diminuer le taux de compression à appliquer à l'image.

REMARQUE **L'option Qualité**

Cette option permet de réduire la taille du fichier. Ce qui permettra de ce fait de diminuer le temps de chargement de l'image sur le net.

---

6 Cochez l'option *Progressive* afin que l'image s'affiche progressivement lors de son chargement sur le net.

7 Une fois vos choix effectués, cliquez sur les boutons **Publier** et OK.

Les images *GIF*, *PNG* et *JPEG* que vous avez créées à partir des images-clés de vos animations peuvent être ouvertes dans n'importe quel logiciel d'édition d'images.

Flash permet de jouer les animations de manière autonome sur une autre plate-forme. Pour ce faire, deux solutions s'offrent à vous. Vous pouvez créer un projecteur ou une application Air.

Créer un projecteur

Les animations réalisées ne sont pas toujours destinées au Web. Vous pouvez les diffuser sur des DVD. Pour générer une application autonome, procédez comme suit :

1 Allez dans le menu **Fichier**. Choisissez la commande **Paramètres de publication**.

2 Dans l'onglet **Format**, les formats *swf* et *html* sont cochés par défaut. Décochez-les. Ils sont inutiles pour notre cas. Cochez les options *Projection Windows (.exe)* et *Projection Macintosh*.

Figure 12.13 : Les options Projection

3 Cliquez sur OK.

4 Retournez dans le menu **Fichier**. Sélectionnez cette fois-ci la commande **Publier**. Le fichier *exe* apparaît dans votre dossier de travail.

5 Double-cliquez sur l'icône de fichier. L'animation démarre automatiquement.

> **Créer un projecteur**
> La réalisation d'un projecteur augmente la taille du fichier final. Lorsque vous le publiez, aucune option n'est disponible.

Depuis la sortie du Flash player 9, vous avez la possibilité de créer une application autonome de votre animation à partir du plug-in Adobe Air. Depuis la CS4, il est intégré par défaut.

Créer une application AIR

Adobe Air permet de diffuser des animations ou des applications en local sur n'importe quel périphérique (ordinateurs, mobiles, Internet, etc.). Vous pouvez créer une application *AIR* à partir d'une composition existante ou utiliser la boîte de dialogue **Nouveau document**. Voyons le premier cas :

1 Reprenez l'une des animations créées dans les précédents chapitres.

2 Allez dans le menu **Fichier**. Choisissez la commande **Paramètres de publication**.

3 Cliquez sur l'onglet **Flash**. Dans le menu **Lecteur**, choisissez l'option *Adobe Air 2*.

Figure 12.15 : L'option Adobe Air 2

4 Appuyez sur le bouton **Paramètres**, situé en regard du menu **Lecteur** (voir Figure 12.16).

5 Définissez les paramètres suivants :

— Dans le champ *Fichier de sortie*, saisissez l'intitulé de votre application. Par défaut, Flash reprend celui de votre fichier sauvegardé.

— Dans le champ *Description*, tapez un texte qui décrit le mieux l'application.

Figure 12.16 : Les paramètres AIR

— Indiquez les informations de copyright.

— Dans le menu déroulant **Style de fenêtre**, choisissez un arrière-plan pour l'application. Cette option permet de configurer son apparence.

6 Dans l'onglet Icônes, choisissez l'une des icônes prédéfinies ou sélectionnez-en une sur votre ordinateur (voir Figure 12.17).

7 Allez dans l'onglet Avancé. Celui-ci vous permet : (voir Figure 12.18)

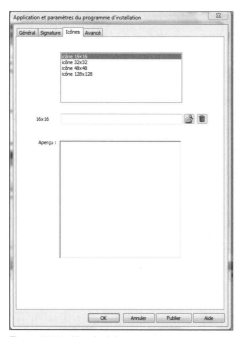

Figure 12.17 : L'onglet Icônes

Figure 12.18 : L'onglet Avancé

— de spécifier les fichiers associés ;

— de définir les paramètres d'affichage de l'application ;

— d'indiquer l'emplacement de l'application. Cliquez sur OK pour retourner à la fenêtre principale.

8 Ouvrez l'onglet **Signature numérique** puis cliquez sur le bouton **Parcourir** pour localiser votre certificat ou définissez-en un. Pour cela, appuyez sur le bouton **Créer**. La fenêtre **Créer un certificat numérique auto-signé** s'affiche à l'écran.

Figure 12.19 : La fenêtre Signature numérique

9 Saisissez vos informations dans les différents champs proposés. Entrez un mot de passe. Sauvegardez votre certificat numérique dans un dossier. Cliquez sur OK. Quelques instants après, une fenêtre d'alerte vous signale que le certificat vient d'être créé. Cliquez sur les boutons OK.

10 Dans la zone de texte *Destination*, indiquez l'emplacement de sauvegarde du certificat.

11 Sélectionnez ensuite les fichiers à intégrer dans l'application *AIR*.

12 Cliquez sur le bouton **Publier le fichier AIR** puis sur OK.

13 Allez dans votre dossier. Double-cliquez sur le fichier *AIR*. L'installation de l'application démarre.

14 Un message d'avertissement vous demande si vous souhaitez installer cette application sur votre ordinateur. Cliquez sur le bouton **Installer**.

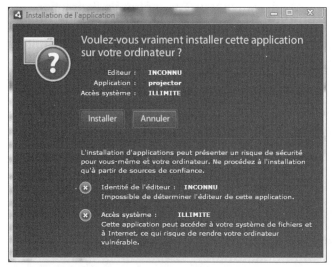

Figure 12.20 : Le message d'avertissement

15 Une nouvelle fenêtre **Installation de l'application** apparaît dans laquelle vous devez préciser l'emplacement d'installation de l'application *AIR*. Cliquez sur le bouton **Continuer**. L'animation démarre.

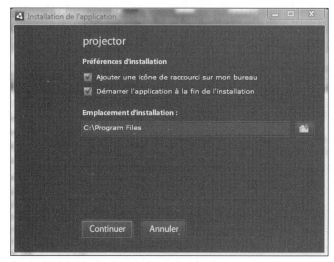

Figure 12.21 : La fenêtre Installation de l'application

Vous avez pu voir dans un précédent chapitre que vous pouviez inclure des informations supplémentaires dans un fichier Flash par le biais du menu **Fichier/Informations**. Cette opération peut également être réalisée dans la boîte de dialogue **Paramètres de publication**.

Ajouter des métadonnées

Pour ajouter des métadonnées, agissez de la manière suivante :

1 Ouvrez le menu **Fichier/Paramètres de publication**.

2 Dans la section *Paramètres SWF,* cochez l'option *Inclure les données XMP* puis cliquez sur le bouton **Informations**.

 Figure 12.22 : L'option Inclure les données XMP

3 La fenêtre des métadonnées s'ouvre sur une série d'onglets classés par catégories.

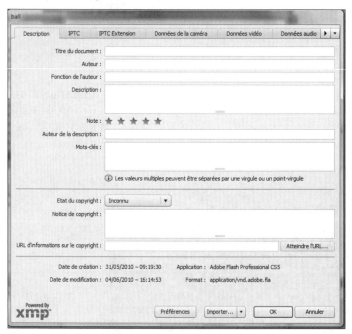

Figure 12.23 : La fenêtre des métadonnées

4 Entrez vos informations dans les différents champs. Cliquez sur OK.

5 Appuyez sur les boutons **Publier** et **OK** pour fermer les onglets des métadonnées.

Les paramètres de publication que vous définissez peuvent être sauvegardés sous la forme d'un profil.

12.2. Les profils de publication

Pour créer un profil, procédez comme suit :

1 Une fois les choix effectués au niveau des paramètres, cliquez sur l'icône *Créer un nouveau profil*, située en haut de la fenêtre principale.

2 Une fenêtre s'ouvre. Dans le champ *Nom du profil*, entrez le nom de votre profil. Cliquez sur OK.

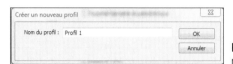

Figure 12.24 : La boîte de dialogue Créer un nouveau profil

REMARQUE

Action du profil
Le profil enregistré est valable uniquement pour le document actif.

Les profils sauvegardés peuvent être édités.

Éditer un profil

Pour éditer un profil, suivez ces étapes :

1 Ouvrez le menu **Fichier**. Choisissez la commande **Paramètres de publication**. La boîte de dialogue des options s'affiche à l'écran.

2 Dans le menu **Profil actuel**, sélectionnez le vôtre. Effectuez les modifications nécessaires. Cliquez sur OK.

3 Sauvegardez votre document (**Fichier/Enregistrer**). Le profil sera aussi enregistré.

Les profils que vous définissez peuvent être exportés pour être utilisés dans d'autres documents Flash.

Exporter un profil

Pour exporter un profil, procédez comme suit :

1 Allez dans le menu **Fichier**. Choisissez la commande **Paramètres de publication**.

2 Dans le menu **Profil actuel**, sélectionnez le profil à exporter.

Figure 12.25 : Les profils

3 Cliquez sur le bouton **Importer/Exporter le profil**. Dans le menu contextuel qui s'affiche, sélectionnez la commande **Exporter**.

4 Indiquez le dossier de sauvegarde pour votre profil. Cliquez sur le bouton **Enregistrer**.

Une fois exporté, le profil sera importé dans le nouveau document.

Importer un profil

Pour importer un profil, suivez ces étapes :

Dans la boîte de dialogue **Paramètres de publication**, choisissez les options suivantes :

1 Dans le menu **Profil actuel**, sélectionnez le profil concerné.

2 Cliquez sur le bouton **Importer/Exporter le profil**. Sélectionnez la commande **Importer**.

3 Localisez votre profil puis cliquez sur le bouton **Ouvrir**.

REMARQUE

Le profil importé
Le profil importé n'est qu'une copie du profil original.

Il s'agit à présent d'étudier les exportations de fichiers Flash dans différents formats que vous ne trouverez pas dans la boîte de dialogue **Paramètres de publication**. Flash vous permet d'exporter une animation dans sa totalité ou certaines images uniquement. Lors de l'exportation du fichier, certains formats nécessitent un paramétrage.

12.3. Exporter un document

Pour exporter un document d'une manière générale, procédez comme suit :

1 Sélectionnez le document ou l'image que vous souhaitez exporter.

2 Allez dans le menu **Fichier/Exporter**. Choisissez l'une des commandes proposées, **Exporter l'image** ou **Exporter l'animation**.

3 Sélectionnez dans le menu **Type** le format désiré. Localisez votre fichier puis cliquez sur le bouton **Enregistrer**. Selon le format que vous avez choisi, une boîte de dialogue apparaît.

Exporter au format quicktime

Si vous avez sélectionné le format *mov*, c'est la fenêtre **Paramètres d'Exportation Quicktime** qui s'affiche à l'écran. Effectuez les réglages suivants :

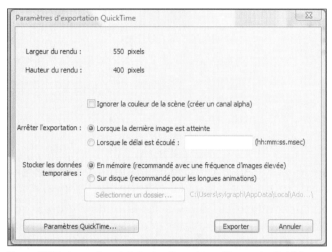

Figure 12.26 : Les options de la fenêtre Paramètres d'Exportation Quicktime

1 Flash utilise par défaut les dimensions de votre composition lors de l'exportation.

2 Cochez l'option *Ignorer la couleur de la scène* si vous souhaitez avoir un arrière-plan transparent. Cela vous permettra de faire chevaucher du contenu par la suite.

3 Spécifiez si vous souhaitez stopper l'animation après la dernière image (lorsque la dernière image est atteinte) ou à un moment précis. Dans ce second cas de figure, spécifiez une valeur dans le champ de texte de l'option *Lorsque le délai est écoulé*.

4 Ensuite, vous pouvez décider à quel emplacement seront conservées les données temporaires.

5 Cliquez sur le bouton **Paramètres Quicktime**. La fenêtre **Réglages de la séquence** s'affiche à l'écran. Elle vous permet de configurer la *vidéo* et le *son*.

Figure 12.27 : La fenêtre Réglages de la séquence

6 Dans la section *Vidéo*, effectuez les réglages suivants :

— Cliquez sur le bouton **Réglages** afin de définir le type de compression que vous souhaitez effectuer, la cadence des images, etc.

— Une fois vos choix effectués, cliquez sur le bouton **Filtres**, qui vous permet d'affecter un filtre ou des effets spéciaux à la vidéo.

— Le troisième bouton, **Taille**, permet de choisir un modèle standard de vidéo tel que *PAL*, *NTSC*, *HD*, etc.

7 Dans la section *Audio*, cliquez sur le bouton **Réglages** afin de définir les paramètres de compression du son.

Cochez ou décochez l'option *Préparer pour l'enchaînement via Internet* afin d'optimiser le flux continu.

8 Pour valider vos paramètres, cliquez sur OK puis sur le bouton **Exporter.**

Dans Flash CS5, vous pouvez utiliser le format *FXG* pour travailler avec votre fichier Flash dans une autre application Adobe.

12.4. Exporter au format FXG

Les données échangées peuvent aussi bien concernées le travail vectoriel, les images bitmaps que le texte. Le format *FXG* est en fait un format *XML* et peut être compris par de nombreuses applications. Le texte restera toujours éditable.

1 Ouvrez un fichier flash contenant du dessin vectoriel.

2 Sélectionnez-le avec l'outil de sélection.

3 Dans le menu **Fichier**, choisissez les commande **Exporter/Exporter la sélection**.

4 Dans la fenêtre **Exporter l'image**, donnez un nom à votre fichier puis cliquez sur le bouton **Enregistrer**.

COMPOSER AVEC FLASH ET LA PRODUCTION PREMIUM

L'apparition du format *xfl* a permis d'améliorer l'intégration entre Flash, After Effects, Encore, Première et Indesign. Vous pouvez ainsi facilement passer de l'un à l'autre sans aucune difficulté. C'est l'occasion pour vous de créer des animations élaborées que vous n'auriez peut-être pas pu réaliser dans Flash. Pour illustrer cette interaction, ce chapitre se propose d'aborder le sujet par le biais de plusieurs cas pratiques, à commencer par la réalisation d'un poisson animé. Vous commencerez par étudier l'interaction entre Flash et After Effects.

13.1. Créer des éléments Flash dans After Effects

After Effects permet de créer des fichiers *swf* ou des vidéo flash. Vous pouvez aussi concevoir des vidéos à destination du flash player. Il est également possible de créer des documents au format *xfl*.

Voyons le cas des fichiers *swf*.

Exporter un fichier swf

Pour exporter un fichier *swf*, procédez de la manière suivante :

1 Créez une composition (**Composition/Nouvelle composition**). La fenêtre **Paramètres de composition** s'ouvre.

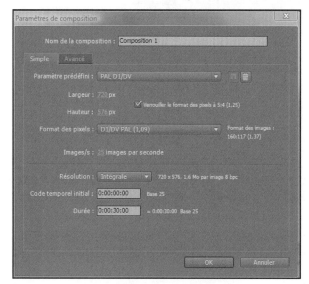

Figure 13.1 : La boîte de dialogue Nouvelle composition

2 Nommez votre composition. Dans le menu **Paramètre prédéfini**, choisissez le modèle *PAL D1/DV Grand écran*. Dans le champ *Durée*, indiquez 5 secondes. Cliquez sur OK pour valider.

3 Dans le panneau *Composition*, cliquez du bouton droit sur la partie gauche. Dans le menu contextuel qui apparaît, sélectionnez les commandes **Créer/Solide**.

4 La boîte de dialogue **Réglage uni** s'affiche à l'écran.

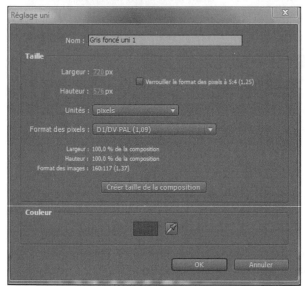

Figure 13.2 : La boîte de dialogue Réglage uni

5 Dans le champ *Nom*, indiquez `bulles_poisson`.

6 Cliquez sur le bouton **Créer taille de la composition** afin que le calque soit aux dimensions de la composition. Dans la section *Couleur*, cliquez sur le carré coloré. Dans le spectre des couleurs qui apparaît, choisissez la couleur blanche. Appuyez sur OK pour valider. Cliquez sur OK.

7 Importez le fichier *poisson.ai* dans la composition. Pour ce faire, procédez comme suit :

- Cliquez du bouton droit dans le panneau *Projet*. Dans le menu contextuel qui s'affiche, choisissez les commandes **Importation/ Fichier**.

- Sélectionnez le fichier. Dans le menu **Importer sous**, choisissez d'importer le fichier sous la forme d'un *Métrage*.

- Cliquez sur le bouton **Ouvrir**.

8 Faites glisser le fichier vers le panneau *Composition*.

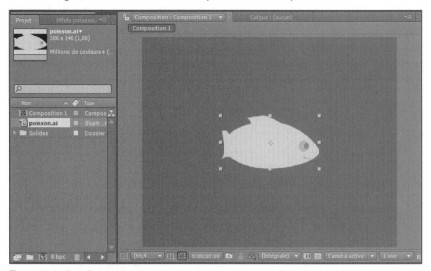

Figure 13.3 : Le poisson

9 Placez-le en dessous du calque *bulles_poissons*.

10 Sélectionnez ce calque.

11 Allez dans le menu **Effet**. Choisissez les commandes **Simulation/ Ecume**. Le panneau de l'effet apparaît à droite du panneau central. Pour le moment, les bulles s'affichent en mode *filaire*.

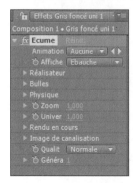

Figure 13.4 : Les options de l'effet Ecume

12 Dans le menu **Afficher**, sélectionnez l'option *Rendu*. Déroulez la catégorie *Réalisateur*. Placez le *Point réalisateur* à l'emplacement de la bouche du poisson. Réglez l'*Orientation réalisateur* sur + 36°.

13 Dans la catégorie *Bulles*, paramétrez les options de cette manière :

- *Taille* : 0,430
- *Variance de la taille* : 1,020

- *Durée* : 70
- *Vitesse de croisière* : 0,120
- *Force* : 9

14 Testez l'animation. Pour cela, appuyez sur la barre d'espacement.

15 Ajustez les différents paramètres selon votre convenance.

Pour exporter le document au format *swf*, procédez comme suit :

1 Allez dans le menu **Fichier/Exporter**, dans lequel vous choisirez la commande **Adobe Flash Player (SWF)**. Une boîte de dialogue apparaît.

2 Nommez le fichier. Cliquez sur le bouton **Enregistrer**.

3 La fenêtre **Paramètres SWF** s'affiche à l'écran. Elle vous permet de définir les options d'enregistrement dans ce format.

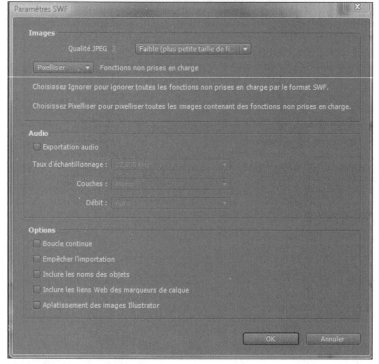

Figure 13.5 : Les options swf

4 Dans la section *Images*, choisissez dans le menu déroulant **Qualité JPEG** une des options correspondant à votre cas. Si vous prenez l'option *Faible*, des artefacts risquent d'apparaître sur l'image. En revanche, si vous sélectionnez *Haute* ou *Maximale*, la qualité de l'image sera conservée.

5 Ensuite, spécifiez si vous souhaitez prendre en charge les effets appliqués sur les calques. Vous avez le choix entre *Pixelliser* ou *Ignorer*.

— Dans le premier cas de figure, l'image sera aplatie, c'est-à-dire que les calques ne seront plus éditables.

— Dans le second cas, vous pourrez modifier les calques dans Flash. En ce qui concerne le fichier *swf*, choisissez *Pixelliser*.

6 Dans la section *Audio*, vous avez la possibilité d'ajuster les options de vos fichiers sons. Dans la section *Options*, activez ou désactivez celles qui vous conviennent.

7 Cliquez sur OK une fois vos choix effectués.

8 Lancez Flash.

9 Créez un nouveau symbole (**Insertion/Nouveau symbole**). Une boîte de dialogue s'affiche à l'écran.

10 Nommez votre symbole. Dans le menu **Type**, sélectionnez l'option *Clip*. Cliquez sur OK.

11 Importez l'animation *swf* créée dans After Effects (**Fichier/Importer /Importer dans la scène...**). Sélectionnez votre fichier puis cliquez sur le bouton **Ouvrir**. Le fichier apparaît sur la scène.

Figure 13.6 : Les bulles appliquées au poisson

12 Ouvrez le panneau *Bibliothèque*. Vous constaterez que chaque bulle est représentée par un symbole graphique. Pour modifier l'un

d'entre eux, double-cliquez dessus. Effectuez les changements voulus. L'animation se met automatiquement à jour.

13 Retournez sur la scène principale.

14 Testez l'animation ($\boxed{\text{Ctrl}}$+$\boxed{\leftarrow}$).

Exporter au format flv

Dans After Effects CS5, vous avez la possibilité d'exporter l'animation au format *flv* afin qu'elle puisse être lue dans le lecteur flash.

1 Sélectionnez l'animation que vous venez de créer dans After Effects.

2 Allez dans le menu **Composition**. Choisissez la commande **Ajouter à la file d'attente de rendu**.

3 Un nouveau panneau apparaît à l'écran dans lequel vous allez spécifier les options d'exportation de vos fichiers.

Figure 13.7 : Le panneau File d'attente de rendu

4 Cliquez sur lien hypertexte *Rendu optimal*, situé en face de l'option *Paramètres de rendu*. La fenêtre apparaît, dans laquelle plusieurs options vous permettent d'ajuster selon votre convenance l'apparence de votre document :

— Dans le menu **Qualité**, sélectionnez l'un des modes de rendu proposés. Vous avez le choix entre prendre *Paramètres actuels*, *Optimale*, *Ebauche* ou *Filaire*.

— Dans le menu **Résolution**, choisissez l'option *Un tiers*.

— Cliquez sur OK une fois vos choix effectués.

La prochaine étape consiste à réajuster les paramètres au niveau du *Module de sortie*. Pour ce faire, cliquez sur le lien hypertexte *Non destructif*, situé en regard de l'option en question. La fenêtre qui s'affiche vous permet de définir les options de format vidéo de votre document.

1. Dans le menu **Format**, choisissez *FLV*. Ensuite, cliquez sur le bouton **Options de format** afin de définir les options spécifiques à ce format.

2. Dans le menu **Préconfiguration**, sélectionnez un des modèles de format *FLV* proposés. Votre composition ne comprenant pas d'audio, décochez l'option *Exporter audio*.

   En dessous de ces options, vous avez un récapitulatif des informations relatives à votre fichier. Puis trois onglets vous sont proposés :

   — Le premier onglet, **Vidéo**, vous permet de définir les réglages de la vidéo.

   — Le deuxième onglet, **Audio**, est à définir si votre fichier contient de l'audio.

   — Le troisième onglet, **Autres**, concerne le chargement de la vidéo sur un serveur ftp.

3. Cliquez sur OK jusqu'à ce que vous reveniez sur le panneau de rendu.

4. Spécifiez un répertoire pour votre fichier final. Pour cela, cliquez sur le lien hypertexte, situé en regard du menu **Destination**. La boîte de dialogue **Destination vidéo** apparaît à l'écran.

5. Créez un dossier. Dans le champ *Nom du fichier*, indiquez le nom de votre vidéo. Dans le menu **Type**, vérifiez qu'il soit bien réglé sur le format *FLV (*.flv)*.

6. Pour tester le fichier, cliquez sur le bouton **Rendu.**

L'étape suivante consiste à importer cette vidéo dans Flash :

1. Tout d'abord, ouvrez le panneau *Composants* (**Fenêtre/Composants**).

2. Faites glisser le composant *FLVPlayback* sur la scène.

3. Sélectionnez la vidéo.

4. Dans le panneau *Propriétés*, cliquez sur le bouton **Inspecteur de composants.**

   Dans le champ *source*, indiquez le nom de la vidéo *flv* que vous avez créée.

5. Testez l'animation (**Contrôle/Tester l'animation**). La vidéo est lue dans le flash player.

Le prochain exercice consiste à créer de la neige et à l'enregistrer au format *XFL*.

13.2. Utiliser le format XFL

Le but du format *XFL* est de faciliter les échanges entre Adobe Flash, Indesign, After Effects, Encore et Première Pro.

Créer la neige

Pour réaliser de la neige, procédez comme suit :

1 Lancez After Effects.

2 Créez un projet (**Fichier/Créer/Nouveau projet**).

Figure 13.8 : Le panneau Projet

3 Créez une composition. Pour cela, deux méthodes sont à votre disposition :

- Cliquez du bouton droit sur le panneau *Projet*. Dans le menu contextuel qui s'affiche, choisissez la commande **Nouvelle composition**.

- Allez dans le menu **Composition**, dans lequel vous sélectionnerez la commande **Nouvelle composition**.

4 La fenêtre **Paramètres de composition** s'affiche à l'écran.

5 Dans le champ *Nom de la composition*, nommez votre composition. Dans le menu déroulant **Paramètre prédéfini**, choisissez le format *Pal D1/DV Pixel carré*. Dans le champ *Durée*, indiquez 5 secondes. Cliquez sur OK.

6 Dans le menu **Calque**, choisissez les commandes **Créer/Solide**. La fenêtre **Réglage uni** apparaît, dans laquelle vous pouvez si vous le désirez modifier les paramètres de votre composition. Pour notre cas, vous nommerez simplement votre calque.

7 Dans le champ *Nom*, saisissez arrière-plan puis cliquez sur OK.

8 Dans le panneau *Effets et paramètres prédéfinis*, saisissez dans la zone de recherche le texte part.

9 Faites glisser l'effet *Laboratoire de particules* sur le calque.

10 Pour tester l'animation, déplacez la tête de lecture sur le scénario dans le panneau *Composition* ou appuyez sur la barre d'espacement.

11 Dans le panneau *Laboratoire de particules*, réglez les différentes options.

12 Commencez par repositionner le canon de la neige. Pour ce faire, cliquez sur le point de départ de la neige sur la scène. Faites-le glisser en haut de la scène. Réglez ensuite le *Rayon du canon* au minimum sur 333° afin que la neige se répartisse sur l'ensemble de la scène. Cliquez sur le carré coloré situé en regard de l'option *Couleur*. Choisissez dans le spectre de couleurs du blanc.

Créer de la neige

Pour créer de la neige, vous pouvez aussi appliquer un autre effet.

Une fois le calque solide créé, allez dans le menu **Effet/Simulation**. Choisissez la commande **CC Snow**. L'effet s'applique immédiatement à la scène. Il ne vous reste plus qu'à régler les paramètres.

Test de la scène

Pensez à tester la neige au fur et à mesure de vos changements.

13 Testez et ajustez à votre convenance.

Exporter au format XFL

Dans cette étape, vous allez exporter la neige au format *xfl*. Ce format a été créé par Adobe dans le but de faciliter les échanges entre les applications de la Creative Suite.

1 Allez dans le menu **Fichier**. Choisissez la commande **Exporter/Adobe Flash Professional (XFL)…**

2 La boîte de dialogue **Paramètres Adobe Flash Professional (XFL)** apparaît à l'écran. Elle permet de définir les options relatives aux différents composants de l'animation, comme les calques.

3 Si certains effets ne sont pas pris en charge par Flash, vous pouvez soit les *pixelliser* soit les *ignorer*. Choisissez la première option, qui permet d'aplatir les calques. Dans le menu **Format**, sélectionnez l'une des deux options, *FLV* ou *Séquence PNG*, qui correspond le mieux à votre animation. Selon ce que vous aurez choisi, les options de format seront différentes.

REMARQUE **Les fichiers FLV**

Les fichiers encodés au format *FLV* pourront contenir des couches alpha et des marques de repère. Les formes vectorielles seront conservées.

---

4 Si vous avez sélectionné *Séquence PNG*, une boîte de dialogue **Options PNG** vous permettra de définir le mode de compression du document. Pour notre cas, choisissez l'option *FLV*. Dans la fenêtre **Options de format**, conservez les réglages par défaut.

5 Pour valider vos paramètres, cliquez sur OK.

6 La fenêtre **Exporter sous Adobe Flash Professional (XFL)** apparaît.

7 Dans le champ *Nom de fichier*, indiquez un nom pour votre document. Dans le menu **Type**, choisissez le format *Document Flash (*.xfl)*. Cliquez sur le bouton **Enregistrer**.

Il s'agit à présent d'ouvrir le document *XFL* dans Flash.

Ouvrir un document XFL

Pour ouvrir un document *XFL*, procédez comme suit :

1 Allez dans le menu **Fichier**. Choisissez la commande **Ouvrir**.

2 Localisez votre fichier puis cliquez sur le bouton **Ouvrir**. La composition apparaît à l'écran. Vous retrouvez dans le panneau *Bibliothèque* les éléments du panneau *Projet*, et les calques ont été conservés.

3 Testez l'animation ([Ctrl]+[↵]).

4 Effectuez les modifications voulues.

5 Enregistrez votre animation au format *flash* (*.fla*). Pour cela, allez dans le menu **Fichier**. Choisissez la commande **Enregistrer sous**.

6 Il ne vous reste plus, dans la fenêtre qui s'affiche, qu'à indiquer le nom de votre nouveau fichier et à choisir dans le menu **Type** le format *flash* (*.fla*).

13.3. Créer une séquence PNG

After Effects permet aussi de créer une animation au format *PNG* que vous pouvez ensuite ouvrir dans Flash pour y effectuer les modifications voulues. Afin d'illustrer ce concept, vous allez animer un personnage de cartoon créé dans Illustrator. Ensuite, vous l'exporterez au format *PNG*.

1 Créez une composition. Pour cela, cliquez du bouton droit sur le panneau *Projet*. Dans le menu contextuel qui s'affiche, choisissez la commande **Nouvelle composition**.

2 La boîte de dialogue correspondante s'ouvre, dans laquelle vous nommerez votre composition `marionnette`.

3 Dans le champ *Durée*, indiquez 5 secondes. Cliquez sur OK.

4 Importez le personnage dans la composition. Pour ce faire, double-cliquez sur le panneau *Projet*. Dans la fenêtre **Importer ce fichier**, sélectionnez le fichier *illustrator*. Importez ce fichier sous la forme d'un *métrage*. Cliquez sur le bouton **Ouvrir**.

REMARQUE

Métrage
Les calques Illustrator sont aplatis.

5 Faites glisser ce personnage dans le panneau situé en dessous du panneau *Projet*.

Figure 13.9 : Le personnage cartoon

La prochaine étape consiste à l'animer avec l'outil **Marionnette**. Activez-le dans la boîte à outils.

L'outil Marionnette

L'outil **Marionnette** permet d'animer un dessin à l'aide de points de contrôle (appelés aussi coins) tout en essayant d'obtenir le mouvement le plus naturel possible.

1 Positionnez des points sur les parties du cartoon à animer.

Figure 13.10 : Les points de contrôle

2 Dans le panneau *Aperçu*, cliquez sur l'un des points.

3 Déplacez la tête de lecture à 3 secondes. Faites glisser le point sur la scène. Recommencez l'opération pour les autres points.

4 Glissez la tête de lecture vers la droite.

5 Arrêtez-vous à 4 secondes. Faites glisser de nouveau un des points de contrôle.

6 Testez l'animation. Pour cela, appuyez sur la touche ⊙.

REMARQUE

Modifier l'animation

Si le mouvement ne vous semble pas naturel, After Effects met à votre disposition deux outils (**Recouvrement marionnette** et **Empois marionnette**).

- Le premier outil, **Recouvrement marionnette**, corrige le passage de certains éléments du personnage derrière les parties du corps. Par exemple, le bras gauche passe en dessous du corps alors que vous désirez le contraire.
- Le second outil, **Empois marionnette**, évite que le personnage se déforme lorsqu'il s'anime.

Dans l'étape suivante, vous allez exporter l'animation au format *PNG*. Pourquoi utiliser ce format au lieu du format *SWF* ? Si vous prenez le second format, le fichier sera volumineux tandis que le format *PNG* permettra d'obtenir un fichier beaucoup plus petit.

Exporter au format PNG

Avant d'exporter le fichier au format PNG, réduisez-en la taille. Pour cela, suivez ces étapes :

1 ▣ Dans le panneau *Composition*, cliquez sur l'icône *Zone ciblée*.

2 Tracez un cadre autour du personnage.

3 Allez dans le menu **Composition**. Choisissez la commande **Recadrer comp. sur zone ciblée**.

4 Ensuite, sélectionnez la commande **Ajouter à la file d'attente de rendu**. Dans le panneau *File d'attente de rendu*, cliquez sur le lien hypertexte *Non destructif*. La fenêtre **Paramètres du module de sortie** s'affiche à l'écran. Dans le menu **Format**, sélectionnez *Séquence PNG*.

5 Dans la section *Sortie vidéo*, choisissez, dans le menu **Couches**, *RGB + Alpha*. Cliquez sur OK.

6 Cliquez sur le lien *Destination vidéo*. Dans la boîte de dialogue qui apparaît, nommez votre séquence. Indiquez son dossier de sauvegarde dans le champ *Où*. Appuyez sur le bouton **Enregistrer**.

7 Cliquez sur le bouton **Rendu**. Si vous ouvrez votre dossier de sauvegarde, vous retrouvez bien les images de la séquence animée.

8 Lancez Flash. Ouvrez un nouveau document.

9 Créez un nouveau symbole (**Insertion/Nouveau symbole**). Dans la boîte de dialogue qui s'affiche, nommez votre symbole.

10 Dans le menu **Type**, choisissez l'option *Clip*. Cliquez sur OK.

11 Importez la séquence dans la scène (**Fichier/Importer/Importer dans la scène**). Dans la fenêtre qui apparaît à l'écran, sélectionnez la première image de la séquence. Cliquez sur le bouton **Ouvrir**.

12 Un message d'avertissement vous signale que cette image fait partie d'une séquence et vous invite à importer la séquence dans sa totalité. Cliquez sur **Oui**. La séquence apparaît dans le panneau *Scénario* sous la forme d'une série d'images-clés.

13 Ouvrez le panneau *Bibliothèque*. Chacune des images de la séquence est représentée par une image bitmap.

14 Convertissez-les en un symbole afin de réduire la taille du fichier *swf*. Cliquez sur OK.

15 Organisez la bibliothèque. Pour cela, créez des dossiers.

16 Testez la scène.

Voyons à présent l'interaction entre Adobe Encore et Flash.

13.4. Créer du contenu Flash dans Adobe Encore

Adobe Encore permet de créer du contenu pour les DVD, Blu-ray. Vous pouvez également dans cette CS5 créer du contenu Flash :

1 Lancez Adobe Encore. Dans l'écran de bienvenue, cliquez sur le lien *Nouveau projet*. Dans la boîte de dialogue qui s'affiche, nommez votre fichier (voir Figure 13.11).

2 Indiquez le dossier de sauvegarde sur votre ordinateur. Dans la section *Paramètres du projet*, indiquez le type de projet que vous souhaitez réaliser. L'option est réglée par défaut sur *DVD*. Acceptez les autres paramètres par défaut en cliquant sur OK.

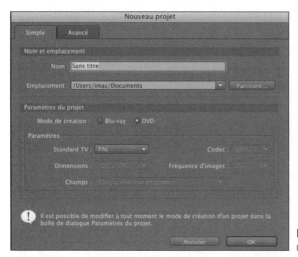

Figure 13.11 : La boîte de dialogue Nouveau projet

> **REMARQUE**
>
> **Les projets DVD**
> Sur un projet DVD, vous ne pouvez pas travailler en haute définition contrairement au Blu-ray.

3 Dans le panneau *Bibliothèque*, cliquez sur le bouton **Afficher/Masquer les menus**.

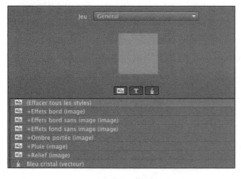

Figure 13.12 : Le panneau Bibliothèque

4 Double-cliquez sur le modèle *Menu spectacle*.

5 Avec l'outil **de sélection,** cliquez sur le bouton **PLAY**.

6 Dans le panneau *Propriétés*, cochez l'option *Activer le lien web pour Flash*. Dans le champ *URL*, indiquez l'adresse du site Internet sur lequel les utilisateurs seront redirigés lorsqu'ils cliqueront sur ce lien.

7 Ouvrez le panneau *Générer*.

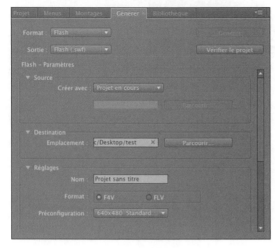

Figure 13.13 : Le panneau Générer

8 Dans le menu **Format**, sélectionnez l'option *Flash*. Cliquez sur le bouton **Vérifier le projet** afin de détecter les éventuels problèmes tels des liens cassés lorsque l'utilisateur clique sur les boutons ou des liens qui ne sont pas définis.

Un nouveau panneau s'affiche à l'écran dans lequel vous appuierez sur le bouton **Démarrer** afin de lancer la vérification. Une fois les problèmes résolus, fermez la fenêtre et revenez au panneau *Générer*.

9 Dans la section *Destination*, indiquez l'emplacement pour votre fichier. Pour cela, cliquez sur le bouton **Parcourir**.

10 Dans la partie *Réglages*, nommez votre projet. Cochez un des formats Flash proposés, à savoir *F4V* activé par défaut ou *FLV*. Le premier est un format qui compresse le mieux les fichiers par rapport au *FLV*. Celui-ci est le format standard du lecteur flash, donc le plus répandu. Pour notre cas, cochez l'option *FLV*.

11 Dans le menu **Préconfiguration**, choisissez l'un des modèles vidéo prédéfinis. Sélectionnez celui que vous voulez.

12 Ensuite, cochez l'option *Téléchargement progressif* ou *Flux serveur Flash Media*. Pour notre cas, acceptez le choix par défaut. Les vidéos seront donc lues à partir de l'emplacement de destination. Si vous activez le *Flux serveur Flash Media*, la lecture des vidéos s'effectuera à partir du serveur.

13 Cliquez sur le bouton **Générer**.

14 Pour visualiser le projet, cliquez sur la page *HTML* qui a été créée.

Si vous souhaitez ouvrir cette composition dans Flash, procédez comme suit :

1 Dans Adobe Encore, allez dans **Menu**, où vous choisirez la commande **Créer une composition After Effects**. Quelques instants après, le projet s'ouvre dans After Effects.

2 Ajoutez les animations et les modifications voulues.

3 Enregistrez le fichier dans un des formats supportés par Flash (*QuickTime*, *F4V*, *FLV*, *Séquence PNG*, etc.).

Pour clôturer ce chapitre, étudions le cas d'Adobe Soundbooth et Flash.

13.5. Modifier du son Flash dans Adobe Soundbooth

1 Reprenez une de vos animations précédentes.

2 Créez un nouveau calque que vous nommerez `son_anim`.

3 Importez dans la bibliothèque un son (**Fichier/Importer/Importer dans la bibliothèque**).

4 Une fois le son importé, faites-le glisser sur la scène. Celui-ci viendra se positionner sur son calque.

5 Dans le panneau *Bibliothèque*, cliquez du bouton droit sur le son. Dans le menu contextuel, sélectionnez la commande **Modifier avec Soundbooth**. Celui-ci s'ouvre dans l'application correspondante.

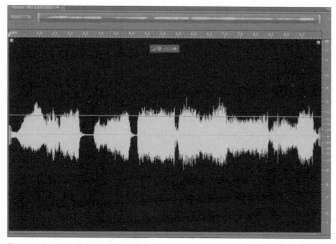

Figure 13.14 : Adobe Soundbooth

6 Modifiez-le avec les différents panneaux à votre disposition.

7 Ajoutez des repères. Pour cela, suivez ces étapes :

— Dans le panneau *Marques*, cliquez sur l'option *Ajouter une marque*, représentée par un signe plus.

— Dans le panneau *Informations sur les marques*, nommez votre repère.

8 Enregistrez votre son et retournez dans Flash. Les modifications ont été appliquées au son.

ANIMER AVEC ACTIONSCRIPT

ActionScript est un langage de programmation utilisé dans Flash qui permet de réaliser des animations sophistiquées. Pour les non-initiés, Flash met à votre disposition un assistant de script disponible dans le panneau *Actions*. Pour les animations simples, préférez ce panneau. Lorsque vous serez plus à même de réaliser des animations plus complexes, rédigez votre code dans un fichier externe. Une fois écrit, il ne vous restera plus qu'à l'appeler dans votre document.

Jusqu'ici, vous avez animé les objets à l'aide des outils et panneaux standard de Flash. Dans ce chapitre, vous utiliserez ActionScript pour déplacer et animer vos objets. Avant d'aborder le sujet proprement dit, voyons les nouveautés au niveau des fichiers ActionScript.

Dans la CS5, Flash vous propose de nouveaux types de documents ActionScript.

14.1. Nouveaux fichiers ActionScript

Désormais, il est possible de créer des fichiers *classes* d'ActionScript ainsi que des *interfaces* ActionScript. Commençons par les premiers.

Créer un fichier classe d'ActionScript

1 Créez un fichier *classe d'ActionScript* via le menu **Fichier/Nouveau**.

2 Dans la fenêtre qui s'affiche, choisissez le modèle *classe d' Action-Script* puis cliquez sur OK pour valider votre choix.

3 Dans la fenêtre **Créer une classe d'ActionScript 3**, saisissez dans le champ *Nom de classe*, le texte pour identifier votre classe puis cliquez sur OK.

Figure 14.1 : Création de la classe

4 Flash crée alors automatiquement le modèle de classe d'après le nom que vous lui avez indiqué (voir Figure 14.2).

Voyons à présent comment réaliser une interface d'ActionScript 3.

```
package {

    public class test {

        public function test() {
            // constructor code
        }

    }

}
```

Figure 14.2 : Modèle de classe

Créer un fichier interface d'ActionScript

1 Dans l'écran de bienvenue, choisissez *Interface d'ActionScript 3*.

2 Dans la fenêtre **Interface d'ActionScript 3**, donnez un nom à votre interface puis cliquez sur OK.

3 Flash crée automatiquement le modèle de base de l'interface.

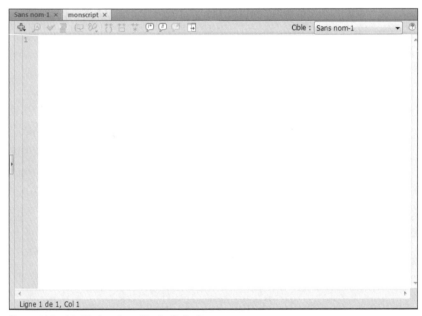

Figure 14.3 : Modèle Interface d'ActionScript 3

14.2. Écrire du code ActionScript

Pour rédiger du code ActionScript, vous disposez de deux moyens.

Le panneau Projet

Pour créer un fichier ActionScript, procédez comme suit :

1 Créez votre symbole à animer. Dans le panneau *Propriétés*, affectez-lui un nom d'occurrence.

2 Ouvrez le panneau *Projet* (**Fenêtre/Autres panneaux/Projet**).

3 ⬜ Cliquez sur l'icône *Créer un fichier*, située en bas du panneau.

4 Dans la boîte de dialogue qui s'affiche, entrez vos informations.

Figure 14.4 : La boîte de dialogue
Créer un fichier

5 Nommez votre fichier. Cochez l'option *Ouvrir le fichier* après sa création.

Figure 14.5 : Le fichier ActionScript

Le fichier *ActionScript* s'affiche à l'écran. Il ne vous reste plus qu'à rédiger votre code.

La seconde solution consiste à utiliser le panneau *Actions*.

Le panneau Actions

Pour accéder au panneau *Actions*, deux solutions s'offrent à vous :

- Appuyez sur la touche [F9].
- Allez dans le menu **Fenêtre**. Choisissez la commande **Actions**.

Le panneau *Actions* s'ouvre. Celui-ci se compose de trois volets.

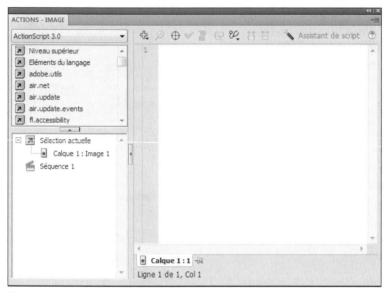

Figure 14.6 : Les différents volets du panneau Actions

- Dans le volet de gauche du haut sont listées les différentes classes et méthodes du code.
- Le volet central correspond au lieu où seront rédigés vos codes.
- Le volet du bas représente le navigateur de script. Il vous permet de savoir tout de suite où vous vous situez dans l'animation : sur la scène ou dans un symbole.
- Pour rédiger les codes, vous disposez d'un assistant de script accessible depuis le bouton du même nom. Flash intègre alors les instructions et les méthodes nécessaires correspondant au code que vous souhaitez écrire.

La rédaction du code ActionScript 3 dans Flash CS5 a été facilitée notamment pour les débutants.

14.3. Aide à la rédaction du code ActionScript

1 Créez un nouveau document (**Fichier/Nouveau document**) puis choisissez **ActionScript 3.0**.

2 À l'aide de l'outil **Ellipse**, tracez un cercle.

3 Convertissez-le en symbole ([F8]).

4 Nommez-le.

5 Dans le panneau *Propriétés*, attribuez-lui un nom d'occurrence par exemple `ball_mc`.

6 Cliquez sur votre balle dans la zone de travail afin de la sélectionner.

7 Affichez le panneau *Fragments de code* (**Fenêtre/Fragments de code**).

Figure 14.7 : Panneau Fragments de code

8 Déroulez la catégorie *Actions* puis double-cliquez sur le code *Arrêter le clip*. Celui-ci vient se placer sur un calque séparé.

9 Testez votre animation ([Ctrl]+[←]). La balle est bien arrêtée.

Vous pouvez créer également votre propre fragment de code.

14.4. Créer votre code

Par exemple, vous souhaitez déplacer cette balle. Dans une animation précédente, vous avez saisi du code correspondant à un déplacement d'objet et vous désirez maintenant l'attribuer à l'objet actuellement à l'écran. Au lieu de taper à nouveau le code, vous pouvez
sauvegarder celui que vous avez utilisé précédemment puis le placer
dans l'actuelle animation.

1 Ouvrez le fichier *ball_Aleatoire.fla* (**Fichier/Ouvrir**).

2 Affichez le panneau *Actions* (**Fenêtre/Actions**).

3 Sélectionnez le code présent.

4 Cliquez sur le bouton **Fragments de code**.

5 Cliquez dans le coin supérieur droit pour afficher le sous menu.

6 Dans la liste qui s'affiche, choisissez la commande **Créer un
fragment de code**.

7 Dans la fenêtre qui s'ouvre, cliquez sur le bouton **Remplissage
automatique**.

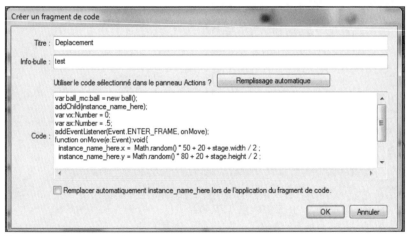

Figure 14.8 : Enregistrer un fragment de code

8 Saisissez un nom pour votre code.

9 Dans le champ *Info-bulle*, tapez une brève description de votre
code.

10 Cochez l'option *Remplacer automatiquement instance_name_here
lors de l'application du fragment de code*.

11 Cliquez sur OK pour valider vos paramètres. Une catégorie *Person-naliser* avec votre code sauvegardé a été créée dans le panneau *Fragments de code.*

Il s'agit à présent d'appliquer le code.

Appliquer un code ActionScript

1 Retournez dans le document contenant votre balle.

2 Supprimez le calque *Actions*. Pour cela, dans le panneau *Scénario*, sélectionnez le calque en question puis cliquez sur l'icône *Supprimer en forme de corbeille.*

3 Sélectionnez le symbole sur la zone de travail.

4 Ouvrez le panneau *Fragments de code* (**Fenêtre/Fragments de code**).

5 Double-cliquez sur le code que vous avez sauvegardé.

Lorsque vous saisissez du code, il est recommandé de le commenter. Ceci est valable par ailleurs pour tous les langages de programmation.

14.5. Ajouter des commentaires

Dans un code ActionScript, les commentaires permettent de retrouver une erreur plus facilement. Vous pouvez ajouter deux types de commentaires.

Si vous souhaitez rédiger un commentaire sur une ligne, saisissez-le de cette manière :

```
// mon premier commentaire
```

Si votre commentaire tient sur plusieurs lignes, vous devez l'écrire comme ceci :

```
/* mes commentaires
*/
```

Voyons à présent les variables. Comme dans tout langage de programmation, des variables sont définies.

14.6. Les variables

Si dans ActionScript 2 vous n'étiez pas obligé de définir les variables, dans ActionScript 3 l'opération est obligatoire.

La variable

Une variable a pour but de définir un objet qui sera animé ou modifié par la suite.

Pour définir une variable, vous devez indiquer le mot-clé `var` suivi du nom de la variable et du type de cette variable :

`var` *nom de la variable* : *type de la variable* = `new` *nom de la variable* `()` ;

Le nom de la variable ne pourra contenir que des lettres, des chiffres, l'*underscore* (_) ou le signe du dollar.

Vous avez plusieurs types de variables. Dans les précédentes versions d'ActionScript, le type `Number` représentait tous les types de nombres. Dans la version ActionScript 3, deux nouveaux types font leur apparition.

- Il s'agit de `Int`, qui regroupe les entiers positifs et négatifs ou zéro. Les chiffres derrière la virgule ne seront pas pris en compte.
- Le second type de variable s'intitule `Uint`. Elle définit les nombres entiers positifs. Les valeurs hexadécimales des couleurs seront stockées dans ce type de variable.

Parmi les autres types de variables, voici les plus courants :

- `String`. Stocke les chaînes de caractères, à savoir le texte entre les guillemets.
- `Array`. Permet de définir les tableaux.
- `Boolean`. Correspond à une valeur booléenne qui ne pourra être que `true` (vrai) ou `false` (faux).

Avant d'aborder l'animation, voyons de quelle manière déboguer une animation écrite avec ActionScript.

14.7. Déboguer une animation

Cette opération consiste à fixer les problèmes qui peuvent survenir lorsque vous testez une animation.

Tout d'abord, pour réaliser ce type d'opération, vous pouvez utiliser la fonction `trace()`.

La fonction trace()

La fonction `trace()` permet de vérifier et de déboguer vos scripts. Lorsque vous testez une animation, la valeur de la fonction `trace()` s'affichera dans le panneau *Sortie*. C'est aussi à cet endroit que les problèmes seront listés.

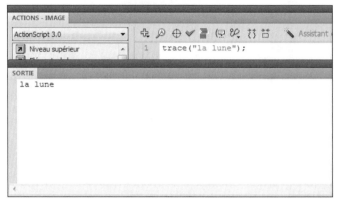

Figure 14.9 : La fonction trace()

Outre la fonction `trace()`, pour déboguer du code ActionScript, vous disposez des options offertes par le panneau *Actions*.

Le panneau Actions

1 Lorsque l'écriture du code est terminée, déroulez le menu local du panneau *Actions*.

2 Dans la liste qui s'affiche, sélectionnez la commande **Vérifier la syntaxe**.

3 Ajoutez des repères afin de repérer plus facilement les erreurs indiquées. Pour ce faire, il existe plusieurs méthodes :

- Sélectionnez la ligne où vous souhaitez ajouter un point de repère. Cliquez sur le bouton **Options de débogage**. Dans le menu contextuel qui apparaît, sélectionnez la commande **Basculer le point d'arrêt**.

- Cliquez dans la colonne de gauche située en regard de la ligne concernée (voir Figure 14.10).

- Cliquez du bouton droit à droite de la ligne où vous désirez ajouter un point de repère. Dans le menu contextuel, sélectionnez la commande **Basculer le point d'arrêt**.

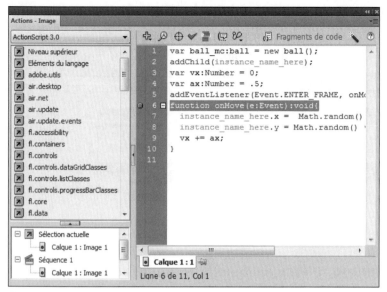

```
Actions - Image
ActionScript 3.0                                    Fragments de code
 Niveau supérieur          1  var ball_mc:ball = new ball();
 Eléments du langage       2  addChild(instance_name_here);
 adobe.utils               3  var vx:Number = 0;
 air.desktop               4  var ax:Number = .5;
 air.net                   5  addEventListener(Event.ENTER_FRAME, onM
 air.update                6  function onMove(e:Event):void{
 air.update.events         7     instance_name_here.x =  Math.random()
 fl.accessibility          8     instance_name_here.y = Math.random()
 fl.containers             9     vx += ax;
 fl.controls              10  }
 fl.controls.dataGridClasses  11
 fl.controls.listClasses
 fl.controls.progressBarClasses
 fl.core
 fl.data

 Sélection actuelle
    Calque 1 : Image 1
 Séquence 1
    Calque 1 : Image 1      Calque 1 : 1
                            Ligne 6 de 11, Col 1
```

Figure 14.10 : Le point de repère

4 Les couleurs sont utilisées par défaut pour afficher le code dans le panneau *Actions*. Pour les modifier, allez dans le menu **Préférences** (**Modification/Préférences**).

5 Cliquez sur la rubrique *ActionScript*.

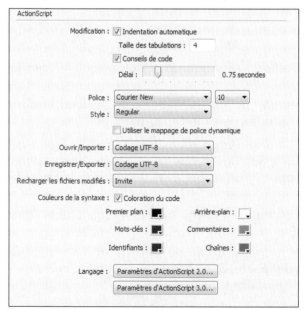

Figure 14.11 : Les préférences d'ActionScript

6 Dans la partie de droite, vous avez la possibilité de modifier les couleurs pour le code, la taille ou la police de la syntaxe ActionScript.

Pour déboguer une animation, Flash met à votre disposition l'explorateur d'animations.

L'explorateur d'animations

L'explorateur d'animations est un moyen rapide pour visualiser la structure d'une animation et vérifier le code ActionScript ainsi que les objets pouvant poser problème. Pour afficher cet explorateur, allez dans le menu **Fenêtre**, où vous choisirez la commande **Explorateur d'animations**.

Figure 14.12 : L'explorateur d'animations

1 Ouvrez l'une de vos animations où vous avez saisi la méthode `stop()` dans le panneau *Actions*.

2 Dans l'explorateur d'animations, recherchez ce code.

3 Saisissez dans la zone de recherche *Actions*. Le résultat est alors affiché dans la partie inférieure du panneau. Flash indique *Actions sur l'image 1*, par exemple.

4 Déroulez la branche de cette structure. Vous voyez alors apparaître le code saisi.

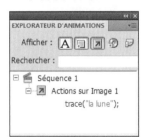

Figure 14.13 : Le code dans l'explorateur d'animations

5 Pour le modifier, double-cliquez dessus.

6 Le panneau *Actions* s'affiche à l'écran. Il ne vous reste plus qu'à procéder aux modifications nécessaires.

REMARQUE

L'explorateur d'animations

L'explorateur d'animations non seulement permet d'afficher la liste des éléments de l'animation mais vous donne aussi la possibilité d'organiser votre projet. En effet, vous pouvez :

- filtrer les éléments qui doivent être visibles ou non ;
- renommer vos éléments ;
- les sélectionner mais aussi supprimer ceux dont vous n'avez plus l'utilité ;
- imprimer la structure de votre composition.

Flash met également à votre disposition le menu **Déboguer**.

Le menu Déboguer

Pour déboguer une animation, procédez comme suit :

1 Ouvrez le document *deboguer.fla*.

2 Dans le panneau *Actions*, les points de repères ont déjà été définis.

3 Allez dans le menu **Déboguer**. Choisissez la commande **Déboguer l'animation**. Le panneau *Débogage* a subi quelques changements par rapport à celui d'ActionScript 2. La fonction est identique mais il est un peu différent. Celui-ci est composé de plusieurs panneaux : *Console de débogage*, *Variables*, le panneau *Actions*, le navigateur de script et le panneau *Sortie*.

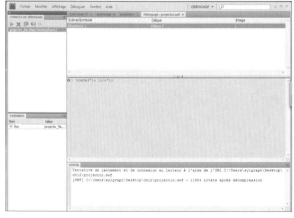

Figure 14.14 : Le panneau Débogage

REMARQUE **Afficher l'espace de travail Débogage**
Pour afficher cet espace, cliquez sur le menu **Espace de travail**, situé dans la barre de travail. Dans la liste qui apparaît, sélectionnez l'espace **Débogage**.

- La *console de débogage* affiche les points d'arrêt définis au préalable ainsi que la liste des fonctions utilisées. Elle s'arrête à chaque point d'arrêt. Pour continuer, il suffit de cliquer sur l'icône *Continuer*.

- Le panneau *Variables* liste quant à lui les variables créées dans le code. Pour afficher tous les types de variables de l'animation, déroulez le menu **local**. Sélectionnez les options *Afficher les constantes* et *Afficher les valeurs statiques*.

- Lorsqu'un problème est détecté, la ligne du code est affichée dans le panneau *Erreurs de compilation*. Pour localiser l'erreur dans le code, double-cliquez dessus.

Pour corriger vos erreurs, il est désormais plus facile de la localiser en particulier si votre code est dense.

14.8. Le panneau Erreurs de compilation

1 Ouvrez le document contenant votre code.

2 Testez votre animation.

3 Les erreurs s'affichent dans le panneau *Erreurs de compilation*.

4 Cliquez sur le code à corriger. Ce qui aura pour effet de le sélectionner.

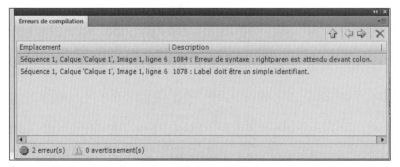

Figure 14.15 : Le panneau Erreurs de compilation

5 Cliquez sur l'icône *Accéder à la source* située dans le coin supérieur droit du panneau *Erreurs de manipulation*. Flash affiche alors automatiquement la ligne du code qui pose problème.

Pour aller aux autres erreurs du code, utilisez les flèches de navigation situées dans le coin supérieur droit du panneau *Erreurs de manipulation*.

L'animation d'un objet est régie par les lois de la physique. Pour animer un objet comme vous le souhaitez, il est bon d'avoir quelques notions de déplacement dans l'espace. Tout d'abord, vous allez positionner une balle dans la scène.

14.9. Placer un objet

Le système de coordonnées de Flash est identique aux autres logiciels de la Creative Suite. Contrairement au système classique des coordonnées, le point d'origine se situe dans le coin supérieur gauche de Flash. Flash se base sur le système des coordonnées de la vidéo.

■ L'axe *X* est l'axe horizontal. Il représente l'axe des abscisses.

■ L'axe *Y* est l'axe vertical. Il correspond à l'axe des ordonnées.

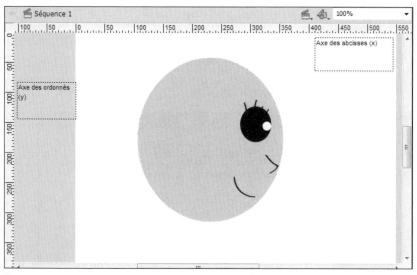

Figure 14.16 : Le système des coordonnées Flash

Par exemple, pour placer un objet aux coordonnées suivantes (20, 20), il sera situé à cet emplacement. Pour réaliser cette opération, procédez comme suit :

1 Créez un nouveau document Flash (AS3.0).

2 Sur le calque 1, dessinez un cercle avec l'outil **Ovale**.

3 Remplissez-le avec le dégradé radial rouge noir par défaut.

Figure 14.17 : La balle

4 Convertissez-le en symbole (F8). Dans la boîte de dialogue **Nouveau symbole**, nommez-le `ball_mc`. Dans le menu **Type**, choisissez l'option *Clip*. Cliquez sur OK.

5 Créez un autre calque que vous nommerez `actions`. Placez-le au-dessus du calque précédent.

REMARQUE

Le calque actions

Il est recommandé de positionner le calque contenant de l'ActionScript en haut de la liste des calques car Flash lit les calques en général de bas en haut. Lorsque vous insérez ce type de calque, pensez à verrouiller les autres calques afin d'éviter qu'un objet figure par erreur sur le calque contenant du code ActionScript.

---

6 Ouvrez le panneau *Actions* (F9). Saisissez le code suivant :

```
ball.x = 50;
ball.y = 26;
```

La balle sera située aux coordonnées (50, 26).

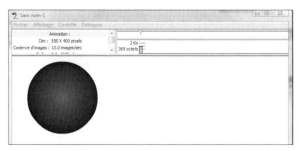

Figure 14.18 :
Positionnement d'un objet

Une fois la balle positionnée, il s'agit à présent de l'animer. Pour ce faire, vous utiliserez un peu de trigonométrie.

DÉFINITION

La trigonométrie
La trigonométrie est l'étude des triangles et la relation des côtés avec les angles.

14.10. Un peu de maths

Même si vous n'êtes pas ami avec les maths, il est bon de posséder quelques notions si vous souhaitez réaliser des animations plus élaborées que celles conçues avec les outils et fonctionnalités standard de Flash. ActionScript possède des fonctions trigonométriques pour calculer les relations entre les côtés des triangles et les angles : *sinus*, *cosinus*, *tangente*, etc. Ensuite, vous appliquerez ces formules à des cas pratiques.

Les angles

En trigonométrie, vous entendrez souvent parler d'angles.

DÉFINITION

Un angle
Un angle est l'intersection ou l'espace entre deux lignes ou plus.

Plus l'espace est important, plus l'angle sera grand. Il existe deux systèmes de mesure d'angles : le radian et les degrés.

Le radian et les degrés

La mesure en degré vous est familière. Vous l'utilisez en dessin mais aussi lorsque vous animez les objets avec les nouveaux outils 3D : le pivotement des objets avec l'outil **de rotation 3D** s'effectuait en degré (30°, 45°, 90°, 180°, 360°). Le déplacement des objets avec l'outil **de translation 3D** utilisait la valeur radian pour calculer l'angle de direction de l'objet.

Les degrés sont aussi utilisés pour les filtres. Par exemple, si vous souhaitez appliquer une ombre portée à une certaine distance d'un objet, vous aurez besoin de spécifier cet angle en degré.

Pour calculer ces mesures, les méthodes de la classe *Math* seront utilisées. Pour connaître la valeur radian, utilisez la formule suivante :
`radians = degrees * Math.PI/180`

Pour convertir les degrés en radians, la formule sera : `Degrees = radians * 180 /Math.PI`

DEFINITION

La classe Math

La classe *Math* contient les méthodes et les propriétés représentant les fonctions mathématiques les plus courantes.

Les fonctions trigonométriques

La première des fonctions trigonométriques est le *sinus d'un angle*, dont la formule mathématique est la suivante : `Sinus = Opposé / Hypoténuse`.

En ActionScript, la formule se traduit par `Math.sin(`*angle*`)`. Par exemple, vous souhaitez calculer le sinus d'un angle de 30° :

- Le côté Opposé est égal à `1` et l'hypoténuse, à `2`.
- Le sinus d'un angle de `30°` est alors égal à `0,5`. Pour le vérifier dans Flash, procédez comme suit :

1 Créez un document Flash (AS3.0).

2 Ouvrez le panneau *Actions* (F9). Saisissez le code suivant :

```
trace(Math.sin(30 * Math.PI / 180)) ;
```

Figure 14.19 : Le résultat du sinus d'un angle

La seconde fonction trigonométrique dont vous pourrez avoir besoin est le *cosinus d'un angle*, qui se traduit en ActionScript de la manière suivante. Dans un nouveau document Flash (AS3.0), saisissez dans le panneau *Actions* :

```
trace (Math.cos(-30 * Math.PI / 180)) ;
```

Figure 14.20 : Le résultat du cosinus d'un angle

La troisième fonction mathématique correspond au calcul de la *tangente*.

```
Tangente = côté opposé / côté adjacent
```

En ActionScript, vous écrirez dans le panneau *Actions* :

```
trace (Math.tan(-30 * Math.PI/ 180)) ;
```

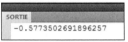

Figure 14.21 : Le résultat de la tangente

Il s'agit à présent d'appliquer ces fonctions mathématiques aux symboles.

14.11. Déplacer les objets

Une fois ces notions assimilées, entrons dans le vif du sujet avec l'animation de la balle. Celle-ci peut se déplacer de différentes façons :

■ automatiquement ;

- par le biais de la souris ;
- à l'aide du clavier.

Ce sont des événements qui vont arriver lorsque vous effectuerez une action. L'opération est rendue possible grâce à la classe *Event*.

Le déplacement automatique

Pour animer la balle de manière automatique, les deux premières formules mathématiques seront utilisées (sinus et cosinus). Tout d'abord, l'exercice consistera à animer la balle en calculant le sinus d'un angle. Dans un nouveau document Flash, saisissez dans le panneau *Actions* le code suivant :

```
var angle:Number = 0;
addEventListener(Event.ENTER_FRAME, onMove);
function onMove(e:Event):void {
    ball.y = 100 + Math.sin(angle) * 70;
    angle += .2;
}
```

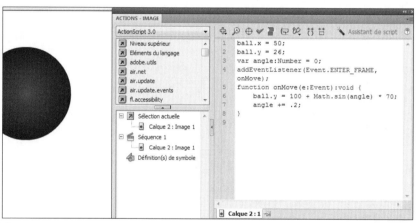

Figure 14.22 : Le déplacement de la balle

- Tout d'abord, vous devez définir l'angle de départ du déplacement de la balle. Si vous ne le faites pas, vous risquerez d'avoir l'erreur `Undefined`.

- Ensuite, un écouteur d'événement est ajouté, lequel fait appel à la fonction `onMove`.

- À l'intérieur de cette fonction, les instructions indiquent à Flash que le déplacement de la balle se fera sur l'axe *Y*. La valeur de `100` correspond à sa position sur cet axe. Ensuite, le sinus de l'angle de départ est calculé. Celui-ci sera multiplié par `70`. Ensuite, la vitesse est affectée à l'angle. Essayez de la modifier. Ajoutez à l'angle une valeur de 1. Voyez la différence. La balle se déplace plus rapidement.

Dans le prochain exercice, vous allez réaliser un mouvement circulaire. Pour ce faire, saisissez ces instructions dans le panneau *Actions* :

```
var angle:Number = 0;
addEventListener(Event.ENTER_FRAME, onMove);
function onMove(e:Event):void {
    ball.x = 200 + Math.cos(angle) * 100;
    ball.y = 100 + Math.sin(angle) * 100;
    angle += 1;
}
```

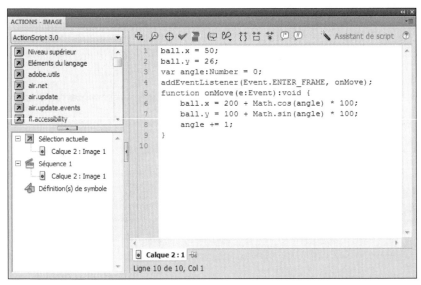

Figure 14.23 : Le code d'un mouvement circulaire

Déplacer avec le clavier

Pour déplacer la balle avec les flèches du clavier, vous utiliserez l'événement `KeyboardEvent`. Celui-ci possède deux propriétés, `KEY_DOWN` et `KEY_UP`.

Dans le panneau *Actions*, saisissez le code suivant :

```
ball.x = 50;
ball.y = 26;
stage.addEventListener(KeyboardEvent.KEY_DOWN, onKey);
function onKey(evt:KeyboardEvent):void{
    switch(evt.keyCode) {
```

```
case Keyboard.LEFT :
  ball.x += 10;
  break;
case Keyboard.DOWN:
  ball.y += 10;
  break;
case Keyboard.UP:
  ball.y += 20;
  break;
case Keyboard.RIGHT :
  ball.y -= 4;
  break;
default :
  break;
  }
}
```

- Tout d'abord, le code commence par indiquer la position de la balle sur les axes *x* et *y*.

- Ensuite, l'événement KeyboardEvent a été ajouté à la scène. Celui-ci ne peut être écouté que depuis la scène. L'événement exécute la fonction onKey.

DÉFINITION | **Une fonction**
Une fonction contient un bloc d'instructions. Recourir à des fonctions évite les tâches répétitives.

- À l'intérieur de cette fonction, l'instruction switch() teste l'événement et exécute les instructions si une condition renvoie la valeur true. La propriété keyCode permet de détecter si une touche du clavier a été enfoncée.

- Si aucun déplacement de l'objet n'est égal à ce que vous comparez, l'instruction par défaut sera exécutée.

La question qui pourrait se poser est la suivante : qu'arrive-t-il lorsque la balle rencontre un autre objet ? Comme vous pourrez le constater, celle-ci passe derrière cet objet. Vous allez créer un événement lorsque la collision se produit.

14.12. Détecter une collision

Pour réaliser un événement lorsque deux objets se rencontrent, vous utiliserez l'instruction if().

À la suite de l'instruction switch(), tapez les lignes suivantes :

```
if(ball.hitTestObject(ball2_mc)){
   trace("Eh, je suis là");
}
```

- L'instruction `if()` permet de vérifier la condition, qui est : si la balle rencontre un second objet.

- Lorsque la condition `if` renvoie `true`, Flash exécute les instructions qui suivent la condition `if` entre accolades (`{}`).

Déplacer avec la souris

L'exercice suivant consiste à déplacer la balle en utilisant le glisser-déposer.

ATTENTION

Le glisser-déposer
Cette opération ne fonctionne qu'avec un objet à la fois.

```
stage.addEventListener(MouseEvent.MOUSE_DOWN, onMove);
function onMove(e:Event):void{
   ball.startDrag();
}
stage.addEventListener(MouseEvent.MOUSE_UP, onMove2);
function onMove2(e:Event):void{
   ball.stopDrag();
}
```

- Tout comme les événements clavier, les événements à l'aide de la souris sont écoutés depuis la scène. La méthode `addEventListe-ner()` contient deux paramètres.

- Le premier paramètre indique le type d'événement à écouter. Dans ce cas de figure, il s'agit de l'utilisateur, qui conserve le bouton gauche de la souris enfoncé.

- Le second paramètre fait appel à la fonction `onMove`.

- Ensuite, dans la fonction `onMove`, les instructions indiquent à la balle son déplacement. Il consiste à suivre le pointeur de la souris grâce à la méthode `startDrag()`.

- Un second événement a été ajouté à la scène. Il s'agit du relâchement du bouton de la souris. À ce moment-là, les instructions à l'intérieur de la fonction `onMove2` indiquent à la balle de ne plus suivre le pointeur de la souris. Cette opération est rendue possible avec la méthode `stopDrag()`.

```
1    stage.addEventListener(MouseEvent.MOUSE_DOWN,
     onMove);
2    function onMove(e:Event):void{
3        ball.startDrag();
4    }
5        stage.addEventListener(MouseEvent.MOUSE_UP,
     onMove2);
6    function onMove2(e:Event):void{
7        ball.stopDrag();
8
9    }
10
```

Figure 14.24 : Le code pour déplacer un objet avec la souris

Vous pouvez limiter le déplacement de la souris dans la scène. Il vous faudra alors définir les paramètres de la fonction startDrag().

1 Tout d'abord, définissez l'espace de déplacement de la souris. Celui-ci s'effectuera dans un rectangle. Pour le créer, saisissez le code suivant :

```
var rect:Rectangle = new Rectangle (50, 50, 200, 200);
```

2 Ajoutez dans les accolades de la méthode startDrag() les paramètres suivants :

```
ball.startDrag (false, new Rectangle(50,50,300,300));
```

Dans ce second cas pratique, l'opération consiste à créer un bouton. Ensuite, vous cliquez dessus. La balle va alors se déplacer selon l'axe horizontal ou vertical. C'est cet événement que vous allez réaliser.

1 Créez un nouveau document Flash (AS3.0).

2 Dans le panneau *Bibliothèque*, déroulez le menu du haut pour accéder aux objets du fichier précédent.

3 Faites glisser une occurrence de la balle sur la scène.

4 Dans le panneau *Propriétés*, donnez-lui le nom d'occurrence de ball.

5 Dessinez un bouton à l'aide des outils de dessin géométrique. Convertissez-le en symbole de type bouton. Comme nom d'occurrence, saisissez btnBall.

6 Dans le panneau *Scénario*, insérez un nouveau calque que vous nommerez actions.

7 Ouvrez le panneau *Actions* ([F9]), dans lequel vous saisirez le code suivant :

```
stop() ;
btnBall.addEventListener (MouseEvent.CLICK, ballMove) ;
function ballMove(e:Event):void{
  gotoAndPlay(2);
}
```

- Tout d'abord, l'animation est arrêtée par la méthode `stop()`.
- Ensuite, un événement a été ajouté au bouton **btnBall**. Il s'agit du clic sur le bouton qui fait appel à la fonction `ballMove`. Les instructions de cette dernière sont alors rédigées.
- La fonction `void` ne retourne aucune donnée. À l'intérieur de la fonction, il est indiqué à Flash de jouer le contenu de l'image 2 lorsque l'utilisateur clique sur le bouton.

Lorsque la balle se déplace dans la scène, elle va plus ou moins vite. Lorsque vous définirez son déplacement, il vous faudra déterminer sa vélocité et son accélération.

14.13. La vélocité

La vélocité correspond à la vitesse de déplacement d'un objet sur un ou deux axes.

```
var vx:Number = 5;
addEventListener(Event.ENTER_FRAME, onMove);
function onMove(e:Event):void {
  ball.x += vx;
}
```

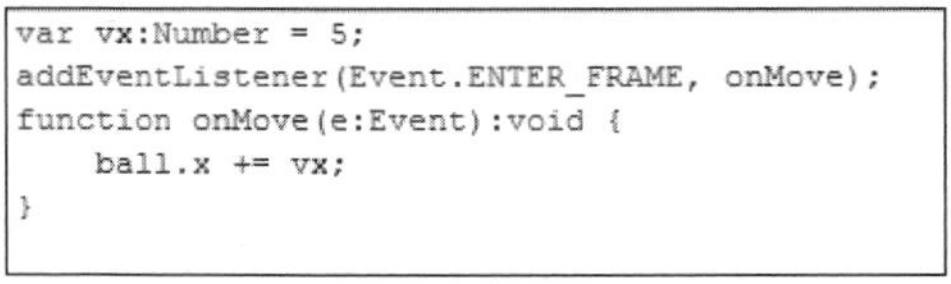

```
var vx:Number = 5;
addEventListener(Event.ENTER_FRAME, onMove);
function onMove(e:Event):void {
    ball.x += vx;
}
```

Figure 14.25 : Le code pour définir la vélocité d'un objet

Les instructions signifient que la vélocité sur l'axe *X* sera de 5. Cela signifie que la balle se déplacera de 5 pixels dans chaque image de l'animation de gauche à droite.

14.14. L'accélération

L'accélération représente la vitesse de déplacement d'un objet, qui s'effectue plus ou moins vite. Pour l'appliquer à la balle, saisissez le code suivant :

```
var vx:Number = 0;
var ax:Number = .5;
addEventListener(Event.ENTER_FRAME, onMove);
function onMove(e:Event):void {
  ball.x += vx;
  vx += ax;
}
```

```
var vx:Number = 0;
var ax:Number = .5;
addEventListener(Event.ENTER_FRAME, onMove);
function onMove(e:Event):void {
    ball.x += vx;
    vx += ax;
}
```

Figure 14.26 : L'accélération

La vélocité au départ est fixée à 0. Ensuite, la balle accélère. L'accélération (ax) est de 0.5.

14.15. Animation aléatoire

Pour animer un objet de manière aléatoire, vous allez utiliser la méthode random () de la classe Math. Cette fois-ci, la scène devra au départ être vide de tout objet. Celui-ci sera ajouté dynamiquement.

1 Créez une balle que vous convertirez en symbole *clip*.

2 Nommez-la ball. Cliquez sur OK.

3 Dans le panneau *Bibliothèque*, cliquez du bouton droit sur la balle. Dans le menu contextuel qui s'affiche, choisissez la commande **Propriétés**.

4 Dans la partie inférieure de la fenêtre **Propriétés du symbole**, cochez l'option *Exporter pour ActionScript*. Cliquez sur OK.

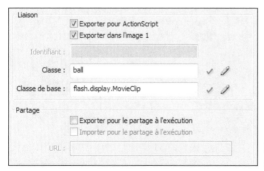

Figure 14.27 : Exporter pour ActionScript

5 Supprimez le symbole sur la scène.

6 Dans le panneau *Actions*, saisissez le code suivant :

```
var ball_mc:ball = new ball();
addChild(ball_mc);
var vx:Number = 0;
var ax:Number = .5;
addEventListener(Event.ENTER_FRAME, onMove);
function onMove(e:Event):void{
   ball_mc.x =  Math.random() * 50 + 20 + stage.width / 2 ;
   ball_mc.y = Math.random() * 80 + 20 + stage.height / 2 ;
   vx += ax;
}
```

```
var ball_mc:ball = new ball();
addChild(ball_mc);
var vx:Number = 0;
var ax:Number = .5;
addEventListener(Event.ENTER_FRAME,
onMove);
function onMove(e:Event):void{
ball_mc.x =  Math.random() * 50 + 20 +
stage.width / 2 ;
ball_mc.y = Math.random() * 80 + 20 +
stage.height / 2 ;
vx += ax;
}
```

Figure 14.28 : Le code pour une animation aléatoire

ANIMER POUR ADOBE DEVICE CENTRAL

Intégré à la Creative Suite, Adobe Device Central CS5 permet de créer et de tester des vidéos, des jeux interactifs, des écrans de veille, etc. à destination des périphériques mobiles. Grâce aux fonctionnalités proposées dans une toute nouvelle interface, vous pouvez en peu de temps visualiser votre contenu sur plus de 450 périphériques mobiles disponibles dans une bibliothèque en ligne. Dans ce chapitre, vous allez créer un écran de veille à l'aide de Flash et de Device Central. La première étape consiste à créer un document pour mobile.

15.1. Créer le document pour mobile

1 Tout d'abord, lancez Flash.

2 Créez votre document pour mobile. Pour cela, deux méthodes s'offrent à vous :

- Dans l'écran de bienvenue, sélectionnez dans la colonne *Créer* l'option *Fichier Flash Lite 4.*

Figure 15.1 : Créer un fichier Flash pour les mobiles

- Ouvrez la commande **Nouveau** (**Fichier/Nouveau**). Dans la boîte de dialogue **Nouveau document**, sélectionnez le modèle *Fichier Flash Lite 4 ou Adobe Device Central.*

Figure 15.2 : La boîte de dialogue Nouveau document

Créer un document flash (Mobile)

REMARQUE

Vous pouvez créer votre document flash (Mobile) depuis Adobe Device Central. Pour ce faire, procédez comme suit :

1 Lancez Adobe Device Central.

2 Dans l'écran de bienvenue, cliquez, dans la colonne *Créer nouveau mobile*, sur l'option *Fichier Flash*.

Il s'agit à présent de créer un projet directement dans Device Central CS5.

Créer un projet

Pour créer un projet, suivez ces étapes :

1 Pour y accéder, allez dans le menu **Fichier**. Choisissez la commande **Nouveau projet**.

2 Dans la boîte de dialogue qui s'affiche, nommez-le puis cliquez sur le bouton **Enregistrer le projet** pour le sauvegarder.

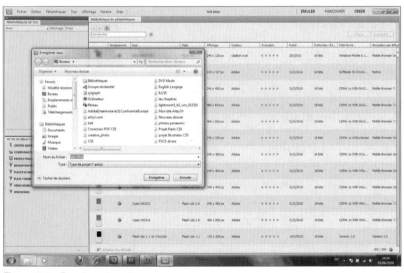

Figure 15.3 : Enregistrer le projet

L'interface d'Adobe Device Central s'affiche à l'écran.

15.2. Présentation d'Adobe Device Central

L'interface est composée de plusieurs panneaux :

- En haut de l'interface, des menus principaux vous permettent d'accéder aux commandes pour créer et tester le contenu sur les périphériques mobiles.
- Dans la colonne de gauche, vous trouvez les panneaux *Périphériques de test et Filtre de Bibliothèque.*
- Dans la partie de droite figure le panneau *Bibliothèque de périphériques.*

Le panneau Bibliothèque de périphériques

Le panneau *Bibliothèques de périphériques* liste les périphériques mobiles du marché. Plus de 450 modèles avec leurs caractéristiques sont répertoriés et constamment mis à jour avec les dernières informations puisque la bibliothèque est connectée à un serveur Adobe sur Internet. À chaque fois que vous sélectionnerez un périphérique, vous serez ainsi assuré de disposer du modèle le plus récent.

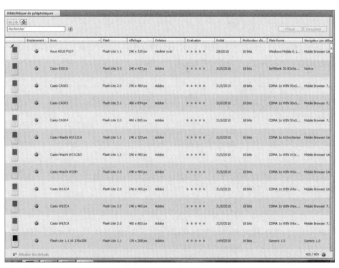

Figure 15.4 : Le panneau Bibliothèques de périphériques

Pour rechercher un modèle, vous avez deux solutions. La première solution consiste à utiliser le panneau *Filtre de bibliothèque.*

1 Cliquez sur l'une des catégories de filtre.

2 Le résultat s'affiche dans le panneau *Bibliothèque de périphériques.*

Figure 15.5 : Le panneau Filtre de bibliothèque

Concernant la seconde solution, suivez ces étapes :

1 Dans le champ *Rechercher*, saisissez `Nokia`.

Figure 15.6 : Le champ de recherche

3 Pour une recherche plus précise, utilisez les menus déroulants situés en dessous du champ *Rechercher*.

Figure 15.7 : Les menus de recherche

Enregistrer les recherches

Vous pouvez enregistrer ces résultats dans votre bibliothèque locale nommée *Périphériques de test*.

1 Sélectionnez-les dans le panneau *Bibliothèque de périphériques.*

2 Cliquez du bouton droit dessus pour afficher le menu contextuel. Choisissez la commande **Copier**.

3 Ouvrez le panneau **Périphériques de test**, situé en haut de l'interface de Device Central.

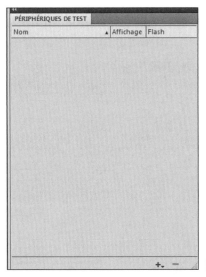

Figure 15.8 : Le panneau Périphériques de test

4 Créez un dossier. Pour cela, cliquez dans le panneau *Périphériques de test*, sur l'icône en forme de plus Ajouter un nouveau groupe.

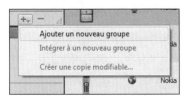

Figure 15.9 : Ajouter un nouveau groupe

5 Nommez votre groupe de périphériques.

7 Cliquez avec le bouton droit sur le libellé de votre dossier. Dans le menu contextuel qui apparaît, sélectionnez la commande **Coller**.

Les caractéristiques des périphériques

Pour visualiser l'ensemble des informations d'un périphérique, suivez ces étapes :

1 Dans le panneau Bibliothèque de périphériques, double-cliquez sur le modèle Nokia 3555.

2 Les caractéristiques de ce modèle s'affichent par catégorie (*Général*, *Flash*, *Bitmap*, *Vidéo* et *Web*) (voir Figure 15.10).

3 Faites glisser ce modèle dans le panneau Périphériques de test.

Une fois le projet organisé, il est temps de définir les dimensions de votre écran de veille.

Figure 15.10 : Les caractéristiques d'un modèle

15.3. Définir l'écran de veille dans Adobe Device Central

Les caractéristiques du modèle s'affichent à l'écran dans le panneau *Bibliothèque de périphériques.*

- Dans l'onglet **Général**, vous avez la liste des informations techniques concernant le périphérique.

- L'onglet **Flash** vous donne tous les renseignements disponibles sur le lecteur flash que vous avez choisi. Vous savez par exemple les formats vidéo ou images acceptées par ce lecteur.

- Les trois autres onglets **Bitmap**, **Vidéo** et **Web** listent les formats pris en charge par ce type de périphérique.

1 Cliquez sur le menu **Créer** situé dans le coin supérieur droit d'Adobe Device Central.

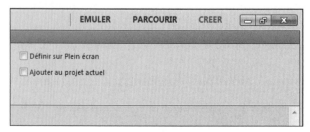

Figure 15.11 : L'onglet Nouveau document

2 Comme vous pourrez le constater, Flash lite accepte quatre types de contenus (*navigateur, écran de veille, papier peint* et *lecteur autonome*). Dans le menu déroulant **Type de contenu**, choisissez ce que vous souhaitez réaliser, à savoir pour notre cas un *Ecran de veille.*

3 Spécifiez les versions du lecteur et d'Actionscript que vous désirez utiliser dans le cadre de votre réalisation. Le lecteur est réglé par défaut sur *Flash Lite 1.1.* Ce qui convient parfaitement. Le menu déroulant **Version Actionscript** est grisé. Cela signifie que cette caractéristique technique n'est pas disponible sur le modèle sélectionné. Par exemple, si vous avez choisi dans le menu déroulant **Version du lecteur** la version *Flash Lite 2.1.*, cette caractéristique n'est pas supportée par le modèle choisi.

REMARQUE

Flash Lite

Flash Lite est un moteur intégré aux périphériques mobiles et appareils électroniques grand public qui permet de lire du contenu multimédia tels des jeux interactifs web ou des séquences vidéo au format *flv*. Ce n'est pas un lecteur indépendant comme le Flash player. À l'heure actuelle, le Flash Lite en est à sa version 3.1.

---

4 Cochez l'option *Définir sur grand écran.*

Si les dimensions de votre futur écran de veille ne vous conviennent pas, vous pouvez les modifier dans la partie inférieure du panneau *Nouveau document*. Dans les champs de texte *Largeur* et *Hauteur,* entrez vos propres valeurs.

5 Cliquez sur le bouton **Créer**. Flash se lance automatiquement. La scène apparaît à la taille que vous avez indiquée dans Device Central.

La prochaine étape consiste à importer les images de l'écran de veille.

15.4. Importer les images

ATTENTION

À propos des images

Les images doivent avoir les mêmes dimensions que votre écran de veille. Pour cela, dans Adobe Photoshop créez un script puis utilisez le menu

---

ATTENTION **Fichier/Automatisation/Traitement par lots** pour réaliser rapidement cette opération.

1 Renommez le calque 1 `images`.

2 Créez un nouveau calque que vous placerez au-dessus du calque *images*.

3 Nommez-le `Actions`.

4 Ouvrez le panneau *Actions*. Saisissez le code suivant :

```
stop() ;
```

Ce qui permettra à l'écran de veille de ne pas démarrer tout de suite au chargement de l'écran de veille.

5 Allez dans le menu **Fichier**. Choisissez les commandes **Importer/Importer dans la bibliothèque**. Dans la boîte de dialogue qui apparaît, sélectionnez les images à importer. Appuyez sur le bouton **Ouvrir**.

6 Convertissez les images en symbole *clip*. Cliquez sur OK.

7 Ouvrez le panneau *Bibliothèque*.

8 Cliquez sur la position 1 du calque *images*.

9 Faites glisser une instance du symbole *image1* sur la scène que vous allez convertir en symbole *clip*. Pour ce faire, suivez ces étapes :

— Cliquez du bouton droit sur l'image1 dans la scène. Dans le menu contextuel qui s'affiche, choisissez la commande **Convertir en symbole**.

— Nommez-la `image1_mc`. Cliquez sur OK.

10 Placez-vous sur l'image 5 du calque *images*, où vous insérez une image-clé.

11 Insérez une image-clé vide à la position 10.

12 Activez l'option *Pelure d'oignon*.

13 Faites glisser une instance du symbole *image2* sur la scène

14 Insérez une image-clé à la position 15.

15 Ensuite, insérez une image-clé vide à la position 20.

16 Faites glisser une instance du symbole *image3* sur la scène.

17 Insérez une image-clé à la position 25.

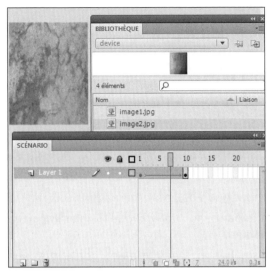

Figure 15.12 : Les images importées

La prochaine étape consiste à créer l'animation de ces images.

15.5. Créer l'animation

1 Cliquez du bouton droit entre les images 1 et 5, 5 et 10, 10 et 15, 15 et 20, 20 et 25.

2 Dans le menu contextuel qui s'affiche, sélectionnez la commande **Créer une interpolation classique**. Il s'agit à présent de régler l'animation.

3 Sélectionnez l'image 1. Dans le panneau *Effet de couleur*, déroulez le menu **Style**, dans lequel vous choisirez l'option *Alpha*. Réglez la valeur sur 0 %.

4 Dans le panneau *Interpolation*, vous pouvez ajuster la vitesse de votre animation en réglant le paramètre *Accélération*.

5 Répétez ces opérations pour les images 10 et 20.

Dans l'étape suivante, vous allez ajouter du texte.

1 Créez un calque que vous nommerez texte_ecran_veille. Placez-le au-dessus du calque *images*.

2 Insérez une image-clé à la position 1.

3 Avec l'outil **Texte**, saisissez votre texte.

4 Ajoutez une légende à chaque image.

Il s'agit maintenant de sonoriser l'animation.

15.6. Intégrer un son MIDI

Flash ne prend pas en charge les sons utilisés par les périphériques mobiles, comme le son *MIDI*. Vous devez par conséquent convertir au préalable votre son au format *MP3* ou *WAV*, par exemple.

Pour intégrer un son dans votre écran de veille, procédez comme suit :

1 Créez un nouveau document que vous nommerez fond_sonore.

2 Importez votre son dans le panneau *Bibliothèque* (**Fichier/Importer /Importer dans la bibliothèque**).

3 Cliquez du bouton droit sur le son. Dans le menu contextuel qui s'affiche, choisissez la commande **Propriétés**.

4 Dans la partie inférieure de la boîte de dialogue **Son**, indiquez l'emplacement du son MIDI. Cliquez sur OK.

5 Dans le panneau *Son*, réglez l'option *Sync.* sur *En continu*.

6 Testez l'animation. Pendant la génération du fichier *swf*, le son *MP3* est remplacé par le son MIDI. Le fichier *swf* utilisera ce son lors de sa lecture dans le lecteur Flash lite.

15.7. Exporter vers Adobe Device Central

Dès que le test est lancé, un *émulateur* s'affiche à l'écran dans lequel est lu votre écran de veille sur le périphérique mobile que vous avez sélectionné au préalable.

DÉFINITION

Un émulateur

Ce n'est pas un périphérique. Il vous permet uniquement d'effectuer des tests rapides. Vous pouvez par ailleurs tester les différents boutons du mobile afin de vérifier le bon fonctionnement de votre contenu.

DEFINITION

Figure 15.13 : *L'émulateur*

Vous pouvez également tester votre contenu sur un périphérique mobile, notamment cette possibilité de créer des instantanés.

Créer des instantanés

 Pour réaliser un instantané de votre travail, cliquez sur le bouton **Créer un instantané**, situé en bas de l'émulateur.

Ces instantanés facilitent le travail à distance. Actuellement, il est courant de travailler dans différents pays ou régions. Cette possibilité de créer des instantanés de votre travail vous permettra de montrer à vos collaborateurs ou clients l'apparence qu'aura votre contenu sur différents périphériques mobiles que vous configurez.

Device Central CS5 vous permet également d'effectuer des tests automatiques sur une sélection de périphériques.

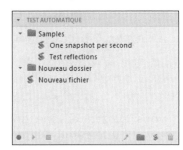

Figure 15.14 : Les tests automatiques

Le principe d'enregistrement de script est identique à celui dans Photoshop. Pour réaliser cette opération, procédez comme suit :

1 Créez un dossier dans lequel vous allez enregistrer vos scripts. Pour cela, cliquez sur le bouton **Nouveau dossier**. Dans le champ de texte qui apparaît, saisissez le nom de votre dossier.

2 Cliquez sur le bouton **Nouveau script**. Renommez-le à votre convenance.

3 Appuyez sur le bouton **Enregistrer**. L'enregistrement débute.

4 Effectuez les opérations voulues.

5 Une fois celles-ci terminées, cliquez sur le bouton **Arrêter**.

6 Le résultat de l'enregistrement de vos tests s'affiche dans un journal (**Fenêtre/Journal**). Dans la fenêtre qui apparaît, les informations du test s'affichent avec les instantanés qui ont été générés automatiquement.

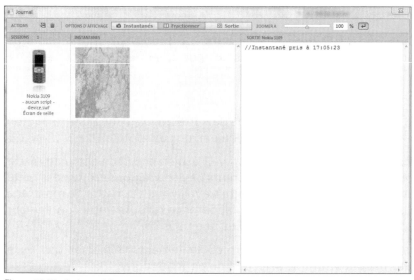

Figure 15.15 : Le journal des tests

L'étape suivante consiste à affiner vos tests. À cet effet, Device Central vous propose plusieurs panneaux.

Les panneaux de configuration

Dans la partie de droite de l'émulateur, vous avez une série de panneaux vous permettant de tester votre travail sur le périphérique mobile en fonction de divers paramètres comme les *performances du réseau* ou l'*état du réseau*. Ces deux panneaux vous permettent de tester votre contenu dans les conditions réelles du réseau.

Ces panneaux vous donnent la possibilité de réaliser un grand nombre de tests si votre contenu nécessite une connexion réseau pour récupérer des données d'une base ou des fichiers *RSS*.

DEFINITION

Un fichier RSS

Un fichier *RSS* est un fichier contenant des informations à diffuser (titre, courte description, lien hypertexte redirigeant vers une page avec plus de détails). Il est constamment mis à jour et permet ainsi de récupérer beaucoup de visiteurs. Il suffit de cliquer sur un lien pour accéder à une actualité complète sur un thème.

Dans le panneau *Etat du réseau*, vous avez la possibilité de spécifier les informations du réseau sur lequel le contenu créé est censé être lu. Vous pouvez :

- nommer votre réseau ;

- définir la génération du réseau sur lequel sera distribué votre contenu ;

- choisir le type de réseau de diffusion de ce contenu.

Si votre contenu nécessite une connexion au réseau, sélectionnez-en une dans le menu déroulant **Connexion**. Définissez la portée du signal du réseau selon l'endroit où les utilisateurs seront situés lorsqu'ils liront votre contenu sur leur périphérique mobile.

Dans le panneau *Performance du réseau*, il est possible de définir les paramètres de téléchargement du contenu sur le réseau.

1 Sélectionnez un débit de téléchargement dans le menu **Télécharger**.

2 Définissez le nombre d'octets à charger.

3 Spécifiez la *Latence* avant le téléchargement.

DEFINITION

La latence

La latence correspond au temps de parcours du signal dans le réseau.

Parmi les autres panneaux, vous avez le panneau *Sécurité*, qui vous permet de définir la sécurisation du fichier *swf* par rapport au lecteur flash.

Si les tests effectués ne sont pas probants, allez dans le menu **Fichier**, où vous sélectionnerez la commande **Retourner dans Flash**.

Effectuez les modifications nécessaires puis testez à nouveau. Si vous n'avez plus aucun changement à réaliser dans Device Central, cliquez sur le menu **Fichier**, dans lequel vous choisirez la commande **Quitter**.

15.8. Capturer une animation

Montrer quelques instantanés à vos collaborateurs ou clients ne suffit pas. Afin qu'ils puissent se faire une idée précise de votre travail, il est préférable d'en réaliser une capture vidéo. Device Central vous donne la possibilité d'effectuer cette opération. Vous pouvez en effet réaliser une capture vidéo au format *Quicktime* (**.mov*). Pour ce faire, procédez comme suit :

1 [🎥] Cliquez sur le bouton **Démarrer l'enregistrement de la présentation vidéo**.

2 Une fois la capture réalisée, cliquez de nouveau sur ce bouton.

3 Quelques18 instants après, la fenêtre **Enregistrer le film** s'ouvre, dans laquelle vous indiquerez le nom de votre capture.

4 Cliquez sur le bouton **Enregistrer** pour valider.

15.9. Tester dans Bridge

Une fois l'écran de veille terminé, vous pouvez le tester à nouveau mais cette fois-ci depuis Adobe Bridge CS5. Deux méthodes s'offrent à vous :

1 Dans Bridge, cliquez du bouton droit sur le fichier. Dans le menu contextuel qui s'affiche, choisissez la commande **Tester dans Adobe Device Central**. La fenêtre **Emulateur** s'affiche à l'écran.

2 Allez dans le menu **Fichier**. Sélectionnez la commande **Tester dans Adobe Device Central**.

Après avoir terminé votre écran de veille, vous avez réalisé des instantanés de votre travail ou envoyé une capture vidéo à vos collaborateurs ou clients. Il existe une autre solution qui consiste à envoyer le fichier *swf* par e-mail.

15.10. Envoyer un document par e-mail

Flash vous donne la possibilité d'envoyer votre document par e-mail depuis son application. Pour ce faire, suivez ces étapes :

1 Cliquez sur le menu **Fichier**. Choisissez la commande **Envoyer**. La fenêtre de votre logiciel d'envoi d'e-mails s'ouvre peu de temps après, affichant le document en pièce jointe.

2 Entrez le nom de votre destinataire, l'objet de votre e-mail puis saisissez vos commentaires dans le corps du message.

3 Pour envoyer votre e-mail, cliquez sur le bouton **Envoyer**.

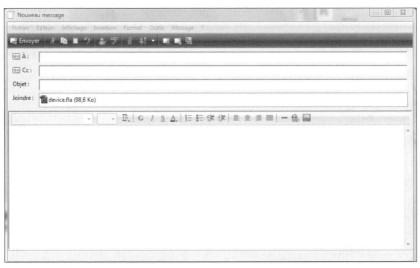

Figure 15.16 : Envoyer un e-mail depuis Flash

ANIMER AVEC TOON BOOM STUDIO ET FLASH

Le passage entre Toon Boom Studio et Flash est relativement simple à réaliser. Les deux applications sont similaires à plusieurs points de vue, notamment au niveau de l'interface, des outils standard de dessin et du scénario. Vous pouvez très facilement passer de l'un à l'autre. Par exemple, dessinez et animez le début de l'animation dans Toon Boom puis importez-la dans Flash pour la compléter. C'est ce cas de figure que vous allez étudier dans ce chapitre. Tout comme dans Flash, il est recommandé de se munir d'une tablette graphique pour réaliser votre dessin.

Pour commencer ce chapitre, vous effectuerez un tour d'horizon de Toon Boom.

16.1. Créer l'animation dans Toon Boom Studio

1 Double-cliquez sur l'icône *Toon Boom Studio* pour ouvrir l'application. L'écran de bienvenue s'affiche à l'écran.

Figure 16.1 : L'écran de bienvenue de Toon Boom Studio

2 Dans le champ *Nom*, nommez votre scène `fleur`. Dans le menu **Format**, déroulez-le puis choisissez le modèle prédéfini *Petite animation web*. Acceptez les autres paramètres par défaut. Pour cela, cliquez sur le bouton **Créer**...

L'interface

L'interface de Toon Boom s'ouvre. Les habitués de Flash ne seront pas dépaysés. Vous retrouvez :

- la boîte à outils, dans laquelle sont regroupés tous les outils nécessaires à la conception et à l'animation ;
- la scène, qui est située au centre de l'interface. C'est dans cet endroit que vous dessinerez votre animation.

Figure 16.2 : La boîte à outils

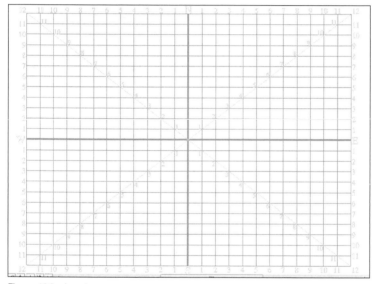

Figure 16.3 : La scène

En dessous, vous avez trois panneaux présentés sous la forme d'onglets :

- *Ligne de temps* équivaut au panneau Scénario dans Flash.

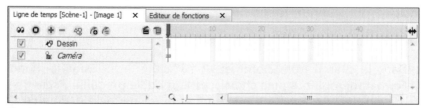

Figure 16.4 : Le panneau Ligne de temps

- *Feuille d'exposition* est un panneau qui décrit les plans d'une animation image par image, les décors, les dessins, etc.

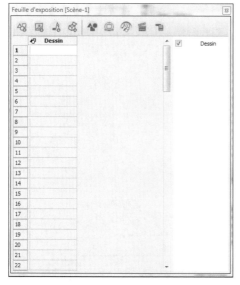

Figure 16.5 : La Feuille d'exposition

- *Editeur de fonctions* est un peu l'équivalent du panneau *Editeur de mouvement* dans Flash.

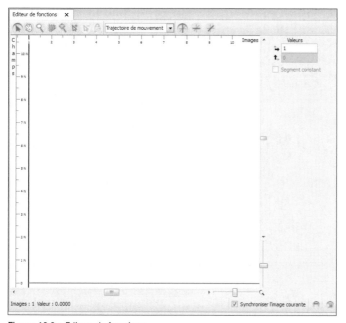

Figure 16.6 : Editeur de fonctions

Dans la partie de droite de l'interface se trouvent les panneaux standard de Toon Boom, à savoir *Palette de couleurs*, *Bibliothèque*, *Propriétés*, *Plume*, *Texte* et *Cellules*.

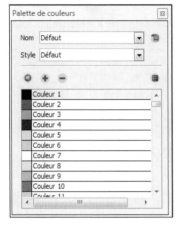

Figure 16.7 : Palette de couleurs

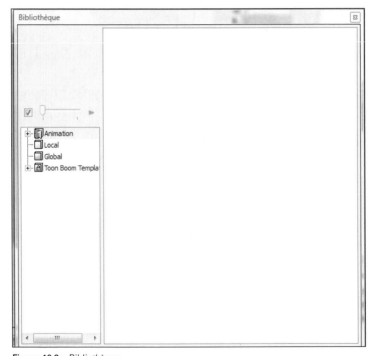

Figure 16.8 : Bibliothèque

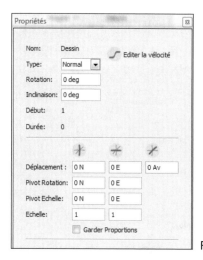

Figure 16.9 : Propriétés

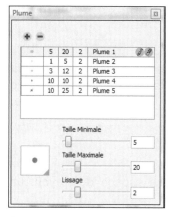

Figure 16.10 : Plume

Figure 16.11 : Texte

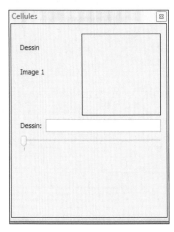

Figure 16.12 : Cellules

Après ce tour d'horizon de l'interface, voyons de quelle manière vous pouvez organiser votre espace de travail.

Organiser son espace de travail

Toon Boom dispose tout comme Flash de plusieurs espaces de travail en fonction du travail à exécuter. Pour choisir un de ces espaces de travail, déroulez le menu **Espace de travail**. Dans la liste qui s'affiche, sélectionnez celui que vous désirez.

 Figure 16.13 : Le menu Espace de travail

Vous pouvez également créer votre propre espace de travail. La procédure est identique à celle de Flash.

1 Fermez les panneaux inutiles. Pour cela, cliquez sur l'icône en forme de croix située dans leur coin supérieur droit.

2 Redimensionnez-les. Pour ce faire, il suffit de cliquer sur un de leurs bords et de le faire glisser en diagonale.

3 Affichez les panneaux que vous avez besoin *via* le menu **Fenêtre** (voir Figure 16.14).

4 Rassemblez les panneaux par groupe. Pour cela, cliquez sur un libellé de panneau puis faites-le glisser à côté d'un autre. Il viendra se positionner à sa suite.

5 Comme vous pourrez le constater, l'ancrage des panneaux est possible tout comme dans Flash. Il suffit de les faire glisser à un autre emplacement de l'interface. Un cadre bleu apparaît vous indiquant que le positionnement est possible. Relâchez le tout.

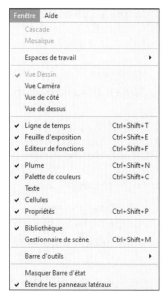

Figure 16.14 : Le menu Fenêtre

Une fois que l'agencement de l'interface vous convient, enregistrez-la. Pour réaliser cette opération, suivez ces étapes :

1 Déroulez le menu **Espace de travail**, situé en haut de l'interface. Dans la liste qui s'affiche, choisissez **Nouvel espace de travail**.

2 Dans le champ *Entrer le nom de la disposition*, saisissez `ma_disposition`. Cliquez sur OK. Celle-ci apparaît à la suite des espaces de travail prédéfinis.

Vous pouvez modifier votre espace de travail puis l'enregistrer de nouveau. Pour cela, sélectionnez dans le menu **Espace de travail** la commande **Enregistrer ma_disposition**.

Comme vous pouvez le constater, vous avez également la possibilité de la renommer *via* la commande **Renommer ma_disposition** ou de la supprimer (**Effacer ma_disposition**).

Figure 16.15 : Les commandes pour gérer les espaces de travail

Vous avez choisi de créer votre propre espace de travail. La prochaine étape consiste à dessiner.

Dessiner une fleur

1 Pour commencer, placez si ce n'est pas déjà le cas la *feuille d'exposition* à votre portée.

2 Ensuite, renommez la case *Dessin – 1*. Plusieurs méthodes sont à votre disposition.

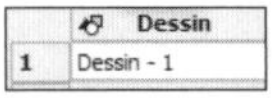

Figure 16.16 : Renommez une case d'une animation

- Double-cliquez sur la case puis saisissez votre texte.
- Cliquez du bouton droit sur la case. Dans le menu contextuel qui s'affiche, choisissez la commande **Renommer le dessin**.
- Allez dans le menu **Elément**, dans lequel vous sélectionnerez la commande **Renommer l'élément**.

La prochaine étape consiste à dessiner une marguerite. Pour réaliser cette opération, vous disposez du **pinceau** et du **crayon**. Vous utiliserez le **pinceau**.

1 Sélectionnez-le dans la boîte à outils. Pour cela, cliquez sur la seconde icône.

2 Dans le panneau *Palette de couleurs*, sélectionnez *couleur 1*, correspondant à du noir.

3 Allez dans le panneau *Plume*. Réglez la taille de votre pinceau à votre convenance.

4 Dans la barre d'outils située en dessous des menus principaux, activez l'option *Table lumineuse* automatique, représentée par une icône en forme de lampe.

5 Cliquez sur les deux icônes à gauche de la *table lumineuse*. Elles vous permettront de visualiser les dessins précédents et suivants.

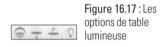

Figure 16.17 : Les options de table lumineuse

6 Dans le panneau *feuille d'exposition*, cliquez sur la *case 1* que vous avez renommée précédemment.

Modifier l'affichage de la zone de travail
REMARQUE

Pour disposer de plus de place lorsque vous dessinez, agrandissez votre scène. Pour ce faire, utilisez le raccourci clavier ⟨Ctrl⟩+⟨F⟩. Pour revenir à l'affichage initial, servez-vous de nouveau de ce raccourci.

7 Dessinez votre fleur.

Figure 16.18 : La fleur

 Pour la modifier, vous avez comme dans Flash les outils de sélection. Dans Toon Boom, ils sont nommés **Sélection** et **Editeur de contour.**

Le second outil est l'équivalent de l'outil **de sous-sélection** dans Flash.

1 Pour effacer des traits indésirables, utilisez l'outil **Gomme.**

2 Si vous souhaitez lisser vos traits, sélectionnez votre fleur. Ensuite, allez dans le menu **Outils**, dans lequel vous choisirez la commande **Rendre lisse.**

L'étape suivante consiste à coloriser votre fleur. Pour réaliser cette opération, prenez dans la boîte à outils l'outil **Coloriser,** représenté par une icône en forme de pot de peinture.

1 Dans la *Palette de couleurs*, sélectionnez une des couleurs.

2 Pour l'appliquer à un composant de votre fleur, cliquez une fois sur ce dernier. La couleur s'applique instantanément. Recommencez la procédure pour les autres composants de la fleur.

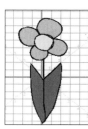

Figure 16.19 : La fleur colorisée

Il s'agit à présent de dessiner les autres positions de la fleur. Pour cela, suivez ces étapes :

1 Dans la *feuille d'exposition*, cliquez sur la seconde case 2. Pensez à la renommer.

2 Comme l'image précédente est visible, servez-vous-en comme guide pour dessiner la seconde image. Commencez par le haut de la fleur.

3 Avec l'outil **Sélection**, cliquez dessus afin de le sélectionner. Un cadre de sélection apparaît.

4 Amenez votre pointeur sur l'un des coins de ce cadre. Faites pivoter votre dessin dans le sens inverse des aiguilles d'une montre.

5 Poursuivez votre dessin avec l'outil **Crayon**.

6 Lissez vos traits au fur et à mesure.

7 Colorisez votre fleur.

8 Réalisez encore quatre autres dessins de la même manière.

9 Allez dans le panneau *Ligne de temps* pour tester votre animation. Déplacez la tête de lecture pour la visualiser.

REMARQUE

Lecture d'une animation

Pour lire une animation, utilisez les boutons de lecture situés en dessous des menus principaux.

---

10 Enregistrez votre animation *via* le menu **Fichier/Enregistrer**.

ATTENTION

Enregistrer l'animation

Au fur et à mesure de l'avancement de votre travail, pensez à l'enregistrer. N'attendez pas le dernier moment pour réaliser cette opération.

16.2. Enregistrer pour Flash

Pour pouvoir ouvrir l'animation dans Flash, vous allez l'enregistrer sous la forme d'images *PNG*. Pour ce faire, procédez comme suit :

1 Dans la *feuille d'exposition* ou dans la *Ligne de temps*, sélectionnez la première image.

2 Allez dans le menu **Fichier**, dans lequel vous sélectionnerez la commande **Exporter l'image**. La fenêtre **Capture d'écran** s'affiche à l'écran.

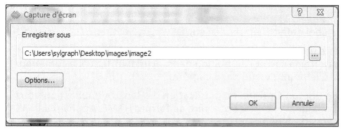

Figure 16.20 : La fenêtre Capture d'écran

3 Tout d'abord, choisissez le dossier de sauvegarde dans lequel vous allez enregistrer les images de votre animation. Pour cela, cliquez sur l'icône en forme de trois points.

4 Ensuite, nommez votre première image image1.

5 Appuyez sur le bouton **Options**. Dans la fenêtre **Réglages de la suite d'export** qui s'ouvre, choisissez dans le menu déroulant *Format*.

6 Le menu **Images/seconde** est réglé sur *optimale* par défaut. Laissez-le sur cette option.

7 Cliquez sur le bouton **Options** afin de définir les paramètres de compression de l'image. Choisissez ces paramètres, de haut en bas :

- Dans le menu déroulant, choisissez *Optimale*.
- Cochez l'option *Entrelacé*.
- Dans le menu **Filtre**, sélectionnez l'option *Supérieur*.
- Pour valider, cliquez sur OK. Vous revenez alors sur la fenêtre **Réglages de la suite d'export**.

8 Appuyez sur OK pour confirmer vos choix.

9 Recommencez cette procédure pour les images 2 et 3.

REMARQUE

Exporter au format Flash

Une fois l'animation terminée, Toon Boom Studio vous donne la possibilité de l'exporter au format *swf*. Voici comment procéder :

1 Dans le menu **Fichier**, sélectionnez la commande **Exporter le film**. La boîte de dialogue **Export** s'affiche à l'écran.

2 Nommez votre animation. Dans le menu **Format d'Export**, choisissez *Film Flash*. Dans le menu **Paramètres**, sélectionnez *Le plus récent* ou *Par défaut*.

REMARQUE

3 Cliquez sur le bouton **Options**. Dans la boîte de dialogue **Paramètres d'Export Flash**, vous allez choisir les options d'exportation de votre animation. Vous pouvez également définir la compression de vos images.

4 Une fois vos choix effectués, cliquez sur OK.

5 Dans la fenêtre principale **export**, il vous est possible de choisir ce que vous souhaitez exporter, à savoir l'animation dans sa totalité, la scène contenant les dessins ou le point de vue de la caméra.

6 Cliquez sur le bouton **Options de publication**. La fenêtre **Publication** vous donne la possibilité d'exporter votre film au format *HTML*. Appuyez sur OK pour refermer cette fenêtre.

7 Pour valider, cliquez sur OK. Si vous avez coché l'option *Lancer le lecteur après l'export*, l'animation s'affiche dans un lecteur Flash intégré dans une page *HTML*.

La prochaine étape consiste à importer ces images dans Flash.

16.3. Importer les images dans Flash

Pour importer les images dans Flash, procédez comme suit :

1 Créez un nouveau document Flash (AS3.0).

2 Importez les images dans la bibliothèque (**Fichier/Importer /Importer dans la bibliothèque**). Dans la fenêtre qui s'affiche, sélectionnez vos images puis cliquez sur le bouton **Ouvrir**.

3 Rendez visible le panneau *Bibliothèque* ([Ctrl]+[L]). Comme vous pourrez le constater, les images bitmap ont été converties en symbole *graphique*. Néanmoins, les originaux existent toujours. Vous avez ainsi la possibilité de les modifier dans un éditeur d'images (voir Figure 16.21).

4 Faites glisser une instance de la première image sur la position 1 du calque 1, que vous renommerez `fleur`.

5 Activez l'option *Pelure d'oignon* pour visualiser l'image précédente.

6 Sur la position 5, insérez une image-clé vide ([F7]).

7 Placez-y une instance de la seconde image.

8 Cliquez entre ces images. Allez dans le menu **Insertion**. Sélectionnez la commande **Interpolation classique**.

9 Il ne vous reste plus qu'à ajouter un décor sur un nouveau calque que vous placerez en dessous du calque *fleur*.

L'étape suivante consiste à tester l'animation.

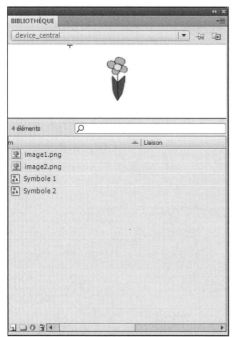

Figure 16.21 : Les symboles importés

16.4. Tester l'animation

Une fois une des phases de votre animation terminée, il est recommandé de la tester afin d'éviter qu'au final des problèmes de lecture surgissent. Il faut savoir aussi que plus une animation est complexe, plus elle est susceptible d'engendrer des problèmes de fonctionnement. Pour les éviter, rédigez votre code ActionScript dans un fichier séparé. Pour ce faire, procédez comme suit :

1 Allez dans le menu **Fichier**. Choisissez la commande **Nouveau document**.

2 Dans la boîte de dialogue qui s'affiche, cliquez sur l'option *Fichier Actionscript*.

3 Enregistrez-le dans le même dossier que votre document de travail.

Pour réussir son animation, voici quelques conseils :

■ Dans votre code ActionScript, n'hésitez pas à utiliser les commentaires. Décrivez-le au maximum afin de retrouver plus facilement d'où le problème peut venir.

- Lorsque vous souhaitez répéter une interpolation de mouvement, ne collez pas les images. Utilisez les symboles.

- La question pourrait être de savoir quand tester. Le mieux est de procéder au test à chaque changement de votre animation. Lorsque le test est concluant, enregistrez votre animation sous un autre nom ; par exemple, nommez-la `animation_v1_cycle_marche`.

Pour tester une animation, plusieurs possibilités vous sont offertes dans le menu **Contrôle**.

Figure 16.22 : Les commandes du menu Contrôle

1 Utiliser la commande **Lire** est la solution la plus rapide pour tester une phase de votre animation ou lorsque l'animation est simple.

2 Vous disposez également d'autres commandes qui vous permettent de réaliser une opération précise sur votre animation, comme **Avancer d'une image** ou **Reculer d'une image**. Vous avez aussi la possibilité de revenir au point de départ de l'animation *via* la commande **Rembobiner**.

3 Le menu **Contrôle** vous permet également de tester la scène dans le Flash player *via* les commandes **Tester l'animation** ou **Tester la séquence**.

- Lorsque vous utilisez ces commandes, un fichier *swf* est généré par Flash. La scène est automatiquement chargée dans le lecteur Flash.

- Vous pouvez contrôler cette animation avec le menu interne du lecteur, situé en haut du panneau.

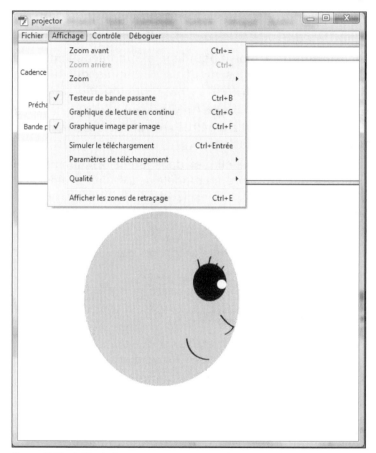

Fermer le Flash player

Pour fermer le Flash player, choisissez le menu **Fichier/Fermer** ou cliquez sur l'icône en forme de croix située dans le coin supérieur droit du panneau.

Si vous souhaitez publier votre animation sur le Web, comme c'est le cas ici, vous devez au préalable vérifier que celle-ci se chargera et sera lue correctement dans les navigateurs web existants. Pour cela, le Flash player vous offre la possibilité d'effectuer les tests préalables.

Figure 16.23 : Le Flash player

1 Cliquez sur le menu **Affichage**. Sélectionnez la commande **Testeur de bande passante**.

2 Ensuite, choisissez dans le menu **Affichage** la commande **Paramètres de téléchargement**.

3 Amenez votre pointeur à droite de cette commande. Une liste de simulation de téléchargement s'affiche à l'écran.

4 Sélectionnez celle que vous désirez en fonction de l'audience que vous visez. La plupart des utilisateurs ont normalement un accès haut débit, mais pensez toujours qu'il subsiste quelques régions où le modem est toujours utilisé. Le format de débit DSL est celui que vous devez choisir pour les connexions haut débit.

REMARQUE

DSL
Le format de débit DSL est plus rapide qu'une connexion modem 56K.

5 Il ne vous reste plus qu'à choisir pour finir la commande **Simuler le téléchargement**. Si aucun des modèles de simulation ne vous convient, vous pouvez aussi créer votre propre modèle.

6 Pour ce faire, cliquez sur le bouton **Personnaliser**, situé en dessous des modèles de simulation. La fenêtre **Personnaliser les paramètres de téléchargement** s'affiche à l'écran.

7 Dans la colonne *Texte menu*, cliquez dans le champ *Paramétrage utilisateur 6*. Saisissez votre propre modèle de simulation ainsi que la vitesse de téléchargement dans le champ situé à droite du premier dans la colonne *Vitesse de transmission* (*1 bit par seconde à 10000000*). Cliquez sur OK.

Une fois les tests effectués, il est temps de penser à optimiser l'animation.

16.5. Optimiser l'animation

Vous avez vu dans les chapitres précédents quelques moyens pour parvenir à réduire la taille du fichier *swf*. En voici d'autres :

- Utilisez le moins d'images possible car, plus vous en ajoutez, plus vous augmentez la taille de votre fichier.

- Préférez l'utilisation de l'outil **Crayon** plutôt que l'outil **Pinceau**. Le plus simple est de créer votre dessin dans une application externe comme Illustrator ou Photoshop, dans lesquels vous disposez d'options pour réduire les fichiers.

- Lorsque vous dessinez, lissez au maximum vos traits. Utilisez de ce fait moins de points.

- Flash vous offre la possibilité de choisir différents styles de traits. Il faut savoir que ces styles ont tendance à augmenter la taille des fichiers *swf*.

- Au niveau des sons, utilisez de préférence les sons courts sinon vous devez les compresser.

- N'hésitez pas à vous servir de la commande **Grouper** lorsque vous dessinez vos formes. La taille des fichiers finaux est divisée par deux.

- Avant de publier, vérifiez dans le panneau *Bibliothèque* qu'elle ne contient que les symboles utilisant la scène. Pour effacer les symboles inutiles, procédez comme suit :

1 Déroulez le menu local du panneau *Bibliothèque*. Dans la liste des commandes qui s'affiche, choisissez **Sélectionner les éléments inutilisés**.

2 Ensuite, il vous suffit de cliquer sur le bouton **Supprimer** pour les supprimer définitivement.

L'optimisation étant réalisée, vous pouvez publier l'animation.

16.6. Publier l'animation

Au départ, le document source au format Flash (*fla*) est le document de travail. Si vous souhaitez publier votre animation, vous devez le convertir en document *swf*. Une fois créé, le document pourra être inséré dans une page Internet ou gravé sur un support d'enregistrement comme les DVD, les CD, etc.

Pour publier une animation, allez dans le menu **Fichier**, dans lequel vous choisirez la commande **Paramètres de publication**.

1 Pour notre cas, le document sera au format *swf*. Par conséquent, dans l'onglet **Format**, cochez le format *swf*.

2 Dans l'onglet **Flash**, acceptez les paramètres par défaut. Pour ce faire, cliquez sur les boutons **Publier** et OK.

⚠️ ATTENTION
Pour le choix du lecteur Flash
Lorsque vous sélectionnez le lecteur Flash, si vous n'utilisez pas les fonctions du Flash player 10, vous pouvez choisir une version antérieure afin d'être sûr qu'elle fonctionne correctement chez l'utilisateur. Si votre animation contient des fonctionnalités non supportées par ces versions de Flash, Flash affichera un message d'avertissement.

Une fois le film créé, exportez-le dans un des formats proposés (*mov*, *avi*, etc.). Flash vous permet également de tester au préalable, avant la publication finale, le fonctionnement et l'apparence qu'aura votre animation du côté utilisateur.

1 Allez dans le menu **Fichier/Aperçu avant publication**.

2 Choisissez alors dans la liste qui s'affiche l'application dans laquelle l'animation sera jouée.

- Si vous avez l'intention de la publier dans une page *HTML*, elle sera jouée dans votre navigateur par défaut.

- S'il s'agit d'une image, *GIF*, *JPEG* ou *PNG*, celle-ci sera ouverte dans votre éditeur d'images.

3 Selon le résultat obtenu, vous pouvez effectuer ensuite les changements nécessaires dans la boîte de dialogue **Paramètres de publication**. Le fichier sera automatiquement mis à jour.

⚠️ ATTENTION

Fichier javascript
Si vous utilisez une des versions récentes du Flash player, vous avez noté la présence d'un fichier *javascript* nommé *AC_RunActiveContent.js*. N'oubliez pas de le charger en même temps que votre animation, sinon votre navigateur affichera un message d'erreur. À l'origine, ce fichier JavaScript devait pallier un problème de sécurité rencontré dans Internet Explorer.

⚠️ ATTENTION

Publier une animation
Vous devez impérativement publier une animation pour créer votre film d'animation.

📢 REMARQUE

Détecter la version de Flash chez l'utilisateur
Dans la boîte de dialogue **Paramètres de publication**, allez dans l'onglet **HTML**.

Cochez l'option *Détecter la version de Flash*. Dans les cases situées en dessous, indiquez le numéro de la version Flash.

Lors de la configuration de la publication de votre animation, vous pouvez spécifier les options d'impression de vos images.

16.7. Imprimer l'animation

L'animation est maintenant publiée et exportée au format voulu. Lorsque vous la jouez, vous avez la possibilité d'accéder à un menu contextuel accessible depuis un clic droit sur l'animation. Ce menu comprend une liste de commandes parmi lesquelles la commande **Imprimer**. L'utilisateur a alors la possibilité d'imprimer une partie ou la totalité de l'animation. Par défaut, toutes les images d'une animation sont imprimées. Vous pouvez restreindre cette possibilité dans la boîte de dialogue **Paramètres de publication**. Pour réaliser cette opération, procédez comme suit :

1 Ouvrez l'une de vos animations réalisées dans les chapitres précédents.

2 Sélectionnez l'image que vous ne souhaitez pas imprimer.

3 Déroulez le panneau *Etiquette*.

4 Dans le champ *Nom*, saisissez ! #p pour définir l'image comme non imprimable.

Figure 16.24 : Le panneau Etiquette

REMARQUE

Désactiver le menu contextuel du Flash player

Pour désactiver le menu contextuel du Flash player :

1 Ouvrez votre document Flash.

2 Choisissez le menu **Fichier/Paramètres de publication**.

3 Dans la boîte de dialogue qui s'affiche, cliquez sur l'onglet **HTML** et désactivez l'option *Afficher le menu*. Cliquez sur OK.

LA VIDÉO

La vidéo est partout présente sur le net. Les sites de diffusion de vidéos comme Google Video, YouTube ou DailyMotion utilisent le Flash player permettant de partager en ligne des tutoriaux, des tranches de vie, etc. avec d'autres internautes. La dernière version du Flash player intègre désormais la haute définition avec le format *H.264*.

Avant d'importer une vidéo, vous devez l'encoder à l'aide d'Adobe Media Encoder. Pour cela, vous devrez connaître au préalable les principaux formats vidéo existants.

17.1. Les formats vidéo

Les fichiers vidéo que vous allez importer dans Flash ont été enregistrés dans de nombreux formats, chacun possédant des spécificités qui lui sont propres. Parmi ces formats, vous avez :

- *AVI*, conçu par Microsoft, est le format le plus répandu. Il est utilisé par le DivX et offre une excellente qualité de compression.
- *DV* est le format utilisé par un Caméscope.
- *MPG/MPEG* est un format standard vidéo qui permet d'obtenir des vidéos compressées dont la qualité est cependant moindre par rapport au *DivX*.
- *MOV* est le format *Quicktime*.
- *H.264* est un format de haute définition reconnu par le Flash player. Ce codec est exploité par de nombreux systèmes, notamment par la TNT haute définition mais aussi par les disques durs Blu-ray. C'est également le codec des vidéos pour l'iPod et des vidéos proposées par l'iTunes Store.
- *F4V* est un nouveau format créé par Adobe dont le but est de faciliter les échanges sur les plates-formes de diffusion de contenu vidéo.

Vous connaissez maintenant les principaux formats vidéo du marché. Vous allez à présent procéder à l'encodage de votre séquence vidéo avant de l'importer dans Flash.

17.2. Encoder une vidéo

Pour encoder une vidéo, Flash met à votre disposition Adobe Media Encoder, qui remplace désormais le Flash Video Encoder. Son but est de réduire la taille des vidéos à importer dans Flash. Son application est située dans un propre répertoire, mais vous pouvez y accéder depuis Flash. Les deux cas de figure seront évoqués. Commençons par Adobe Media Encoder.

Adobe Media Encoder

Adobe Media Encoder propose toutes les options nécessaires pour encoder vos vidéos aux formats *F4V* ou *FLV*.

1 Lancez Adobe Media Encoder. La fenêtre de l'application s'affiche à l'écran.

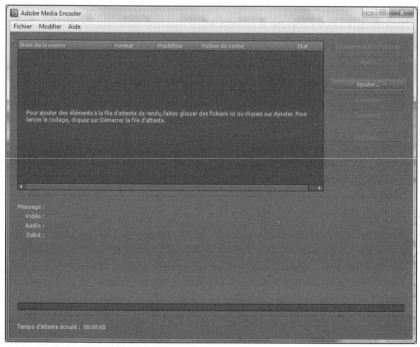

Figure 17.1 : Adobe Media Encoder

2 Pour sélectionner la vidéo à encoder, deux méthodes s'offrent à vous.

- Cliquez sur le bouton **Ajouter**. Dans la fenêtre **Ouvrir**, localisez la vidéo en question puis appuyez sur le bouton **Ouvrir**.

- Faites glisser votre vidéo de votre bureau vers la fenêtre principale d'Adobe Media Encoder.

3 Des paramètres d'encodage par défaut vous sont proposés. Vous pouvez cliquer directement sur le bouton **Démarrer la file d'attente** pour commencer l'encodage ou modifier les paramètres.

Une fois la vidéo placée dans Adobe Media Encoder, vous avez alors les informations principales sur celle-ci, à savoir le nom de la source, le format dans lequel elle sera encodée, les modèles de configuration du format de la vidéo, l'emplacement du fichier final et enfin son état dans la file d'attente. Pour le moment, il est en attente d'encodage.

Figure 17.2 : La vidéo

En cliquant sur le menu **Format**, une liste de formats d'encodage s'affiche à l'écran. Selon le type de vidéo à encoder, la liste est plus ou moins variée.

Figure 17.3 : Les formats vidéo prédéfinis

4 Le bouton **Prédéfinir** vous donne accès à une liste de réglages prédéfinis selon les différentes versions du Flash player existant. Si aucun des modèles ne vous convient, cliquez sur le modèle par défaut pour ouvrir la boîte de dialogue **Réglages de l'exportation**.

REMARQUE

Les réglages d'exportation

Pour accéder à cette fenêtre, vous pouvez sélectionner dans la liste du bouton **Prédéfinir** la commande **Modifier les réglages d'exportation**.

Celle-ci vous permet de configurer les différentes options de votre vidéo. La fenêtre est composée de deux onglets (**Source** et **Sortie**). Vous avez un aperçu de cette vidéo avec en dessous les dimensions du fichier source et du fichier final. Grâce au bouton **Afficher le facteur de zoom**, vous pouvez modifier l'affichage de votre vidéo.

Dans l'onglet **Source**, il est possible de recadrer la vidéo avant son encodage. Pour cela, suivez ces étapes :

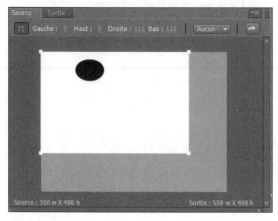

Figure 17.4 : Recadrer une vidéo

1 Appuyez sur le bouton **Recadrer**.

2 Faites glisser les poignées du cadre de sélection de la vidéo pour la redimensionner.

3 Choisissez la zone à recadrer.

4 Cliquez sur la vidéo puis, tout en maintenant enfoncé le bouton gauche de la souris, sélectionnez la zone concernée.

5 Vous avez aussi la possibilité de la recadrer en indiquant des valeurs dans les paramètres *Gauche*, *Haut*, *Droit*, *Bas* ou de sélectionner un des réglages prédéfinis de recadrage dans le menu **Proportions du recadrage**.

Dans la partie inférieure de l'onglet **Source**, vous pouvez ajouter sur la vidéo des marques de repères qui pourront être récupérées sous la forme d'un code ActionScript.

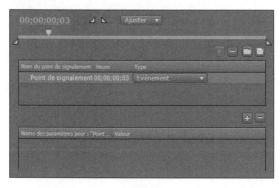

Figure 17.5 : Ajouter des repères

Pour définir un repère, procédez comme suit :

1 Faites défiler la vidéo à l'endroit voulu.

2 Cliquez sur l'icône en forme de signe plus, *Ajouter un point de signalement*.

3 Renommez-le puis sélectionnez le type de point que vous venez de définir, *Evènement* ou *Navigation*. Ces repères sont signalés au niveau du paramètre *cue Points*.

La boîte de dialogue **Sources** vous donne également la possibilité d'intégrer dans la vidéo, des fichiers externes de marques de repères réalisés dans des applications externes au format *XML*. Pour ce faire, appuyez sur le bouton **Importer des points de signalement**.

Avant de procéder à l'encodage de la vidéo, vous pouvez sélectionner la partie à encoder. Pour cela, définissez son point d'entrée et son point de sortie.

La partie droite de l'interface *Réglages de l'exportation* vous donne accès à des configurations préétablies. Les icônes *Enregistrer la pré-configuration*, *Importer une préconfiguration* et *Supprimer la préconfi-guration*, situées en regard du menu **Préconfiguration**, permettent de gérer ces modèles.

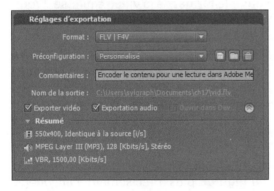

Figure 17.6 : Les réglages de l'exportation

- *Commentaires*. Vous permet de saisir des commentaires.

- *Nom de la sortie*. Cliquez sur le lien hypertexte pour modifier le nom de votre vidéo finale.

- En dessous de ces paramètres se trouvent les options *Exporter vidéo* et *Exportation audio*. Vous pouvez choisir d'exporter la vidéo ou l'audio ou les deux à la fois. L'option *Ouvrir dans Device Central* vous permet donc d'ouvrir la vidéo dans cette application une fois l'encodage terminé.

- La section *Résumé* liste les paramètres choisis.

D'autres paramètres sont disponibles dans le mode avancé. Pour accéder à ce mode, appuyez sur le bouton **Mode avancé**. Cinq onglets, **Filtres, Multiplexeur, Vidéo, Audio, Autres**, s'affichent à l'écran qui vous permettent d'effectuer des réglages plus poussés pour votre encodage.

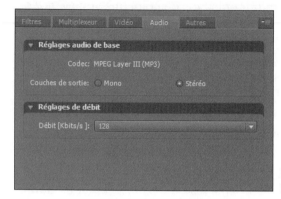

Figure 17.7 : Le mode avancé des réglages d'encodage

- **Filtres** a pour effet d'appliquer un flou à votre vidéo. Les paramètres *Intensité* et *Dimension de flou* spécifient les caractéristiques du flou.

- **Multiplexeur** permet de définir le format de la vidéo à diffuser. Vous avez le choix entre le *FLV* et le nouveau format *F4V*. Le second est le plus utilisé par les plates-formes de diffusion de contenu vidéo.

- Sous l'onglet **Vidéo**, vous avez accès à trois sections de réglages de la vidéo. Dans la section *Réglages vidéo de base*, vous pouvez par exemple redimensionner la vidéo et entrer vos dimensions dans les champs de texte *Largeur d'image* et *Hauteur d'image*.

  — Ensuite, spécifiez la cadence de lecture de la vidéo dans le menu **Images/s**.

  — Les deux autres sections, *Réglages de débit* et *Réglages avancés*, vous permettent de configurer plus précisément l'encodage vidéo.

- Dans l'onglet **Audio**, si vous avez exporté les sons avec la vidéo, vous avez la possibilité de régler les paramètres du codec utilisé, à savoir le *débit*, la *couche de sortie Mono ou Stéréo*, la qualité de la compression sonore, etc.

- Le dernier onglet, **Autres**, vous permet de saisir les informations d'exportation de la vidéo sur un serveur ftp.

Une fois vos choix effectués, cliquez sur OK pour valider. De retour sur la fenêtre principale d'Adobe Media Encoder, cliquez sur le bouton **Démarrer la file d'attente**. Une fois l'encodage terminé, une icône en forme de *v* de couleur verte s'affiche en regard de la vidéo encodée.

Voyons à présent de quelle manière encoder une vidéo depuis Flash.

Encoder lors de l'importation

Dans un nouveau document Flash, importez la vidéo en question *via* le menu **Fichier/Importer/Importer de la vidéo**. La boîte de dialogue **Importer de la vidéo** s'affiche à l'écran. La première fenêtre, **Sélectionner le fichier vidéo**, vous permet de spécifier la vidéo à importer et de quelle manière elle doit être importée dans Flash.

1 Tout d'abord, dans la section *Où est votre fichier vidéo ?*, indiquez l'emplacement de la vidéo. Si elle est située sur votre ordinateur, cliquez sur le bouton **Parcourir**.

La vidéo peut être stockée sur le réseau. Dans ce cas de figure, vous cocherez l'option *Déjà déployé sur un serveur web, le service FVSS ou Flash Media Server*. Dans le champ *URL*, il vous suffira d'indiquer l'adresse de stockage de la vidéo.

2 Ensuite, spécifiez le mode de diffusion du fichier vidéo. Trois choix vous sont proposés :

- *Charger la vidéo externe avec un composant de lecture*. La vidéo est lue à l'extérieur du fichier *swf* et évite ainsi d'augmenter la taille de ce dernier.

- *Incorporer le fichier flv dans SWF et le diffuser dans le scénario*. Cette option est à cocher si la durée de vos vidéos n'excède pas 1 à 2 secondes et si ces dernières ne comprennent aucune piste audio.

- *Importer en tant que vidéo pour périphérique mobile intégrée dans SWF*. Concerne les vidéos encodées dans le format Flash Lite *2.0, 2.1, 3, 3.1* (pour les périphériques mobiles).

Figure 17.8 : La section Où est votre fichier vidéo ?

Si un message s'affiche vous avertissant que le format de la vidéo que vous essayez d'importer ne correspond pas à un format pris en charge par Flash, vous devez cliquer sur le bouton **Lancer Adobe**

Media Encoder. Une boîte de dialogue vous demande alors d'enregistrer votre document.

Nommez-le puis, quelques instants après, Adobe Media Encoder se lance. Pour un descriptif des options de cette procédure d'encodage, reportez-vous à la section précédente.

Une fois que la vidéo est encodée dans un des formats reconnus par Flash, vous pouvez l'importer dans votre document.

17.3. Importer une vidéo

Pour importer la vidéo, vous utiliserez l'assistant d'importation de vidéo que vous pouvez trouver *via* le menu **Fichier/Importer/Importer de la vidéo**. Dans la précédente section, vous avez indiqué l'emplacement de votre vidéo puis procédé à son encodage. Vous êtes alors revenu sur la fenêtre **Sélectionner le fichier vidéo**.

1 Cliquez sur le bouton **Parcourir** pour sélectionner votre vidéo.

2 Cochez le mode de diffusion **Charger la vidéo** avec un composant de lecture.

3 Cliquez sur le bouton **Suivant**.

4 Une nouvelle fenêtre **Réhabillage** s'affiche à l'écran dans laquelle vous allez spécifier l'apparence du composant de lecture de votre vidéo, appelé communément Skin.

Figure 17.9 : La fenêtre Réhabillage

Dans le menu **Enveloppe**, choisissez un des modèles prédéfinis. Vous pouvez également choisir une couleur parmi celles proposées dans le nuancier.

📖 **Un skin**

DEFINITION Un skin sert à habiller le composant de lecture de vidéos. C'est un fichier au format *SWF* rattaché à la vidéo.

---

5 Dans la dernière fenêtre, **Terminer l'importation de vidéos,** vous avez le récapitulatif des options et paramètres définis dans les précédentes boîtes de dialogue. Cliquez sur le bouton **Terminé.** Le processus d'insertion de la vidéo commence.

6 Pour tester la vidéo, vous n'avez plus besoin de faire appel au Flash player. Il vous suffit de cliquer sur le bouton **lecture** du composant de votre vidéo dans la scène.

Il existe une autre technique permettant d'importer une vidéo. Elle consiste à utiliser le composant Flash *FLVPlayback*.

Insérer une vidéo avec le composant FLVPlayback

1 Créez un nouveau document Flash (AS3.0).

2 Affichez le panneau *Composants* (**Fenêtre/Composants**).

📖 **Les composants Flash**

DEFINITION Les composants Flash sont des objets écrits dans le langage Action-Script 3.0. Ils permettent de créer des applications multimédias interactives.

---

3 Déroulez la catégorie *Vidéo*. Faites glisser une instance du composant *FLVPlayback* sur la scène.

Figure 17.10 : Le composant FLVPlayback

4 Dans le panneau *Propriétés*, cliquez sur le bouton **Inspecteur de composants**. Dans la fenêtre correspondante qui s'affiche, cliquez dans le champ de texte situé en regard du paramètre *Source*.

5 Appuyez sur l'icône en forme de loupe. Localisez votre vidéo. Cliquez sur OK.

6 Testez la vidéo. Quelques instants après, la vidéo est jouée dans le composant.

ActionScript 3 permet aussi d'importer une vidéo.

Importer une vidéo via ActionScript

1 Convertissez votre fichier au format *flv* à l'aide d'Adobe Media Encoder.

2 Créez un nouveau document Flash.

3 Enregistrez-le dans un dossier. Placez-y la vidéo à importer.

4 Affichez le panneau *Bibliothèque*. Déroulez son menu local, dans lequel vous choisirez la commande **Nouvelle vidéo**. Dans la boîte de dialogue qui s'affiche, saisissez un nom pour votre vidéo dans le champ de texte *Symbole*.

5 Cochez l'option *Vidéo (contrôlée par ActionScript)*. Cliquez sur OK.

6 Faites glisser une instance du symbole vidéo sur la scène. Redimensionnez-la à l'aide de l'outil **Transformation libre**.

7 Dans le panneau *Propriétés*, donnez-lui le nom d'occurrence de `video_holder`.

8 Insérez un nouveau calque que vous renommerez `Actions`.

9 Ouvrez le panneau *Actions*, dans lequel vous saisirez le code suivant :

```
var myVideo:NetConnection = new NetConnection();
myVideo.connect(null);
var newStream:NetStream = new NetStream(myVideo);
videoHolder.attachNetStream(newStream);
newStream.play("vid.f4v");
newStream.addEventListener(AsyncErrorEvent
.ASYNC_ERROR,async);
function async(event:AsyncErrorEvent):void{
};
```

- Tout d'abord, créez une instance de la classe *NetConnection*. Un nouvel objet `myVideo` est défini.

- La méthode `connect` est ensuite appelée. Celle-ci a comme paramètre `null`. Ce dernier indique à Flash que la vidéo est située
dans un répertoire local.

- Un objet `newStream` est créé. Il reçoit comme paramètre l'objet
défini dans la première ligne du code. Le code suivant charge la
vidéo dans le symbole *videoHolder*, placé sur la scène. Celle-ci
est alors jouée.

Ensuite est ajouté à l'objet `newStream` un événement permettant de
détecter les éventuelles erreurs pouvant survenir et de les ignorer.

Les vidéos importées peuvent contenir une couche alpha. Il s'agit
d'un fond transparent dans lequel un personnage est intégré.

Importer une vidéo avec une couche alpha

Pour importer une vidéo avec une couche alpha, procédez comme
suit :

1 Pour commencer, convertissez la vidéo au format *flv*.

2 Dans un nouveau document Flash, importez la vidéo (**Fichier**
/Importer/Importer la vidéo). La fenêtre **Sélectionner la vidéo** s'affiche à l'écran.

3 Cliquez sur le bouton **Parcourir** pour la localiser sur votre ordinateur. Cochez l'option *Incorporer le fichier FLV dans SWF et le diffuser*
dans le scénario. Appuyez sur le bouton **Suivant**.

4 Vous accédez alors à la fenêtre **Incorporation**, qui vous permettra de
spécifier la manière dont vous souhaitez incorporer la vidéo dans
Flash (voir Figure 17.11).

Laissez les paramètres par défaut. Cliquez sur le bouton **Suivant**.

5 Dans la fenêtre **Terminer l'importation de vidéos** qui s'affiche, appuyez sur le bouton **Terminé** pour valider vos paramètres. Flash
place pour vous le composant *FLVPlayback* sur la scène dans lequel
sera intégrée votre vidéo.

Les vidéos importées sont stockées dans le panneau *Bibliothèque*.

Pour gérer une vidéo importée, vous disposez du panneau *Inspecteur*
de Composants, accessible depuis le panneau *Propriétés*.

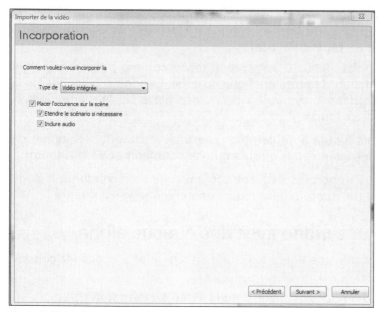

Figure 17.11 : La fenêtre Incorporation

L'inspecteur de composants

1 Sélectionnez le composant *FLVPlayback*.

2 Affichez le panneau *Inspecteur de composants*. Pour contrôler la vidéo sur la scène, vous disposez de plusieurs paramètres que vous allez configurer :

Figure 17.12 : Le panneau Inspecteur de composants

- *align*. Par défaut, le paramètre *align* est réglé sur *center*. Cela aura pour effet de positionner la vidéo au centre de la scène.

- *autoPlay*. Défini par défaut sur *true*, il indique à Flash que la vidéo sera lue automatiquement au lancement du composant. Si vous réglez cette valeur sur *false*, l'utilisateur devra appuyer sur le bouton de lecture pour démarrer la vidéo.

- *cuePoints*. Prend en compte un fichier de repères indiquant des informations sur la vidéo, par exemple le nom des passages vidéo.

- *isLive*. Signale si le flux vidéo est en direct. Réglé par défaut sur *false*, il indique que ce n'est pas le cas.

- *preview*. Permet de visualiser la vidéo avant son chargement.

- *scaleMode*. Réglé par défaut sur *maintainAspectRatio*. Il évite une déformation de la vidéo.

- *skin*. Si l'apparence de votre contrôleur vidéo ne vous convient pas, vous pouvez en choisir un autre parmi les modèles proposés.

- *skinAutoHide*. Masque ou habille le composant.

- *skinBackgroundAlpha*. Spécifie le niveau de transparence de la vidéo. Une valeur de 0 indique que le fond de la vidéo sera transparent.

- *source*. Permet de définir le nom ou le chemin d'accès de la vidéo à diffuser.

- *volume*. A pour effet de contrôler le volume initial de la vidéo.

Une fois les réglages de la vidéo importée effectués, vous pouvez agir dessus comme n'importe quel graphique. Par exemple, il est possible d'en masquer une partie.

17.4. Masquer une vidéo

Dans Flash, vous pouvez créer un masque à l'aide des outils de dessin ou avec ActionScript.

1 Sélectionnez la vidéo que vous avez importée dans un symbole.

2 Créez un nouveau calque. Renommez-le `masque`.

3 À l'aide de l'outil **Ovale**, dessinez un cercle blanc.

4 Cliquez du bouton droit sur le calque `masque`. Dans le menu contextuel qui s'affiche, choisissez la commande **Masque**.

5 Testez l'animation.

Étudions à présent le second cas de figure, qui consiste à créer le masque dynamiquement avec ActionScript.

1 Créez un symbole *vidéo* depuis le panneau *Bibliothèque* dans lequel vous importerez une vidéo.

2 Sur un nouveau calque, dessinez une forme.

3 Convertissez-la en symbole *clip*. Cliquez sur OK.

4 Donnez à ces symboles le nom d'occurrence respectif de `video_mc` et `mask_mc`.

5 Dans le panneau *Affichage*, cochez pour le symbole *mask_mc* l'option *Cache sous forme de bitmap*. Cela évite ainsi à l'image d'être redessinée dans chacune des positions de l'animation.

6 Insérez un nouveau calque que vous renommerez `Actions`. Placez-le au-dessus du calque contenant la vidéo.

7 Ouvrez le panneau *Actions*, dans lequel vous saisirez le code suivant :

```
video_mc.mask = mask_mc;
```

Une fois le masque créé, vous pouvez l'animer.

Animer un masque

Pour animer un masque sur une vidéo, procédez comme suit :

1 Double-cliquez sur la forme du masque afin de la sélectionner.

2 Cliquez du bouton droit sur la forme. Dans le menu contextuel qui s'affiche, choisissez la commande **Créer une interpolation de mouvement**.

3 Faites pivoter votre masque.

4 Testez de nouveau la vidéo.

Pour clôturer ce chapitre, vous étudierez le rotoscoping.

17.5. Rotoscoping

Le rotoscoping est une technique d'animation qui consiste à recréer à l'aide d'outils de dessin les principaux acteurs d'une vidéo.

1 Créez un nouveau document.

2 Ouvrez le panneau *Bibliothèque*.

3 Déroulez son menu local, dans lequel vous choisirez la commande **Nouvelle vidéo**. La fenêtre **Propriétés de la vidéo** s'affiche à l'écran.

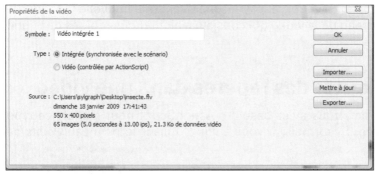

Figure 17.13 : La fenêtre Propriétés de la vidéo

4 Cochez l'option *Intégrée (synchronisée avec le scénario)*. Cliquez sur le bouton **Importer**.

5 Dans la fenêtre qui s'affiche, sélectionnez la vidéo puis appuyez sur le bouton **Ouvrir**.

6 Cliquez sur OK pour fermer la fenêtre **Propriétés de la vidéo**.

7 Un message d'avertissement apparaît. Contentez-vous de l'accepter en cliquant sur OK. La vidéo apparaît dans la scène avec le calque correspondant.

8 Créez un nouveau calque renommé `rotoscoping` que vous placerez au-dessus de la vidéo.

9 Sur la position 1 du calque, tracez le contour du personnage de la vidéo avec l'outil **Crayon**.

10 Insérez une image-clé vide à la position 2 de ce calque. Continuez de retracer les éléments de la vidéo.

11 Répétez ces opérations jusqu'à la fin de la vidéo.

12 Masquez le calque de la vidéo afin de visualiser le rotoscoping réalisé.

13 Testez la scène.

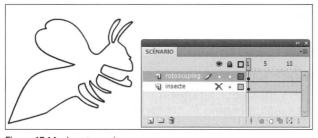

Figure 17.14 : Le rotoscoping

Pour clôturer ce chapitre, voyons à présent une nouvelle fonctionnalité au niveau de la vidéo qui consiste à ajouter des repères dans une vidéo.

17.6. Ajouter des repères dans une vidéo

Auparavant, vous aviez besoin d'ActionScript pour réaliser ce type d'exercice. Désormais, il vous suffit d'utiliser le panneau *Points de repère*.

1 Importez une vidéo puis sélectionnez le composant vidéo sur la scène.

2 Dans le panneau *Points de repère*, cliquez sur l'icône en forme de signe *Plus* pour ajouter un point de repère.

3 Dans le champ *Nom*, saisissez du texte qui permettra d'identifier le passage sur lequel vous avez ajouté un point de repère.

4 Pour placer un second repère, faites glisser le curseur de lecture à la position voulue puis ajoutez votre repère.

Figure 17.15 : Ajout d'un repère vidéo

Lorsque vous ajoutez des repères ; vous pouvez également leur associer une description.

Décrire un type de repère vidéo

1 Dans le panneau *Points de repère*, cliquez sur le repère voulu.

2 Cliquez sur le signe *Plus* pour ajouter un paramètre de point de repère situé au-dessus du champ *Paramètres*.

3 Cliquez dans le premier champ puis saisissez la description voulue. Dans le champ *Valeur*, entrez un texte descriptif qui permettra de reconnaître ce repère.

Figure 17.16 : Paramètres des points de repère

CRÉER UN JEU

Pour clôturer cet ouvrage, ce chapitre se propose de vous aider à créer un jeu tout simple reprenant les principales fonctionnalités de Flash. Le contrôle du jeu se fera à l'aide d'ActionScript. Ce jeu pourra être amélioré selon votre convenance.

18.1. Présentation du jeu

Le jeu se déroule dans l'espace. Le but est de détruire l'une des mouches extraterrestres et leur reine. La première étape consiste à réaliser le storyboard à la main ou dans Photoshop. Prenez la solution qui vous convient. Dans l'étape suivante, vous allez dessiner le décor.

18.2. Créer le décor

Le décor sera réalisé dans Photoshop, puis importez-le dynamiquement dans Flash à l'aide d'ActionScript.

1 Créez un nouveau document Photoshop (**Fichier/Nouveau**).

2 Dans la boîte de dialogue qui s'affiche, choisissez dans le menu **Paramètre prédéfini** l'option *Personnalisé*. Dans les champs *Largeur* et *Hauteur*, entrez les valeurs respectives 800 et 600.

3 Dans le panneau *Calques*, double-cliquez sur le calque *Arrière-plan* pour le convertir en calque standard. La fenêtre **Nouveau calque** s'affiche à l'écran.

4 Nommez votre calque Décor spatial puis cliquez sur OK.

5 Cliquez sur l'outil **Dégradé**. Dans le panneau *Contrôle*, cliquez sur le second menu déroulant. L'**Editeur de dégradé** s'ouvre.

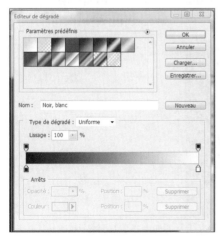

Figure 18.1 : L'Editeur de dégradé

6 Double-cliquez sur la première étape de la barre du dégradé afin de modifier la couleur d'origine. Choisissez un bleu nuit dont la valeur hexadécimale est la suivante (`#0f426d`). Cliquez sur OK.

7 Double-cliquez sur la seconde étape du dégradé. Cette fois-ci, sélectionnez le noir. Cliquez sur OK. Vous revenez alors sur l'**Editeur de dégradé**.

8 Appuyez sur OK.

9 Tout en maintenant enfoncée la touche `Maj`, cliquez en haut de la zone de travail. Faites glisser le pointeur jusqu'en bas de la zone. Relâchez le bouton de la souris et la touche `Maj`. Votre dégradé s'applique instantanément.

10 Allez dans le menu **Filtre**. Choisissez la commande **Convertir pour les filtres dynamiques**.

DEFINITION

Les filtres dynamiques

Les filtres dynamiques sont non destructifs. Ils permettent d'appliquer tous les filtres voulus sans que l'image d'origine ne soit affectée par ces derniers.

---

11 Ajoutez du bruit *via* le menu **Filtre/Bruit/Ajout de bruit**.

12 Dans la fenêtre correspondante qui s'affiche, entrez dans le champ *Quantité* la valeur `9,51` %. Dans la section *Répartition*, cochez l'option *Gaussienne* puis l'option *Monochromatique*. Cliquez sur OK.

13 Dans le panneau *Calques*, double-cliquez sur l'icône située en regard du nom du filtre appliqué *Ajout de bruit* afin de modifier le mode de fusion du calque.

14 Dans la fenêtre **Options de fusion (Ajout de bruit)**, choisissez dans le menu déroulant **Mode** le mode *Incrustation*. Cliquez sur OK.

Figure 18.2 : Le fond spatial

Il s'agit à présent de créer et de texturer cette planète :

1 Créez un second calque que vous nommerez `planète`. Pour réaliser cette opération, double-cliquez sur le libellé *Calque 1* pour entrer le texte en question. Appuyez sur la touche ⏎ pour valider.

2 Allez dans le menu **3D/Nouvelle forme à partir d'un calque**. Dans la liste qui s'affiche, sélectionnez la commande **Sphère**.

3 Dans le panneau *Calques*, double-cliquez sur *planète*. Un fichier nommé *planète.psb* s'affiche à l'écran.

4 Importez une texture de planète (**Fichier/Importer**). Dans la fenêtre **Importer**, sélectionnez votre fichier puis cliquez sur le bouton **Importer**.

5 La texture apparaît à l'écran. Appuyez sur la touche ⏎ pour valider l'importation.

6 Redimensionnez-la à l'aide du menu **Edition/Transformation manuelle**. Une fois le redimensionnement effectué, appuyez sur la touche ⏎ pour valider la transformation.

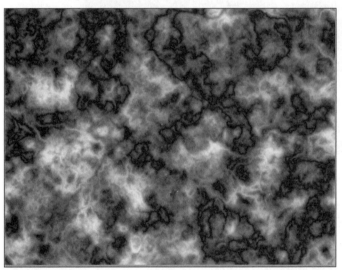

Figure 18.3 : La texture

7 Enregistrez les changements effectués (Ctrl+S).

8 Cliquez sur la croix située dans le coin supérieur droit de la fenêtre pour revenir sur le fichier original. La texture a été appliquée à la sphère.

9 Repositionnez la planète sur le fond. Pour ce faire, cliquez sur l'outil **Orbite 3D** afin d'accéder aux outils supplémentaires.

10  Activez l'outil **Vue Panoramique**.

11 Cliquez sur la planète. Tout en maintenant enfoncé le bouton gauche de la souris, faites-la glisser dans le coin supérieur droit du décor.

Figure 18.4 : Le décor avec la planète

La dernière étape consiste à enregistrer l'image. Tout d'abord, vous allez la sauvegarder au format Photoshop (*.psd*) afin d'en conserver une copie. Vous pourrez ainsi ultérieurement effectuer d'autres modifications.

1 Allez dans le menu **Fichier**. Sélectionnez la commande **Enregistrer sous**.

2 Dans la boîte de dialogue qui s'affiche, saisissez, dans le champ *Enregistrer sous*, `decor`. Dans le menu **Format**, choisissez *Photoshop*. Cliquez sur le bouton **Enregistrer**.

3 Recommencez cette procédure une seconde fois. Cette fois-ci, dans le menu **Format**, vous sélectionnerez *JPEG*.

4 Dans la fenêtre **Options JPEG** qui apparaît, laissez les paramètres par défaut. Cliquez sur OK.

Comme vous pourrez le constater, les calques ont été aplatis. Cela signifie que les calques ont été fusionnés. Il n'est donc plus possible de revenir ultérieurement dessus.

L'étape suivante consiste à dessiner l'armée des mouches, l'arme et leur reine.

18.3. Dessiner les personnages

Les personnages de ce jeu seront réalisés dans Illustrator.

1 Créez un nouveau document (**Fichier/Nouveau**).

2 Dans la boîte de dialogue **Nouveau document**, nommez votre fichier mouches. Dans le menu **Nouveau profil de document**, choisissez le profil *RVB de base*. Cliquez sur OK.

3 Importez le modèle mouche.jpg dans le document (**Fichier/Importer**).

4 Dans la boîte de dialogue qui s'affiche, sélectionnez votre fichier. Cochez l'option *Modèle* puis cliquez sur le bouton **Importer**.

5 Renommez le calque 1. Pour ce faire, double-cliquez sur son libellé. La fenêtre **Options de calque** apparaît. Nommez votre calque mouche puis cliquez sur OK.

6 Dessinez votre insecte. Colorez-le à l'aide du panneau *Guide des couleurs*.

7 Masquez le calque *modèle*.

8 Sélectionnez la mouche puis convertissez-la en symbole.

9 Affichez le panneau *Symboles* (**Fenêtre/Symboles**). Faites glisser l'insecte vers ce panneau. La boîte de dialogue **Options de symbole** apparaît.

10 Nommez votre symbole mouche_mc. Cochez l'option *Séquence vidéo*. Cliquez sur OK.

Figure 18.5 : La mouche

Convertir la mouche en symbole
Le fait de convertir la mouche en symbole permettra de la dupliquer sans augmenter le volume du fichier *swf*.

11 Enregistrez votre fichier (**Fichier/Enregistrer sous**).

12 Dans la fenêtre **Enregistrer sous**, nommez-le `mouche` puis cliquez sur le bouton **Enregistrer**. La boîte de dialogue **Options Illustrator** apparaît.

13 Cliquez sur OK.

14 Recommencez cette procédure pour dessiner la reine des mouches extraterrestres et l'arme dans un nouveau document.

Il s'agit à présent de créer le document Flash pour votre jeu.

18.4. Préparer le document Flash

Pour préparer le document Flash, procédez ainsi :

1 Allez dans le menu **Fichier**. Choisissez la commande **Nouveau**.

2 Dans la fenêtre **Nouveau document**, cliquez sur OK.

3 Dans le panneau *Propriétés*, cliquez sur le bouton **Modifier** afin de modifier la configuration de la scène.

4 Dans les champs *Largeur* et *Hauteur*, saisissez respectivement `800` et `600`. Cliquez sur OK.

5 Enregistrez votre fichier (**Fichier/Enregistrer sous**).

6 Dans le champ *Enregistrer sous*, saisissez le texte `jeu` puis cliquez sur le bouton **Enregistrer**.

7 Renommez le calque 1 `actions`.

Vous allez maintenant créer un fichier ActionScript que vous inclurez dans votre document.

18.5. Créer un fichier ActionScript

1 Appuyez sur les touches `Ctrl`+`N`. La fenêtre **Nouveau document** apparaît.

2 Sélectionnez dans la liste des documents, *Fichier ActionScript*. Cliquez sur OK.

3 Enregistrez-le ((Ctrl)+(S)) dans le même dossier que votre document Flash. Nommez-le `jeu` puis cliquez sur OK.

4 Saisissez le code `stop()` ;

5 Revenez au document Flash.

6 Cliquez sur la première image du calque *actions*.

7 Ouvrez le panneau *Actions*, dans lequel vous saisirez l'instruction suivante :

```
include " jeu.as " ;
```

La prochaine étape consiste à importer le décor dans la scène.

18.6. Importer le décor

Pour importer une image, deux solutions s'offrent à vous. Vous pouvez importer une image dynamiquement avec ActionScript ou dans un clip.

Importer une image avec la classe Loader

Pour importer l'image, vous utiliserez la classe *Loader*, qui remplace les classes *loadVars*, *loadMovie* de la version précédente d'ActionScript. Cette classe permet d'importer les images mais aussi les fichiers *swf*.

1 Ouvrez le fichier *jeu.as*.

2 Saisissez le code suivant en dessous de `stop()` ;

```
var myLoader :Loader = new Loader() ;
var myLoaderReq:URLRequest = new URLRequest("decor.jpg");
myLoader.load(myLoaderReq);
addChild(myLoader);
myLoader.x = 100;
myLoader.y = 200;
```

Tout d'abord, vous devez créer une occurrence de la classe *Loader*. Vous ne pouvez charger qu'une seule image à la fois lorsque vous définissez un objet `loader`. Ensuite, l'image est chargée par le biais de la classe *URLRequest*. L'instruction suivante `addChild()` consiste à afficher cette image dans la scène. La position de cette image est précisée par les paramètres `x` et `y`. Si vous ne les précisez pas, l'image sera chargée aux coordonnées `0,0`, c'est-à-dire dans le coin supérieur gauche de la scène.

REMARQUE

La méthode addChild()
Cette méthode remplace `attachMovie()`.

Les deux dernières lignes du code indiquent la position de l'image sur les axes x et y.

REMARQUE

La classe Loader
La classe *Loader* permet également d'importer dans une scène Flash des fichiers *swf*.

Voyons à présent la seconde solution.

Importer une image dans un clip

Pour importer une image dans un clip, procédez ainsi :

1 Créez un symbole *clip* vide. Nommez-le `holder_mc`.

2 Insérez un calque que vous placerez en dessous du calque *actions*.

3 Ouvrez le panneau *Bibliothèque*. Faites glisser une instance du symbole `holder_mc` sur la scène.

4 Dans le fichier *jeu.as*, saisissez le code suivant :

```
var myLoader :Loader = new Loader() ;
var myLoaderReq:URLRequest = new URLRequest("decor.jpg");
myLoader.load(myLoaderReq);
holder_mc.addChild(myLoader) ; L'image apparaît dans le clip.
myLoader.x = 100;
myLoader.y  = 200;
```

Le code est identique au précédent, excepté que dans celui-ci vous ajoutez l'image dans le clip vide *holder_mc*.

5 Supprimez le calque que vous venez de créer.

Il s'agit à présent d'importer la mouche, l'arme et la reine.

18.7. Importer les personnages

Les deux insectes et l'arme seront importés dans la bibliothèque.

1 Pour ce faire, allez dans le menu **Fichier/Importer**. Choisissez la commande **Importer dans la bibliothèque**.

2 Dans la fenêtre **Importer** qui apparaît, sélectionnez le fichier *mouche.ai*. Cliquez sur le bouton **Ouvrir**.

3 Recommencez la procédure pour importer la reine.

4 Créez un nouveau calque que vous nommerez décor et personnages. Placez-le en dessous du calque *actions*.

5 Ouvrez le panneau *Bibliothèque*. Faites glisser une instance de la mouche et de la reine sur ce calque.

Figure 18.6 : La reine

6 Dans le panneau *Propriétés*, donnez-leur à chacun un nom d'occurrence. Pour la mouche, nommez-la mouche. Pour la reine, entrez Game. Pour l'arme, aucun nom d'occurrence ne devra lui être affecté.

Votre prochaine tâche consiste à créer dynamiquement une armée de mouches.

18.8. Créer l'armée de mouches

1 Retournez dans le fichier *jeu.as*.

2 Saisissez les instructions suivantes :

```
function beginGame():void{
    var mouchesGame:uint = 10;
    var moucheMaker:Timer = new Timer(1000,mouchesGame);
    moucheMaker.addEventListener(TimerEvent.TIMER,
createMouches); moucheMaker.start();
}
function createMouches(event:TimerEvent):void{
    mouche.x = Math.random() * stage.stageWidth;
    mouche.y = Math.random() * stage.stageHeight;
}
beginGame();
```

- Tout d'abord, définissez la fonction qui permettra de créer l'armée des mouches. Elle se nomme `beginGame()`.

- Au préalable, vous devez définir le nombre de mouches que vous souhaitez créer dans une variable que vous nommerez `mouchesGame`.

- L'étape suivante consiste à créer les mouches continuellement à des intervalles spécifiques. Pour cela, vous utiliserez la classe `Timer`. L'instruction `var moucheMaker :Timer` [...] définit un objet `Timer` qui a pour effet de créer des mouches toutes les 10 000 millisecondes tous les 10 intervalles. Ensuite, vous ajouterez un écouteur `addEventListener()` qui aura pour mission d'écouter l'événement `TimerEvent` qui arrive tous les 10 intervalles, à savoir créer des mouches. Cette opération sera réalisée par la fonction `createMouches` qui est appelée.

- L'instruction `moucheMaker.start()` a pour effet de débuter l'action de créer cette armée de mouches.

- La fonction `createMouches` est ensuite définie. Elle indique à Flash que les mouches seront créées de manière aléatoire (`Math.random()`) aux coordonnées x et y. Cette armée de mouches sera placée dans la scène. Les propriétés `stage.stageWidth` et `stage.stageHeight` se réfèrent à la taille de la scène par défaut que vous avez spécifiée dans la fenêtre **Propriétés du document**.

Une fois l'armée des mouches créée, votre prochaine tâche sera de détruire l'une d'entre elles.

18.9. Détruire une mouche

En dessous de l'instruction `mouche.y = Math.random() * stage.stageHeight ;` , ajoutez ce code :

```
mouche.addEventListener(MouseEvent.CLICK, killM);
```

Après l'appel de la fonction `beginGame()` ; , saisissez ces instructions :

```
mouche.removeEventListener(MouseEvent.CLICK, killM);
function killM(event:MouseEvent):void
{
    removeChild(mouche);
    addEventListener(MouseEvent.CLICK, create);
}
```

- Pour pouvoir détruire une mouche, vous ajouterez un écouteur d'événement à l'occurrence du symbole *mouche* via la méthode `addEventListener()`. Celle-ci écoute l'événement `CLICK` de la classe `MouseEvent`. La fonction `killM` sera ensuite exécutée en réponse à l'événement.

- La ligne du code suivant `mouche.removeEventListener [...]` supprime le récepteur d'événement assigné au préalable avec la méthode `addEventListener()` sur l'occurrence *mouche*. Afin que l'événement `MouseEvent.CLICK` soit correctement supprimé, les paramètres fournis doivent être identiques à ceux utilisés avec l'événement décrit au préalable.

- La fonction à exécuter `killM` est ensuite définie. Un objet `event` est passé en tant qu'argument à cette fonction. Celle-ci indique à Flash, par le biais de la méthode `removeChild()`, que l'occurrence *mouche* doit être supprimée de la scène lors du clic de l'utilisateur sur elle.

- Un écouteur d'événement `addEventListener()` est ensuite ajouté à la scène. Celui-ci écoute l'événement `MouseEvent.CLICK`. Le deuxième paramètre de la méthode `addEventListener()` enregistre le nom de la fonction, *create*, à appeler lorsque l'événement se produit.

Lorsqu'une des mouches est supprimée, la phrase `et la reine ?` apparaît progressivement puis disparaît.

18.10. Créer une interpolation ActionScript

Pour réaliser une animation sur un objet, ici la phrase `et la reine ?` , vous allez la copier sous la forme d'un code ActionScript à partir du scénario.

1 Retournez au document Flash.

2 Créez un symbole *via* le menu **Insertion/Nouveau symbole**.

3 Dans la boîte de dialogue qui s'affiche, nommez-le `followGame`. Dans le menu **Type**, choisissez *Clip* puis cliquez sur OK.

4 Avec l'outil **Texte**, saisissez sur la scène la phrase `et la reine ?`.

5 Ouvrez le panneau *Bibliothèque*. Faites glisser une occurrence du symbole *followGame* sur la scène.

6 Insérez une image-clé à la position 5.

7 Créez une interpolation classique (**Insertion/Interpolation classique**) entre ces images.

8 À la position 5, agrandissez la phrase avec l'outil **Transformation libre**.

9 Cliquez du bouton droit sur l'avant-dernière image de l'animation. Dans le menu contextuel qui s'affiche, choisissez la commande **Copier le mouvement au format ActionScript 3**. Celle-ci génère du code XML et ActionScript basé sur l'interpolation de mouvement du scénario.

10 La fenêtre **Invite** s'affiche à l'écran. Dans le champ de texte, saisissez `this` puis cliquez sur OK.

11 Dans le panneau *Bibliothèque*, double-cliquez sur le symbole *followGame* afin de l'éditer.

12 Insérez un nouveau calque au-dessus du calque 1. Nommez-le `actions`.

13 Allez dans le panneau *Actions*, dans lequel vous allez coller le mouvement. Pour cela, cliquez du bouton droit sur le volet central du panneau. Dans le menu contextuel qui s'affiche, choisissez la commande **Coller**.

14 Juste après l'instruction `import fl.motion.Animator;`, ajoutez `import fl.motion.MotionEvent;`. La classe `MotionEvent` est requise pour la suite des instructions. Celle-ci représente les événements distribués par la classe `motion.Animator`.

15 Ajoutez à la suite du code ActionScript déjà présent ces instructions :

```
this_animator.addEventListener(MotionEvent.MOTION_END,
 kill);
function kill(myEvent:MotionEvent):void{
  this.parent.removeChild(this);
}
```

Un écouteur d'événement est ajouté *via* la méthode `addEvent Listener()` à l'occurrence du symbole *followGame* défini par `this_animator`. Il s'agit d'écouter l'événement `MOTION_END` de la classe `MotionEvent`. Il indique que le mouvement est arrêté. La fonction `kill` est alors appelée et définie. Il s'agit de supprimer le symbole *followGame_mc* de la scène.

16 Supprimez l'interpolation sur la scène principale.

17 Allez dans le panneau *Bibliothèque*. Cliquez du bouton droit sur le symbole *followGame*. Dans le menu contextuel qui s'affiche, choisissez la commande **Propriétés**.

18 La boîte de dialogue **Propriétés du symbole** s'affiche à l'écran. Dans la section *Liaison*, cochez l'option *Exporter pour ActionScript*. Cliquez sur OK.

REMARQUE

Option Exporter pour *ActionScript*
Cette option affecte un identifiant de liaison au clip *followGame*.

19 Ouvrez de nouveau le fichier *jeu.as*.

20 Il s'agit d'ajouter le symbole que vous venez de créer au code dans la fonction `create`.

```
function create(event:Event):void{
    var followGame_mc:followGame = new followGame();
    addChild(followGame_mc);
```

La première ligne de la fonction définit un objet `followGame_mc`. Celui-ci est ensuite ajouté sur la scène grâce à la méthode `addChild()`.

Une fois que la phrase *et la reine* disparaît, vous êtes alors muni d'une arme destinée à détruire la reine des mouches.

18.11. Détruire la reine

Tout d'abord, vous devez assigner au symbole *arme* un identifiant de liaison *via* la boîte de dialogue **Propriétés du symbole**.

Ensuite, une fois cette opération réalisée, ajoutez le code suivant aux instructions précédentes :

```
var arme_mc:arme = new arme();
addChild(arme);
arme_mc.x = 200;
arme_mc.y = 200;
arme_mc.startDrag (true);
stage.addEventListener(Event
⤸ .ENTER_FRAME, moveB);
function moveB
⤸ (event:Event):void {
```

Figure 18.7 : La lance

```
if(Game != null && arme.hitTestObject(Game)){
    arme.removeEventListener(Event.ENTER_FRAME, moveB);
    removeChild(arme);
    Game = null;
    }
  }
}
```

- La première ligne du code définit une occurrence de l'objet `arme`. Celui-ci est alors ajouté à la scène *via* la méthode `addChild()`. Il est positionné aux coordonnées *200, 200*. Ensuite, la méthode `startDrag()` est appelée lorsque l'arme se déplace.

- La ligne suivante `stage.addEventListener[…]` ajoute à la scène un écouteur d'événement qui a pour objectif d'écouter l'événement `ENTER_FRAME` de la classe `Event`. Celui-ci permet de créer une action continue. La fonction `moveB` est ensuite appelée et définie. Elle indique à Flash de détruire la reine une fois que l'arme se trouve dessus. Cette opération est réalisée par la méthode `hitTestObject`. Une condition est évoquée (`if`). Si celle-ci est remplie, à savoir que l'objet arme touche la reine, cette dernière sera détruite.

Le jeu est terminé. À vous de l'améliorer à votre convenance.

A

B

C

D

E

G

H-I

J

L

M

N

O

P

S

T

V

X-Z

Composé en France par Jouve
11, bd de Sébastopol - 75001 Paris

Achevé d'imprimer en ALLEMAGNE
Par l'imprimerie CPI – Clausen & Bosse
25917 Leck, Août 2010